글 유튜브 컨트리뷰터가
끄차근 알려주는 ——

크리에이터를 위한

수익 유튜버 입문 가이드

돈 버는

| 이종석·김형우 저 |

유튜브 ▶ AI

크리에이터

KB134745

최신 AI 활용으로
유튜브 알고리즘
정복하는 방법

크리에이터
커뮤니티 및 컨설팅
다년 운영 경험

DIGITAL BOOKS
디지털북스

| 만든 사람들 |

기획 IT · CG기획부 | **진행** 양종엽 · 박소정 | **집필** 이종석(잡부A) · 김형우(비제) |
표지 디자인 원은영 · D.J.I books design studio | **편집 디자인** 이기숙 · 디자인숲

| 책 내용 문의 |

도서 내용에 대해 궁금한 사항이 있으시면
저자의 블로그나 이 책의 참조 사이트를 통해서 해결하실 수 있습니다.

디지털북스 홈페이지 digitalbooks.co.kr
디지털북스 페이스북 facebook.com/ithinkbook
디지털북스 인스타그램 instagram.com/digitalbooks1999
디지털북스 유튜브 유튜브에서 [디지털북스] 검색
디지털북스 이메일 djibooks@naver.com
저자 이메일 forutube@naver.com
저자 사이트 forutube.com

| 각종 문의 |

영업관련 dji_digitalbooks@naver.com
기획관련 djibooks@naver.com
전화번호 (02) 447-3157~8

크리에이터를 위한
수익 유튜버 입문 가이드

돈 내는
유튜브 ▶ AI
크리에이터

Chapter

수익 유튜버로서 시
작하기 위해 알아둘
지식을 주제로 하여
Chapter 단위로 나누어
정리했습니다.

각 챕터의 상세 구성

챕터마다 절 제목이 있고, 무엇
을 중점적으로 배울지 소개하
는 발문, 본문 그리고 세부 설
명 등으로 구성했습니다.

이론 구성

유튜브를 시작하면서
알아두면 좋을 정보나
관련 지식을 정리했습
니다.

따라하기 구성

유튜브 채널 설정, 썸네일 제작, 유튜브 스튜디
오 분석 등 직접 따라하며 이해하는 내용은 글,
그림 순서로 정리하여 구성했습니다.

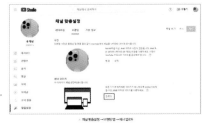

알쓸 Tip / Note
유튜버로서 꼭 알아야 하거나 주의할 점, 알아 두면 도움이 되는 정보를 담았습니다.

Point / Tip
본문과 관련해 주목할 점이나 어떤 방법으로 활용하면 좋을지 등 소소한 정보를 담았습니다.

부록
유튜버 인큐베이팅 프로그램에 대한 간추린 정보, 유튜버가 이용하면 좋을 대표 생성 AI 서비스에 대한 기본 정보를 다뤘습니다.

초보 유튜버를 위한 채널 전략 / 유튜브 수익 모델 정리

유튜브 채널 개설 시 반드시 해야 할 것은 무엇이며, 채널을 키워가기 위해선 어떤 습관을 들이고 무엇을 활용하면 좋을지 소개합니다. 그리고 유튜브 수익 창출을 위한 조건은 무엇이고, 새로운 수익 모델을 어떻게 발견하는지도 알아봅니다.

유튜브 채널 설정

유튜브 채널을 효과적으로 어필하기 위한 브랜딩 셋업 스킬들을 알아봅니다. 시청자에게 영상 콘텐츠를 효과적으로 전달하는 것에 초점을 맞춰 채널 프로필부터 배너, 재생목록을 설정하는 방법 등을 소개합니다.

채널 배너 업로드하기

배너 이미지 업로드 기능은 앞서 프로필 이미지 업로드 기능 아래에 있다. **채널 맞춤설정 → 브랜딩 탭 → 배너 이미지**에서 **업로드**를 클릭한 다음 미리캔버스에서 다운로드한 이미지를 업로드한다.

▲ 채널 맞춤설정 → 브랜딩 탭 → 배너 업로드

내 채널 홈 화면의 재생목록을 자동 배열하기

내 채널에서 **채널 맞춤설정 → 레이아웃** 탭 하단의 **추천 섹션**으로 이동하면 내 채널 홈 화면의 재생목록을 자동 배열하는 기능이 있다. **+ 섹션 추가**를 클릭하고 원하는 섹션을 선택하여 최대 12개의 재생목록을 구성할 수 있다.

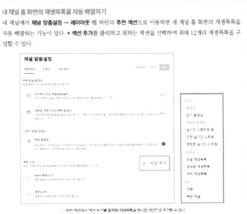

▲ 추천 섹션에서 섹션 추가를 클릭해 재생목록을 하나씩 섹션으로 추가할 수 있다.

유튜버 인큐베이팅 프로그램 소개

유튜브 채널 개설 시 반드시 해야 할 것은 무엇이며, 채널을 키워가기 위해선 어떤 습관을 들이고 무엇을 활용하면 좋을지 소개합니다. 그리고 유튜브 수익 창출을 위한 조건은 무엇이고, 새로운 수익 모델을 어떻게 발견하는지도 알아봅니다.

경기 콘텐츠코리아랩

센터는 경기 성남시 분당구 경기창조경제혁신센터 6, 7층에 위치한다. 1인 미디어 크리에이터를 위한 기본 교육 프로그램들을 운영한다. 그중 두 가지 교육을 운영하겠다.

- **창작충전소의 S/W 교육**: 단기 교육으로 운영되며(1개월) 어도비 포토샵 디자인 과정, 어도비 프리미어 편집 과정, 어도비 애프터이펙트 모션그래픽 과정, V커머스(Video Commerce) 영상 제작 과정 등이 다양하게 준비되어 있다. 특히 1인 미디어 크리에이터 관련 과정은 모집 마감이 빠르니 유의하여 신청하자.
- **창작 모꼬지의 일상 창작 교육**: 이 또한 단기로 운영되며(1개월 미만) 1인 미디어 제작, 숏폼콘텐츠 창작 과정이 준비되어 있다.

시설은 네트워킹 공간 빵통렐, 교육 공간 여우별, 협업 공간 새벽별, 회의 공간 렛별 등 다양한 공간과 촬영 스튜디오, 녹음실, 편집실 2개가 있다.

경기 콘텐츠코리아랩에 대한 자세한 정보를 알고 싶다면 해당 홈페이지를 참조해보길 바란다.

[경기 콘텐츠코리아랩 홈페이지 링크] gconlab.or.kr

▲ 경기콘텐츠코리아랩 홈페이지 화면

크리에이티브포스 멤버 혜택

크모 멤버 선정 시 타 기관과 마찬가지로 여러 혜택이 따른다. 서울시 마포구 상암동에 있는 에스플렉스센터 내 1인 미디어 스튜디오를 사용할 수 있고, 촬영 장비도 대여할 수 있다. 다양한 설정으로 영상 콘텐츠 촬영 및 라이브 스트리밍이 가능한 6개의 스튜디오가 있으며 2개의 편집실도 제공한다. 또한, 장비는 4K급 카메라, 렌즈, 마이크, 삼각대, 짐벌, 노트북, 메모리카드 등 크리에이터의 필수 촬영 장비를 대여한다.

▲ 서울산업진흥원 크리에이티브포스 스튜디오, 파트너스 공간 현장 (출처: 크모 홈페이지)

유튜버 작업 5요소 (영상 콘텐츠 기획/촬영/편집/발행/분석)

콘텐츠의 기반이 되는 내용을 수집하여 기획하고, 촬영 장비를 골라 촬영하고, 영상 편집 프로그램이나 생성 AI 서비스를 이용해 콘텐츠를 가공하고, 발행하여, 채널을 분석하기까지. 하나의 영상을 만들어내는 데 들어가는 시간과 리소스는 너무도 많습니다. 콘텐츠 제작에 생산성을 높이는 데 주안점을 두고 초보 유튜버가 알면 좋은 정보나 팁을 담았습니다.

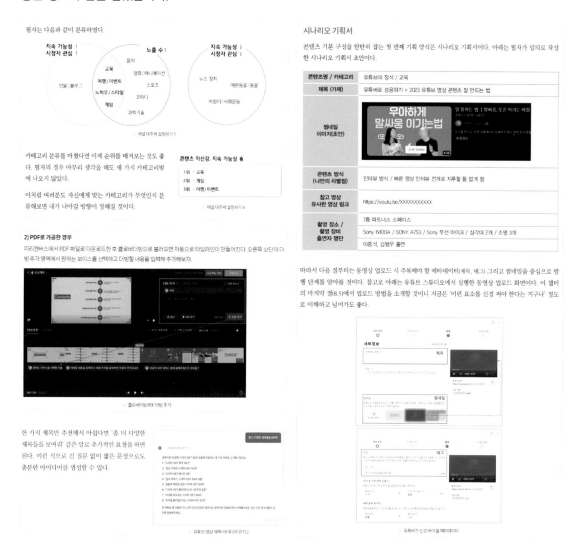

유튜브 홍보 전략, 구글 애즈 광고

유튜버 누구든 할 수 있지만 잘 놓치는 홍보 방법, 유튜브 알고리즘을 이용한 홍보 방법, 구글의 광고 플랫폼인 구글 애즈를 이용한 유튜브 광고를 하는 방법 등을 알아봅니다.

{Chapter 03} 유튜브 채널 브랜딩 셋업

{Chapter 08}　유튜브 영상 콘텐츠 발행

{Chapter 09} 유튜브 홍보 마케팅 전략

{Chapter 10} 효과적인 유튜브 채널 홍보를 위한 구글 애즈 광고

{Chapter 11} 유튜브 스튜디오 분석

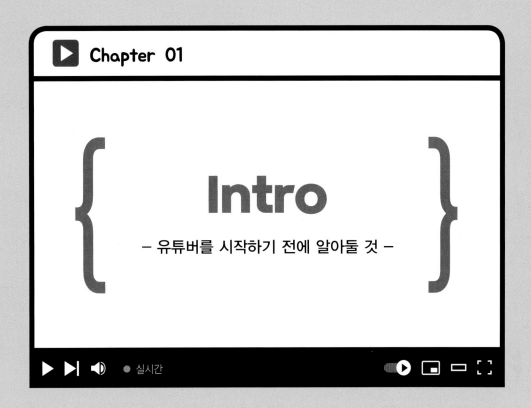

Chapter 01

Intro

– 유튜버를 시작하기 전에 알아둘 것 –

▶ ▶❙ 🔊 ● 실시간

▶▶▶ **Contents**

수익 유튜버, 어떻게 시작해야 할까

1.1.1 유튜브 간단 소개

유튜브(YouTube)라는 이름은 You(모든 사람) + Tube(텔레비전 브라운관)를 합성한 것으로, 유튜브 슬로건은 'Broadcast yourself(자신을 방송하라)'이다. 이러한 취지에 맞게 유튜브는 누구든 영상 콘텐츠 제작자가 되어 자신을 세상에 알리는 소통의 창 역할을 하고 있다.

또한 전 세계인이 사용하는 대표 동영상 공유 플랫폼으로서 유튜브는 세상의 모든 순간이 모인 기록의 보고라고도 할 수 있다. 음악, 게임, 뉴스, 요리, 스포츠, 학습 등 다양한 카테고리의 영상을 담으며 사용자들이 자유롭게 영상을 올리거나 시청할 수 있는 환경을 제공한다. 또한 사용자의 편의를 더하고 맞춤화된 서비스로 쇼츠(Shorts), 프리미엄(Premium), 스튜디오(Studio), 뮤직(Music), 키즈(Kids), 쇼핑(Shopping), 팟캐스트(Podcast), 내 클립(Clip), 게임(Game) 등을 제공한다.

1.1.2 유튜브 채널 등급과 채널 수

보통 유튜버라고 하면 유튜브에 지속적으로 영상을 올리고 홍보하는 활동을 하는 사람을 떠올리지만, 유튜브가 정의하는 유튜버는 이와 다르다. 유튜브 계정을 만들기만 하면 유튜브 이용자 즉, 유튜버가 된다고 한다(평소 유튜브 시청을 즐기며 좋아요/댓글/구독 등의 활동을 하고 있다면 당신은 스타트 유튜버로서 이미 유튜브 생태계에서 중요한 자리를 잡은 셈이다. 이러한 활동은 유튜버들이 다양한 콘텐츠를 양산하는 힘이자 원천이 된다). 유튜브 계정을 만들고 유튜브 채널에 댓글을 달려면 자신의 채널을 생성해야 하는데, 그때부터 우리는 유튜브가 구분한 크리에이터 등급에 이미 속해있는 것이다.

구독자 1명부터 1천 명 미만의 채널을 보유 중이라면 그래파이트 등급, 구독자 1천 명부터 1만 명 미만의 채널을 보유 중이라면 오팔 등급이다. 구독자 1만 명 이상은 브론즈 등급으로, 이 등급부터는 플레이 버튼을 받을 수 있다. 그 다음 실비 등급부터는 유튜브 크리에이터 어워즈 수상 자격을 갖게 되는데, 등급별 구독자 수 기준은 다음과 같다.

- **브론즈**: 구독자 수 1만 명 이상
- **실버**: 구독자 수 10만 명 이상
- **골드**: 구독자 수 1백만 명 이상
- **다이아몬드**: 구독자 수 1천만 명 이상
- **레드 다이아몬드**: 구독자 수 1억 명 이상

1.1.3 대한민국은 유튜브 공화국?

초등학생들의 희망 직업 1순위로 유튜버를 꼽는 만큼 유튜브는 상당히 대중적이고, 시간과 장소를 불문하고 시청할 수 있어 편하다. 그리고 누구나 쉽게 영상을 올리고 볼 수 있어서 진입 장벽이 낮다. 또한 다양한 분야의 유튜버들이 활동하고 있어 나의 취향에 맞는 영상을 골라보는 재미도 있다. 이러한 매력 때문에 대한민국은 지금 유튜브에 빠져있다.

나만의 팬을 만들어보고 싶어서, 억대 수익을 받는 유튜버가 부러워서 등 다양한 이유로 너도 나도 '유튜버가 되어볼까'라는 생각을 한 번쯤은 해보았을 것 같다. 그리고 요즘 어딜가나 유튜버를 쉽게 만날 수 있는 점을 보면, 유튜브는 이미 우리 일상에 깊숙이 자리 잡았다. 그렇다면 국내에서 유튜브의 입지는 얼마나 될까?

글로벌 데이터 분석기관 데이터리포털(DataReportal)의 2023년 국내 소셜 미디어 통계에 따르면, 2023년 초 유튜브 국내 사용자 수는 4,600만 명에 달했고(참고로 카카오톡 국내 사용자 수가 4,764만 명이다), 사용자당 월 평균 앱 사용 시간 40시간으로 조사되었다고 한다(그 뒤로는 틱톡 19시간 54분, 카카오톡 10시간 54분, 인스타그램 6시간 6분으로 집계되었다).🚩

[데이터 출처 링크] datareportal.com/reports/digital-2023-south-korea

유튜브 통계분석 전문 업체인 플레이보드에 따르면, 2020년 말 기준 국내 광고 수익 유튜브 채널은 97,934개로 조사됐다. 광고 수익창출이 가능하려면 구독자 1,000명에 연간 누적 시청시간이 4,000시간이 되는 채널이어야 하는데 사실상 전업 유튜버여야 가능한 수준이다. 그렇다면 전업 유튜버 수는 얼마나 될까? 2021년에 플레이보드가 광고 수익창출을 이루는 유튜버 수를 통계한 기록이 있는데, 이 수를 우리나라 총 인구 5,178만 명으로 나눈 결과, **국민 529명당 1명이 전업 유튜버**인 것으로 집계되었다(참고로 유튜브의 원조인 미국은 인구 666명당 1명이 전업 유튜버인 것으로 집계되었다).

또한 플레이보드가 집계한 국내 구독자 수 기준 유튜브 채널 수를 보면, 구독자 10만 명 이상(실버 등급)을 보유한 국내 유튜브 채널은 3,906개, 100만 명 이상(골드 등급)은 435개이다. 물론 이는 2020년 말 기준의 통계라 현재는 그보다 더 많을 것이다.

🚩 2024년 1월에 모바일인덱스가 통계한 정보에 따르면, 유튜브의 국내 월간 활성 이용자(MAU)는 4547만 명으로, 카카오톡(4525만명)을 앞질렀다고 한다. (출처: 마켓뉴스)

△ 국내 구독자 수 기준 유튜브 채널 수

출처: 머니투데이 온라인 기사(https://news.mt.co.kr/mtview.php?no=2020122216122528500)

소셜 미디어 플랫폼으로써 유튜브의 국내 입지, 인구 대비 전업 유튜버 수, 그리고 구독자 수 기준 유튜브 채널 수를 따져보아, 한국 유튜브 시장은 국내외적으로 영향력이 크고 채널 경쟁이 치열함을 알 수 있다.

1.1.4 '나'라는 브랜드로 살아남기 위한 전략, 유튜브

수익화에 관심 있는 사람이라면 퍼스널 브랜딩(Personal Branding), N잡러[1]라는 말을 한 번쯤은 들어본 적 있을 것이다. 자신의 또 다른 가능성을 발견하고 자신의 강점을 브랜드로 삼은 N잡러들의 이야기를 모아보면 다양한 부업 키워드들이 등장하는데, 그중 빠지지 않고 등장하는 것이 유튜브다.

유튜브는 누구나 쉽게 시작할 수 있는 콘텐츠 플랫폼으로, 퍼스널 브랜딩을 위한 N잡러들에게 매력적인 도구이다. 유튜브를 통해 자신의 강점을 부각시킨 콘텐츠를 제작하고, 이를 통해 구독자를 모으고 수익을 창출할 수 있기 때문이다.

퍼스널 브랜딩에 성공하려면 몇 가지 전략이 필요하다.

첫째, 나만의 전문성과 대중들이 원하는 트렌디한 콘텐츠를 제작해야 한다.

둘째, 꾸준히 콘텐츠를 제작 업로드하고, 구독자들과 활발히 소통해야 한다.

셋째, 타겟 시청자를 설정하고 그들의 관심사를 고려하며 콘텐츠를 제작하여야 한다.

넷째, 홍보에 대해 관심을 갖고 새로운 구독자를 유입시킬 수 있는 방법을 연구해야 한다.

위 네 가지 전략을 바탕으로 꾸준히 노력한다면 누구나 퍼스널 브랜딩에 성공할 수 있을 것이다.

---

[1] 나만의 개성과 매력, 재능 등을 브랜드화함으로써 나의 가치를 높이는 작업을 '퍼스널 브랜딩', 퇴근 후 여유 시간, 주말 시간 등 자투리 시간을 이용해 여러 가지 부업을 하거나 직업 활동을 하는 것을 'N잡'이라 한다.

1.1.5 　수익 유튜버가 되고픈 스타트 유튜버를 위한 조언

성공한 유튜버, 높은 수익을 거두는 유튜버들을 선망하여 크리에이터 혹은 유튜버라는 직업을 선택하는 사람들이 많다. 하지만 직업적 측면으로 바라볼 때 마냥 좋은 시선으로 바라보기는 어려운 것이 사실이다. 유튜브 수익 창출에 대한 꿈을 안고 유튜브에 진입했지만 막연한 생각으로 도전한 탓에 유튜버들의 90% 이상이 몇 개월을 버티지 못하고 유튜버로 살아가기를 포기한다(채널 개설 후 뚜렷한 목표와 방향도 없이 조회 수와 구독자 수를 늘리는 데 혈안이 된다거나, 주변 비전문가들의 조언 혹은 단순히 검색 몇 번을 통해 섣부르게 장비를 구매하고 콘텐츠를 생산하다 유튜버를 포기하는 경우가 다반사다). 그렇기에 **유튜브에 진입하고자 한다면 누구보다 탄탄하고 충분한 준비가 필요하다.**

현재 우리나라에는 약 10만 명의 수익 유튜버들이 있는데, 레거시 미디어와의 협업 또는 기존 광고 업체, 관공서와의 협업을 통해 채널 규모를 키워가는 모양새다. 하지만 수익 유튜버를 꿈꾸는 스타트 유튜버에게는 마땅히 채널을 키우기 좋은 환경이 충분치 않을 뿐더러 자생하여 규모를 키우는 것 또한 쉽지 않다. 그럼에도 수익 유튜버를 도전하고자 한다면 이 책을 통해 스스로의 방향성을 설정하고 시행착오를 줄일 수 있길 바란다. 성공한 유튜버들의 노하우를 무료로 얻기 위해 유튜브에서 발버둥질 할 시간에 이 책을 통해 자신의 분야 방향성, 목표를 수립하며 체계적으로 도전하기를 추천한다.

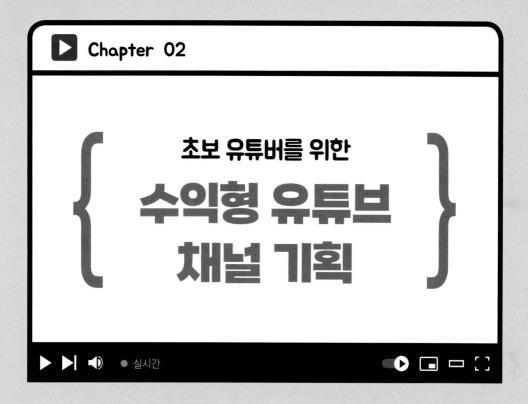

Chapter 02

초보 유튜버를 위한

**{ 수익형 유튜브
채널 기획 }**

▶ ▶│ 🔊 ● 실시간

 **Contents**

2.1

초보 유튜버의 현실과 문제점

앞서 Intro에서 이야기했지만 막연한 꿈을 안고 수익 유튜버가 되기를 바라서는 살아남기 어렵다. 유튜브에 진입하려면 누구보다 탄탄하게, 그리고 목표와 방향성을 가지고 충분히 준비하여야 한다. 하지만 막상 유튜버 교육을 받고 나서 홀로서기를 시도하다 보면 다양한 어려움을 마주하게 되고 처음의 마음가짐을 유지하기 힘들 수도 있다.

수익 유튜버가 되기 위한 길은 그리 녹록치 않다. 그래서 이번 챕터의 첫 절(2.1)은 유튜버에 대한 긍정적이고 극적인 이야기를 하기보다는 초보 유튜버의 현실을 먼저 알려주고, 이들이 자주 겪는 문제에 도움이 될 방법을 제시하여 혹 여러분에게 어려운 일이 생겼을 때 스스로 재치 있게 해결할 수 있도록 돕고자 한다.

먼저 초보 유튜버 시절 필자가 겪은 일을 보여주겠다. 어떠한 어려움과 실패가 있었고, 그 원인은 무엇이었을지 함께 짚어보자.

2.1.1 크리에이터 무료 교육의 폐해

"나는 유튜버가 되기로 결심하고부터 크리에이터 무료 교육을 여럿 접하며 많은 유튜버들을 만나게 되었다. 유튜버 교육에 상당한 시간을 할애해야 했음에도 불구하고 20대부터 70대에 이르기까지 참가자들의 연령은 다양했고, 유튜브에 대한 이들의 관심은 실로 대단했다. 유튜버 교육에 인기가 더해지자 관공서와 기업들도 무료 교육을 실시하고 유튜버들을 모집하여 교육을 했다. 그러나 교육 이후로 문제가 있었다. 사후관리 시스템이 없는 점이 유튜버의 발목을 잡은 것이다. 뭘 좀 알 것 같으면 교육은 끝이 났고 그 다음에는 홀로 살아남아야 했다."

- 유튜버 비제TV -

무료 교육이라 좋기는 하지만 전문적 컨설팅 없이 끝나고, 인큐베이팅 없이 홀로 남겨진 현실 속에 혼자 아등바등 거릴 수밖에 없는 세계! 그게 바로 1인 미디어 크리에이터의 삶이었다.

적어도 무료 교육을 받지 않았을 때는 내가 하고 싶은 방향성을 가지고 열심히 유튜브 활동을 했고 그 결과 만족스러운 조회수나 구독자수를 얻을 수 있었다. 하지만 어느 순간 유튜브의 알고리즘에 관심을 갖게 되면서는 점차 조회수, 구독자수에만 관심을 갖게 되는 느낌이 들었다. 또, 이것저것 짜깁기를 해서 홀로 살아남고자 노력했지만 유튜브 알고리즘에 반하는 행동을 계속하게 되었고 그 이유조차 몰라 유튜버로써 퇴보하는 듯했다. 내 채널에 맞지 않는 콘텐츠를 기획해서 올리기 시작했고, 첫 반응은 나쁘지 않았으나 일관성 없는 콘텐츠로 인해 구독자가 늘지 않고 조회수도 눈에 띄게 감소했다. 좋아요와 댓글도 점점 사라져갔다.

선택한 방향이 틀려서일까? 아니면 구독자들이 내가 올리는 콘텐츠가 이제 식상해져서 그런 것일까? 나는 구독자들이 떠난 이유도 모르고 그냥 가슴앓이만 하게 되었다. 크리에이터 교육에서 메모했던 내용들을 잘 정리하고 다시 체크해서 콘텐츠를 만들어 보기로 마음먹었지만 여전히 어떤 것이 문제였는지 알 수 없었다.

지금 와서 생각해보면 일관성 있는 채널로 운영하다가 소위 말하는 연예인 병에 걸린 것이었다는 생각이 든다. 취미로 즐기며 시작한 유튜브에 구독자가 모이게 되고 YPP(유튜브 파트너 프로그램)에 가입하여 수익화까지 성공한 것은 좋았으나, 다른 방향의 콘텐츠를 올려도 충분히 사람들이 좋아해 줄 것이라는 착각을 하였다.

그런데 사실 이보다 더 큰 문제가 있었다. 바로 섣부른 장비 투자였다. 비싼 노트북과 캠코더, 마이크, 믹서기, 스피커 그리고 조명에 이르기까지 초기 투자 비용만 1천만 원이 넘었다. 그런데다 캠코더는 실제로 사용 한 번 못해보고 장식품으로 전락하였고, 노트북은 일주일에 몇 번 사용하지 않았다. 이렇게 나는 수익 유튜버가 되고부터 큰 실패를 맛보았다.

2.1.2 초보 유튜버의 문제점과 해결 방안

혹시 필자의 과거와 같은 상황에 놓였다면 다음 사항에 체크를 해보고 진단해보길 바라며, 아직 경험하기 전이라면 이런 문제점에 직면했을 때 해결 방안의 제시대로 지혜롭게 헤쳐나가길 바란다.

초보 유튜버들의 문제점	해결 방안
아티스트형 = 매번 차별되는 콘텐츠 제작에만 몰두하는 타입	• 차별화 이전에 대중화가 우선이 되어야 한다 • 다양한 콘텐츠를 벤치마킹하며 제작한다
플랜중요형 = 계획만 열심히 세우고 실행하지 않는 타입	• 많은 생각은 콘텐츠 제작과 채널 운영이 독이 될 수 있다 • 과감하게 실행하고 피드백을 확인하자
근면성실형 = 트렌드 검색 및 반영 없이 성실하기만 한 타입	국내 또는 해외 콘텐츠 사례를 확인하고, 유튜브 인기급상승 탭을 수시로 들여다보자
패배주의형 = 어떤 콘텐츠를 올려도 반응이 없이 자포자기한 타입	팀크리에이터 카페에서 다양한 정보를 얻고, 포유튜브 사이트에서 컨설팅을 받아보자

▶ 알쓸 Tip _ **유튜브 인기급상승 탭을 확인하는 습관을 들이자**

매일 아침 유튜버 루틴으로 유튜브의 인기급상승 탭을 체크해보면 좋다. 수시로 들여다보는 것도 좋지만 그보다 정해진 시간에 맞게 하는 편이 낫다. 또, 유튜브 인기급상승 탭에 자주 나오는 유튜버들을 벤치마킹하는 것도 좋은 방법이다.

혹 크리에이터 커뮤니티나 컨설팅을 통해 도움을 얻고 싶다면 아래 링크에 들어가서 참조해보길 바란다.

[팀크리에이터 카페] cafe.naver.com/youtuverselab

[포유튜브 컨설팅 사이트] forutube.com

2.2

초보 유튜버를 위한 유튜브 채널 전략

10여년 전, CEO 모임에 적극 참여하며 사업이란 무엇인지 고민한 시기가 있었다. 그때 국내에서 꽤 유명한 모 기업의 사장님의 강의를 들었는데 사업을 시작할 때의 자세에 대한 이야기였다.

'창업을 한다면 폐업까지 계획하라'

당시에는 이 이야기를 듣는 순간 멍한 느낌이 들었다. 이게 창업을 하는 사람들에게 할 소리인가? 하는 생각에 이후 강의를 제대로 들을 수 없었던 것 같다. 하지만 이내 정신 차리고 강의를 들어보니 그 말의 의미를 알 수 있었다.

이제 막 유튜브 채널을 만들려고 이 책을 펼쳤다면 앞으로 소개할 내용(1.2~1.3)에는 당장 실천하거나 온전히 소화하기 어려운 부분이 더러 있을 것이다. 그러니 초장부터 무조건 따라하려 하기보다, 일단 눈으로 좇으며 '앞으로 이런 것도 생각해봐야겠구나' 정도로 받아들이고 나중에 필요한 일이 생길 때 참고해보길 바란다.

이번 절에서는 **초보 유튜버들이 채널 개설 시 꼭 알아야 하는 전략**에 대해 다루려 한다. 유튜버가 되기로 마음먹었다면 이제부터 **유튜브는 곧 사업**이라고 생각하자. 사업주가 사업계획서를 쓰고 단기/중기/장기 계획을 실행하는 것처럼, **유튜버 또한 영상을 만들면서 콘텐츠 계획서를 작성하고 그에 맞게 실행해야 한다.**

채널 전략을 세우기 앞서 해야 할 것이 있다. 바로 채널명을 정하는 일이다. 유튜브 채널 개설 시 정하는 **채널명은 곧 브랜드 네임**이다. 채널명은 유튜버 자신에게는 앞으로 나아갈 방향을 제시하고 자신만의 콘텐츠를 담는 그릇이 되고, 시청자에게는 유튜버의 정체성을 알리고 인식하게 하여 눈도장을 찍게 만든다.

> ▶ **알쓸 Tip** _ **채널명은 가능한 자주 변경하지 않도록 유의하자**
>
> 채널명은 수시로 변경할 수는 있다. 하지만 시청자에게 알려진 이후 채널명을 바꾸면, 시청자 입장에선 이 채널이 내가 알던 채널이 맞는지 혹은 채널 주인이 바뀐 건지 의문이 생기고 혼란을 느낄 수 있다. 그러므로 **초기 채널 개설 시 채널의 방향성을 정하고 나서 채널명을 정하도록 하자.**

2.2.1 초보 유튜브 채널 '기본' 전략 5가지

유튜브 브랜드 메이킹 전략

타 플랫폼을 연동하여 동반 성장하는 유튜브 채널 사례들이 여럿 나오고 있다. 그들의 공통된 성공 이유는 다양한 플랫폼(예: 인스타그램, 네이버 카페, 카카오 오픈채팅 등)을 운영하면서도 **동일한 네이밍을 사용**하여 정체성을 잃지 않았고, **각 플랫폼에 맞는 콘텐츠**를 공유했기 때문이다.

Point 타 플랫폼에서도 동시에 사용할만한 브랜드 네이밍을 만들어야 한다.

유튜브 퍼스널 브랜딩 전략

유튜브 채널 로고 이미지, 프로필 이미지 제작에 **아낌없이 투자하자**. 내가 돈을 쓰는 만큼 돈을 벌 수 있는 기회가 주어진다. 월정액으로 유튜브 프리미엄을 구독하거나 타 채널의 멤버십에 가입해서 그들의 운영방법을 연구하자. 혹은 일정 금액을 들여 편집 공부를 하거나 디자인 공부에 할애하여, 사업체를 키운다는 생각으로 유튜브 브랜드를 키워나가기 바란다.

Point 이 전략은 마치 기회의 창을 노리는 것과 같다. 유튜브 운영과 트렌드를 이해하고 자신의 브랜드에 적극 투자하여 성장할 수 있는 기회를 넓혀가도록 하자.

썸네일, 제목의 일관성 유지 전략

어떤 채널에 들어가면 구독을 누른 후 내가 보고 싶은 영상을 찾느라 시간을 낭비하기도 한다. 이는 채널 체류 시간의 증가라는 긍정적 요소처럼 보이지만, 구독자의 이탈로 이어지는 부정적 요소로도 인식되므로 바람직하진 않다. **썸네일 이미지와 제목에는 일정한 규칙을 갖추도록 하자.** 또한 대형 유튜버들의 주도에 의해 유행이 예상되는 트렌디한 썸네일 이미지를 빠르게 캐치하고, 제목과 더불어 클릭을 유도할 수 있도록 하는 것이 좋다.

Point 일정한 통일성을 가진 썸네일과 제목은 시청자들의 클릭을 부른다. 매일 혹은 주기적으로 썸네일과 제목에 대한 분석을 하자.

검색, 기획, 촬영, 편집, 업로드 루틴 전략

유튜버는 정확하게 말하면 프리랜서이다. 본인의 일정 관리를 해야 하며, 이를 느슨하게 대할 경우 일과 여가, 일상의 밸런스가 무너지며 걷잡을 수 없이 피폐해질 수 있다. 그렇기 때문에 매일 루틴을 활용하여 자신의 일과 일상을 지킬 수 있는 다음의 방법을 적극 추천한다.

업무 (루틴)	크리에이터의 효율적인 업무 방법
검색	매일 동시간대, 일정 시간에 다음의 루틴 업무를 실행한다
기획	1. 웹 검색을 통해 콘텐츠에 사용할 자료를 찾는다 2. 5W1H 기법에 의한 간단 기획서를 작성한다
촬영, 편집	5W1H: 언제(When), 어디서(Where), 누가(Who), 무엇을(What), 왜(Why), 어떻게(How) 3. 촬영과 편집에 대해 공부를 하거나 일을 맡긴다
업로드	4. 업로드 주기를 일정하게 맞춘다
소통	5. 댓글에 반응하고 커뮤니티를 활성화한다

커뮤니티 활성화 전략

댓글, 채팅 등 커뮤니티를 통해 시청자들과 소통하는 것은 유튜버에게 있어 매우 중요한 업무이다. **팬덤을 형성**하는 데 도움이 되고, 신박한 **아이디어성 댓글**을 통해 좋은 콘텐츠를 만들 수도 있기 때문이다. 특히 라이브 스트리밍 시 채팅을 읽어주며 다정하게 닉네임을 불러주면 친밀감을 주어 팬덤 형성에 효과적이다.

Point 댓글과 채팅을 잘 활용하면 팬덤 형성에 선순환을 만들 수 있다. 팬들의 목소리에 귀를 기울여 좋은 아이디어를 발굴하고, 이를 콘텐츠화하여 새로운 팬을 만나거나 기존 팬층을 강화할 수도 있다.

2.2.2 초보 유튜브 채널 '필승' 전략 5가지

스타트 유튜버 필승 전략에 대한 조언은 무조건 이긴다가 아니며, 어디까지나 강한 크리에이터로 성장시키기 위한 일종의 인큐베이팅 전략이다. 적어도 이 전략은 자신의 채널을 키우는 방법을 몰라서 헤맨 유튜버들에게 소중한 팁이 될 것이다. **구글이 인정한 유튜브 전문가 PE(Google Product Expert)가 알려주는 초보 유튜브 채널 필승 전략 5가지를 알아보자.**

유튜브 시크릿 모드 서치 전략

유튜브 계정으로 로그인하면 유튜브 홈 피드**1**에 나의 관심사로 가득한 영상들이 채워진다. 로그인 활동으로 인해 나의 검색어 데이터 혹은 영상 시청 데이터가 작용했기 때문이다. **하지만 유튜버라면 자신의 관심 기반에 머물지 않고 다양한 장르, 콘셉트의 영상을 접해봐야 한다. 유행의 흐름을 읽을 수 있고 창작 아이디어의 틀을 깨는 데 큰 도움이 될 수 있기 때문**이다.

그렇다면 사용자 기반이 아닌 영상은 어떻게 확인할 수 있을까? 자신의 유튜브 활동 기록(방문 기록, 쿠키 및 사이트 데이터, 양식에 입력된 정보)을 지운 후 접속할 수도 있겠지만 너무 번거롭다. 그보다 간단한 방법은 **크롬 브라우저의 시크릿 모드**를 이용하는 것이다.

---

1 소셜 미디어에서 피드(Feed)란 사용자의 관심사나 검색 활동 기록을 기반으로 맞춤화된 콘텐츠를 제공하는 것을 의미한다. 유튜브 알고리즘에 따라 내가 관심 있어 할만한 영상 콘텐츠를 보여주는 유튜브 홈 화면의 모습이 대표적인 예라고 볼 수 있다.

크롬 브라우저🔟 열기 → 우측 상단의 삼점 버튼 클릭 → 새 시크릿 창 클릭을 해보자(혹은 크롬 브라우저를 열고 Ctrl + Shift + N을 눌러도 된다). 사용자 기반 추천 영상이 아닌 유튜브가 랜덤으로 추천하는 영상을 발견하게 될 것이다.

▲ 크롬 시크릿 모드 전환 후 유튜브 탐색

유튜브 인기 급상승 서치 전략

유튜브 홈 화면에서 좌측 메뉴를 쭉 살펴보면 **탐색** 탭이 있다. 여기서는 인기 급상승, 음악, 영화, 실시간 등 유튜브가 추천하는 카테고리별 영상을 확인할 수 있다. 특히 **인기 급상승**에는 유튜브가 활발히 노출시키는 채널의 유튜버들을 랜덤으로 만나볼 수 있다.

인기 급상승은 유튜브 콘텐츠 트렌드를 직관적으로 볼 수 있는 공간으로, 주로 조회수 100만 회 이상의 콘텐츠들이 이곳에 노출된다. PC 기준으로 상단에는 영상 2개, 하단에는 인기 급상승 쇼츠(Shorts) 6개가 공개된다. 그 다음에는 인기 급상승 콘텐츠 50개, 최근 인기 동영상 50개가 공개된다.

▲ 시크릿 모드로 유튜브 인기 급상승 탐색

🔟 앞으로 유튜브에 접속할 일이 많기에 편의상 크롬 브라우저를 자주 이용하게 될 것이다. 자신의 PC에 크롬 브라우저가 없다면 인터넷에서 google.co.kr/chrome/에 접속해 크롬 브라우저를 다운로드하길 바란다.

인기 영상 벤치마킹 전략

이 전략은 인기 콘텐츠를 있는 그대로 똑같이 복사하는 것이 아니라, 기획의 복사를 통해 또 다른 콘텐츠로의 성장을 노려보는 것이다. 콘텐츠를 벤치마킹 하는 방법은 다음과 같다.

인기 급상승 콘텐츠를 벤치마킹 하는 5가지 방법

1. 콘텐츠 표면적 통계 분석 (구독자, 조회수, 좋아요, 댓글수 체크)
2. 제목, 내용 분석 (따라할 수 있는 내용인지 체크)
3. 콘텐츠 영상 기획 분석 (영상 길이, 초단위 영상 기획 체크)
4. 공감 포인트 분석 (영상 킬링 포인트 체크)
5. 댓글 분석 (댓글의 양과 대댓글(댓글에 대한 댓글) 체크)

유튜브 고객센터 활용 전략

유튜브는 유튜버들을 위한 도움말 센터, 유튜브 도움말 커뮤니티를 적극적으로 운영하고 있다. 이곳에서는 누구보다 빠르게 유튜브 관련 소식을 접하는 유튜브 전문가(Google Product Expert, 이하 'PE') 그룹이 활동하며 매월 비공개 PE 모임을 통해 유튜브의 발전을 위해 노력하고 있다.🚩

유튜브 고객센터 이용 방법

크롬 브라우저를 열고 구글 검색창에서 **유튜브 고객센터**를 검색한다.

▲ 구글에서 '유튜브 고객센터' 검색

🚩 현재 국내에서 유튜브 전문가로 활동하는 PE는 총 20명으로 극소수이다.

유튜브 고객센터에 접속하면 상단에 3가지 탭이 있고, 도움말 센터 페이지가 열린 상태일 것이다. **도움말 센터** 또는 **크리에이터 팁**을 선택하면 유튜브 사용 설명서를 가장 쉽게 만나볼 수 있다.

▲ 유튜브 고객센터 - 크리에이터 팁

한편 **커뮤니티** 탭을 클릭하면 전 세계 유튜버들을 위한 신규 기능 업데이트 소식을 가장 빠르게 접할 수 있으며, 공지글을 구독하면 메일로 소식을 받을 수 있다.

▲ 유튜브 고객센터 - 커뮤니티

유튜브 도움말 커뮤니티 게시글 구독하기

도움말 커뮤니티의 공지사항 게시글을 클릭하면 해당 게시글을 구독하거나 좋아요를 누르는 기능이 있다. **구독**을 눌렀을 때 **업데이트 전용**은 작성자의 새로운 게시글이 생겼을 때 알림을 주는 기능이고, **업데이트 및 답변**은 새로운 게시글에 대한 알림뿐 아니라 현재 게시글에 댓글이 달릴 경우에도 알림을 준다.

커뮤니티 게시글을 구독하면 로그인한 지메일 계정을 통해 업데이트 및 답변 소식을 빠르게 받아볼 수 있다.

▲ 유튜브 도움말 커뮤니티 게시글 구독 방법

도움말 커뮤니티의 일반 게시글도 위와 같은 방법으로 구독할 수 있다. 이 경우에는 일반 게시글을 작성한 사람의 사람의 새로운 게시글이 작성되면 지메일로 빠르게 받아볼 수 있다.

유튜브 도움말 커뮤니티에 질문하기

유튜브 활동을 하다 궁금한 점이 생기면 유튜브 도움말 커뮤니티에서 직접 질문을 게시해보자. PE들의 전문적인 답변을 받을 수 있을 것이다.

▲ 유튜브 도움말 커뮤니티에 질문하는 방법

▶ **알쓸 Tip** _ **내 채널 실적 및 유튜브 크리에이터 관련 소식 한눈에 보기**

1) Creator Monthly 뉴스레터 구독

매월 제공되는 Creator Monthly 뉴스레터를 보면 지난 달 채널의 실적을 한눈에 볼 수 있어 채널 성장이 잘 되고 있는지 확인할 수 있다.

이 뉴스레터는 유튜브 채널의 업데이트, 공지사항, 맞춤 팁을 수신하도록 동의한 사용자에게 발송되며 유튜브 알림 설정 페이지를 통해 구독 설정을 할 수 있다. 유튜브 알림 설정 페이지로 들어간 다음, **이메일 알림 항목에서 내 환경설정 → 크리에이터를 위한 업데이트 및 공지사항**을 체크하면 된다.

[유튜브 알림 설정] www.youtube.com/account_notifications

▲ 유튜브의 이메일 알림 설정을 통한 Creator Monthly 뉴스레터 구독

2) 유튜브 공식 채널 구독

유튜브 공식 채널(YouTube Korea)을 통해서도 유튜브의 업데이트 소식 및 크리에이터 팁을 만나볼 수 있다. 특히 크리에이터들의 성장 이야기나 최신 소식, 편집 팁에 관한 영상들이 도움이 될 것이다. 채널 구독을 하여 살펴보길 바란다.

유튜브 소액 유효 투자 전략

앞서 초보 유튜브 채널 기본 전략에서 유튜브 채널을 운영하는 것은 사업체를 키우는 것과 같다고 하였다. 유튜브 프리미엄을 구독하여 광고 없는 유튜브를 보고, 유튜브 채널아트와 로고, 프로필을 디자인하는 것에 비용을 지출하고, 내 콘텐츠를 타 플랫폼에 열정적으로 공유하는 등의 활동을 게을리하지 말자.

그리고 내 콘텐츠를 매력적으로 만들어줄 수 있는 자원과 내 유튜브 채널을 효과적으로 알릴 수 있는 광고 수단에 투자해보자. 이미지, 영상, 음원 등을 유료 결제하여 보다 나은 콘텐츠를 만들 수 있고, 구글 애즈(Google Ads)를 활용하면 내 유튜브 채널에 관심이 있을만한 사용자에게 집중하여 광고함으로써 채널 성장을 좀 더 빠르게 이루는 데 도움을 줄 것이다. ❚

❚ 콘텐츠를 유/무료로 얻을 수 있는 사이트와 구글 애즈 광고 활용에 대한 내용은 챕터 7과 챕터 10에서 다룰 것이다.

2.3
유튜버의 다양한 수익 모델

유튜브를 시작하면서 가장 궁금한 점은 '언제 수익을 낼 수 있는가'일 것이다. 이 절에서는 유튜버들이 어떻게 하면 동영상 조회수 수익을 얻을 수 있는지 방법을 제시하고 추가적 기본 수익에 대한 이야기를 다루고자 한다.

유튜브의 일꾼이 될 것인가? 사업자가 될 것인가?

앞으로의 유튜브 세상은 어떻게 발전할까? 어떤 형태로든 유튜브는 더 많은 수익을 창출하기 위해 유튜버들은 자발적으로 유튜브의 발전을 돕는 역할을 할 것이다. 물론 유튜버가 수익을 얻을 수 있다는 전제하에 말이다.

이미 수많은 광고에 익숙해지고 일반인들의 상업 활동에 특이 반응 없이 SNS 활동을 하는 자신을 발견했다면, 이제 본격적으로 유튜버의 다양한 수익 모델에 대해 전략적으로 접근해야 한다. 아직 잘 실감되지 않는다면 자신이 치킨집을 창업하려 한다고 생각해보자. 먼저 경쟁자 수가 얼마나 될지 궁금할 것이다. 필자가 실제로 찾아보니 국내 치킨 점포가 3만 6천8백 곳이나 된다고 한다. 전 세계 유명 햄버거 브랜드 매장수가 2만 6천~3만 6천 곳 가량 된다 하는데, 실로 어마어마한 수치다. 다음으로는 무엇을 준비해야 할까? 매장을 입점할 곳을 찾기 위해 상권 분석을 하고, 매장을 인수하고, 임대료를 내고, 적극적인 홍보를 위해 마케팅을 하는 등... 따져보니 생각보다 준비할 것이 꽤 많다고 느꼈을 것이다. 수많은 경쟁 채널을 뚫고 내 채널의 수익을 만들기 위한 노력도 이와 비슷하다고 보면 된다. 자신의 브랜드, 콘텐츠를 개발하고 그에 걸맞은 다양한 수익 모델을 찾아 기획하고 실행에 옮겨야 한다.

2.3.1 유튜브 수익의 기본 정리

1. 유튜브 파트너 프로그램(YPP) 수익

2. 블로그 + 구글 애드센스 광고 수익

3. 간접광고(PPL), 직접 광고(브랜디드) 콘텐츠 수익 및 2차 활용 수익

유튜브 파트너 프로그램 수익

유튜브 파트너 프로그램(YouTube Partner Program, 이하 'YPP')을 가입한 유튜버들은 다양한 유튜브 리소스와 수익 창출 기능을 사용할 수 있다. 그리고 광고의 수익 공유에 관해서도 설정할 수 있다(동영상 조회수 수익이라고 흔히 아는데, 사실 이는 동영상을 틀면 나오는 광고에 대한 수익을 공유하는 것이다).

YPP는 유튜브가 정한 자격요건을 갖춘 유튜버가 되어야 가입할 수 있다. 그러니 유튜브로 수익을 얻으려면 YPP 가입 요건과 자격 요건을 꼭 알아두어야 한다.

YPP 가입 요건

YPP 가입 요건은 다음과 같다.▌

가입 요건

1. 모든 YouTube 채널 수익 창출 정책을 준수합니다.
    a. 이는 YouTube에서 수익을 창출하기 위해 지켜야 할 정책 및 가이드라인 모음으로 크리에이터가 YouTube와 파트너 계약 체결 시 준수사항입니다.
2. YouTube 파트너 프로그램이 제공되는 국가/지역에 거주합니다.
3. 채널에 활성 상태인 커뮤니티 가이드 위반 경고가 없습니다.
4. Google 계정에 2단계 인증을 사용 설정해 놓아야 합니다.
5. YouTube에서 고급 기능에 액세스할 수 있습니다.
6. 채널에 연결할 활성 애드센스 계정이 하나 있어야 합니다. 아니면 YouTube 스튜디오에서 계정을 만들어야 합니다(새 애드센스 계정인 경우에만 YouTube 스튜디오에서 만듭니다. 자세히 알아보기)

▲ YPP 가입 요건

YPP 자격 요건

구글이 정한 YPP 프로그램 자격 요건을 충족해야 YPP에 가입할 수 있다. 다음 사항을 잘 확인해보고 자격 요건에 만족한다면 즉시 YPP에 가입 신청하기를 추천한다(YPP는 자동 가입이 되지 않는다).

• 지난 12개월간 공개 동영상의 유효 시청 시간이 4,000시간 이상이고 구독자가 1,000명 이상인 경우
• 또는 지난 90일간 공개 Shorts 동영상의 유효 조회수가 1,000만 회 이상이고 구독자가 1,000명 이상인 경우

위 내용과 더불어 YPP 가입 신청 방법은 모두 유튜브 고객센터에서 도움말을 검색하여 확인할 수 있으니 참조하길 바란다.

[YPP 가입 및 자격 요건 관련 도움말 문서 보는 방법]

유튜브 고객센터에서 **YPP**를 검색 → **YouTube 파트너 프로그램 개요 및 자격요건** 도움말 문서 클릭

내 채널이 성장해서 YPP 가입 및 자격 요건을 만족한다면 YPP 가입을 통해 수익을 얻을 수 있다. 어떤 수익 창출 기능을 이용할 수 있는지 알아보자.

▌ 가입 요건 마지막에 언급된 '채널에 연결할 활성 애드센스 계정'을 만드는 방법은 두 번째 수익 창출 방법을 다룰 때 알아볼 것이다.

수익 창출 기능 이용

YPP를 가입한 유튜버라면 다양한 유튜브 수익 창출 기능을 사용할 수 있다. 어떤 수익 창출 기능이 있는지 살펴보자.

- **광고 수익**: 보기 페이지 광고와 쇼츠(Shorts) 피드 광고를 통해 조회수 수익 창출이 가능하다.
- **채널 멤버십**: 채널 회원이 크리에이터가 제공하는 특별한 혜택을 이용하는 대가로 매월 이용료를 지불하며 유튜브가 해당 채널 유튜버에게 수익을 분배한다.
- **Shopping**: 팬들이 크리에이터의 유튜브 스토어에서 상품 등 제품을 둘러보고 구입할 수 있는 기능으로 1,000명 이상의 유튜버 혹은 공식 아티스트 채널의 경우 활용이 가능하다.
- **Super Chat 및 Super Sticker**: 팬들이 Super Chat 및 Super Sticker를 구매해 채팅 스트림에서 자신의 메시지 또는 애니메이션 이미지를 눈에 띄게 만들 수 있다.
- **Super Thanks**: 팬들이 Super Thanks를 구매해 동영상 댓글 섹션에서 자신의 메시지를 눈에 띄게 만들 수 있다.
- **YouTube Premium 수익**: 유튜브 프리미엄 구독자가 크리에이터의 콘텐츠를 시청하면 구독료의 일부가 지급된다.

수익 창출 기능에는 사용 자격 요건이 있으며 그 기준은 기능마다 다르다. 자세한 내용은 다음 표를 참조해보길 바란다.

	수익 창출 기능 사용을 위한 최소 자격 요건
광고 수익	• 만 18세 이상이거나, 애드센스를 통해 지급액을 처리할 수 있는 만 18세 이상의 법적 보호자가 있어야 함 • 광고주 친화적인 콘텐츠 가이드라인을 준수하는 콘텐츠 제작
채널 멤버십	• 만 18세 이상 • 구독자 수 1,000명 초과
상품 섹션	• 만 18세 이상 • 구독자 수 10,000명 초과
Super Chat 및 Super Sticker	• 만 18세 이상 • Super Chat이 제공되는 국가/지역에 거주
YouTube Premium 수익	유튜브 프리미엄 구독자용 콘텐츠 제작

위 표의 내용은 유튜브 고객센터의 도움말을 통해서도 확인할 수 있다. 업데이트 이슈 등에 따라 내용이 달라질 수도 있는 점을 염두에 두고 참고해보길 바란다.

[해당 도움말 문서 보는 방법]

유튜브 고객센터에서 **수익 창출** 검색 → **YouTube에서 수익을 창출하는 방법** 도움말 문서 클릭

동영상 광고 수익

앞서 YPP를 간단히 소개했을 때 광고의 수익 공유를 설정할 수 있다고 언급했다. 이것은 즉, YPP는 유튜브가 채널과 광고주를 연결하는 것에 동의한다는 의미이다.

광고주의 입장을 생각하여 더 나은 콘텐츠를 생성한다면 YPP 수익을 더 얻을 수 있을 것이다. 8분 이상의 영상에서는 앞뒤 광고 외에 중간 광고(미드롤)를 삽입할 수 있다. 보다 나은 수익화를 위해서는, 광고가 여러 번 나오는 영상일지라도 시청 지속률을 높일 수 있도록 시청자가 궁금해 할만한 위치에 광고를 삽입하는 걸 추천한다. 또한 광고를 너무 많은 삽입하면 수익은 물론 시청률 감소로 이어질 수 있으니 유의하길 바란다.

> **수익금 받는 방법**
>
> 수익이 확인 기준액에 도달하면 PIN 번호가 수취인 주소로 발송된다. PIN은 보통 2~4주 이내에 도착하지만 지역에 따라 다소 지연될 수 있다. PIN을 받으면 애드센스 계정에 입력하여 주소를 확인하게 되는데 하단의 링크를 참조하여 PIN 관련 문제가 없는지 검토하자.
>
> **[PIN 확인 방법 안내]** https://support.google.com/adsense/answer/157667

티스토리 블로그를 연동한 구글 애드센스 광고 수익

YPP 가입 시 홈페이지 또는 유튜브 애드센스와 연동하는 방법 중 가장 쉬운 것이 티스토리 블로그 연결이다. 물론 블로그에 글을 게재하여 YPP 조회수 수익 외에 애드센스와 연동된 블로그 광고 수익을 얻을 수 있는데, 티스토리가 가장 좋은 예시이다.

△ 티스토리 블로그와 구글 애드센스를 연동한 예

티스토리는 카카오톡 계정으로 가입할 수 있으며 블로그의 게시물이 기준점을 넘어설 경우 애드센스와 연동이 가능하고 관리 탭에서 수익 정보를 실시간으로 확인할 수 있게 되고, 광고 설정도 본인의 구미에 맞게 활용해볼 수 있다(다음 쪽 그림 참조). 대부분의 인터넷 뉴스 홈페이지를 볼 때 기사문에 광고가 뜨는 것 또한 같은 원리라고 보면 된다.

> ▶ 알쓸 Tip   **티스토리 애드센스 연동 조건**
>
> 티스토리에 구글 애드센스를 연동하려면 애드센스 측의 승인이 필요하다. 기본적으로 티스토리 가입 후 3개월 내 공개 발행 글이 20개 이상이 되어야 애드센스 연결 신청을 할 수 있다. 쉽게 승인을 받는 Tip을 간단히 말하자면, 발행글의 방향성이 같아야 하며(이를테면 한 분야에 관해 전문적인 지식을 다루는 글을 위주로 발행) 다른 사람들에게 도움이 될만한 내용이어야 한다.

티스토리 블로그와 구글 애드센스의 연동은 내 티스토리 블로그의 관리자 페이지에서 할 수 있다. 자세한 방법은 티스토리 관리자 페이지의 왼쪽 메뉴 바에서 **수익** 메뉴 클릭 후 **수익을 위한 팁** 항목을 참조하길 바란다.

Tip 관리자 페이지는 내 티스토리 블로그에서 화면 우측 상단의 프로필 아이콘 클릭 → 톱니바퀴 아이콘 클릭을 하면 들어갈 수 있다.

▲ 티스토리 관리자 → 수익 → 수익을 위한 팁

애드센스와의 연동을 마치면 티스토리 관리자 페이지에서 광고 설정을 할 수 있으며, 블로그 노출수뿐 아니라 월간 애드센스 수익 정보를 조회할 수 있다.

▲ 티스토리 관리자 → 애드센스 광고 설정

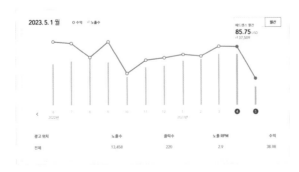

▲ 티스토리 관리자 → 월간 애드센스 수익 정보 조회

앞서 소개한 내용을 토대로 블로그에 유튜브 영상을 부분을 캡처하고 작성했던 콘텐츠의 기획서나 내용을 함께 포스팅하면서 유튜브 링크를 올려보자. 조회수 수익과 더불어 블로그 콘텐츠 수익을 동시에 창출할 수 있다.🚩

직·간접 광고 콘텐츠 수익 및 2차 활용 수익

구독자와 조회수가 많아지기 시작하면 영상 콘텐츠 제작 시 기업들의 간접 광고(PPL) 혹은 직접 광고(브랜디드) 의뢰가 들어오게 된다. 이때 **2차 활용 수익에 대해서는 계약서 작성 시 놓치지 말아야 할 부분이며, 원본 전달인지 편집본 전달인지에 따라 2차 활용 정책을 수립해야 한다.**

특히 기업의 유튜브 공식 채널에 똑같은 영상을 업로드하게 되면 두 채널 모두에게 나쁜 영향을 줄 수 있다. 만약 내 허락 없이 내 유튜브 영상이 타 유튜브 채널에 업로드되었거나 타 플랫폼에서 사용되었다면 다음과 같은 방법으로 대처해보자.

내 허락 없이 영상이 타 유튜브 채널에 업로드된 경우

유튜브에 로그인한 상태에서 유튜브 스튜디오(studio.youtube.com)에 접속한다. 좌측 메뉴 바에서 저작권 메뉴 클릭 → 일치 동영상 탭 클릭 후 해당 영상을 선택하여 보관처리, 삭제 요청, 채널에 연락 등을 할 수 있다.

▲ 유튜브 스튜디오 저작권 탭 - 일치 동영상

내 허락 없이 영상이 타 플랫폼에 사용되는 경우

소셜 미디어의 공유 기능을 악용한 저작권 침해 문제가 자주 일어나다 보니, 플랫폼마다 이 문제에 대응해주는 메일이 있다. 다음 소개한 것들은 플랫폼별 저작권 문의 메일이다. 내 허락 없이 타 플랫폼에서 내 유튜브 영상을 사용하고 있다고 여겨진다면 해당 영상의 링크를 첨부하여 메일로 신고해보기 바란다.

🚩 수익 창출을 위한 영상 콘텐츠 기획은 챕터 5에서 다룰 것이다.

[데일리모션] notifications@dailymotion.com

[인스타그램] ip@instagram.com

[페이스북] ip@fb.com

[틱톡] copyright@tiktok.com

[X(구 트위터)] copyright@twitter.com

[Vimeo] dmca@vimeo.com

유튜브 고객센터의 도움말 센터에는 저작권에 관해 자주 묻는 질문 모음이 있다. 저작권 관련 정보를 알고 싶다면 참조해 보길 바란다.

[해당 도움말 문서 보는 방법]

유튜브 고객센터에서 **저작권** 검색 → **저작권에 대해 자주 묻는 질문(FAQ)** 도움말 문서 클릭

▲ '저작권에 대해 자주 묻는 질문' 도움말 문서

2.3.2 새로운 수익 모델을 발견하는 4가지 방법

이번에는 앞서 말했던 기본 수익 구조를 넘어서 다양하고도 새로운 수익 모델을 발견하는 방법 4가지를 알 아보자. 분명히 기억해야 할 점은 채널 운영자로서 자아도취에 빠지지 말고 객관성을 잃지 말자는 것이다.

유료 광고 포함 영상 카피

타 유튜버의 브랜디드 콘텐츠 영상의 기획을 복제하는 것이 첫 시작이다. 모방은 창조의 어머니라는 말이 있듯, 대형 유튜버들의 콘텐츠 기획을 하나부터 열까지 분석해보는 것이다. 영상을 보면서 기획서를 그대 로 작성해보자. 화면의 진행, 화면 각도, 사람 혹은 사물의 등장, 배경음악과 대사, 효과음까지 똑같이 복 사하자. **완성된 기획안은 곧 나만의 콘텐츠 기획 뼈대가 되며, 나만의 톤앤매너로 기획안에 살을 붙여가며 콘텐츠 제작을 탄탄하게 시작할 수 있도록 도와준다.**

유튜브 재생목록 활용

유튜브에서 내가 원하는 키워드를 검색했을 때 상위 노출된 타 유튜버들의 영상을 주목해보라. 그중에는 내 채널의 재생목록에 추가할만한 영상이 있을 것이다. 그 영상과 연관된 주제를 가진 내 영상을 혼합하여 재생목록을 생성하자. 인기 영상과 같은 맥락의 내 영상이 한 재생목록에 있으면 내 영상이 노출될 가능성이 올라가게 된다. 이를 통해 노출 및 클릭률 상승 효과를 누려볼 수 있다.

Point 시청 지속률을 높이려면 같은 맥락의 영상을 함께 둬야 한다는 것을 절대 잊지 말자.

영상 콘텐츠 원본 보관

콘텐츠 제작 시 영상 원본을 판매할 수 있다. 특히 온라인 거래 사이트 혹은 방송국 등에서 필요로 할 경우를 대비하기 위해서다. 영상의 원본을 남겨둘 때는 영상 컷편집 후 자막을 넣지 않은 원본과 편집본을 나누어 보관하며 이때 기획안을 함께 보관하는 걸 추천한다. 최근 유튜버들의 영상을 TV 시청자제보 영상으로 사용되는 경우가 의외로 많다. 각 방송국 또는 시청자 미디어 재단 등에 미리 제안을 넣어보는 방법도 있다.

자신의 직업 또는 전문성과 연관 짓기

직업 또는 전문분야와 연결하여 성공하는 유튜버들도 많이 있다. 즐겁게 게임을 하면서 아프리카TV에서 인기를 끌었던 〈대도서관TV〉는 150만이 넘는 대형 유튜버로 성장했으며, 빡빡민 머리와 썬글라스 그리고 흰 수염으로 이미지메이킹한 〈피지컬갤러리〉는 체형교정과 재활 정보를 알려주는 채널로 300만 명 이상의 구독자를 보유 중이다. 또, 해외 구독자들에게 인기가 많은 〈푸드킹덤 Food Kingdom〉은 다양한 음식이 만들어지기까지의 프로세스를 촬영하여 현재 380만 명 이상의 구독자를 보유 중이다. 이외에도 아이들에게 훨씬 유명한 〈애니한TV AnnieHanTV〉, 한의학박사가 운영하는 〈허준할매 건강TV〉, 어디선가 들어봤던 다양한 목소리의 주인공 이용신의 〈용신TV〉, 독도는 한국땅이라고 당당히 외친 미군은 유튜버 〈미국아재 Mister American〉, 원단이나 안 입는 옷에 새 삶을 불어 넣어주는 〈정겨운 작업실〉도 자신만의 전문성으로 충분한 인기와 수익을 얻고 있다.

2.3.3　저작권 걱정 없는 수익화 방안

나만의 아이디어로 콘텐츠를 만드는 것에 한계를 느꼈을 때, 타 유튜버의 방식을 참고해보며 새로운 아이디어를 얻고 다양한 자료들을 활용해 콘텐츠를 만들어보기도 한다. 그런데 이 과정에서 콘텐츠 저작권 침해를 범하는 경우가 있다. 저작권에 대해 잘 모르고 어떻게 대응해야 할지 몰라 콘텐츠 제작에 어려움을 느낀다거나 '저작권 침해 걱정 없이 수익화를 할 수는 없을까?'라는 고민이 든다면 다음 내용을 한번 참고해보길 바란다.

무료 음악 서비스하기

좋은 음악과 고화질의 영상이나 이미지를 가사와 함께 제공하면 시청 지속률이 높아진다. 음악은 유튜브 스튜디오 오디오 보관함에서 찾아 수익을 창출할 수 있어 손쉽게 수익화를 할 수 있다. 또한 다양한 장르의 음악을 제공하므로 구독자를 모으기도 좋다.

▲ 유튜브 스튜디오로 접속 → 왼쪽 메뉴 바에서 '오디오 보관함' 클릭

유튜브 뮤직으로 접속하면 눈에 띄는 제목들이 있다. 다음의 내용을 조합해서 영상의 제목을 만들어 보기를 추천한다.

예시)

빠른 선곡, 아침에 듣는, 피부과에서 듣는, 한의원에서 듣는, 카페에서 듣는, 카페 음악, 카페에서 듣기 좋은, 독서할 때 듣는, 부드러운, 아름다운, 역대급 꿀성대, 추억의, 꼭 들어봐야 할, 수면음악, 잠잘 때 듣는, 따스한, MZ 세대를 위한, 5060을 위한, 운동할 때 듣는, 산뜻하고 기분 좋은, 출근할 때 듣는, 퇴근할 때 듣는, 썸남과 듣는, 집중을 위한

다양한 이미지와 영상 서비스하기

무료로 얻을 수 있는 이미지와 영상을 누구보다 빠르게 모아서 영상으로 제공하자. 내 티스토리에 무료 이미지 혹은 영상 제공처를 안내하는 정보성 포스트를 작성한 후, 이 글의 링크를 유튜브 영상 설명이나 댓글에 제공하는 방식으로 시청자들의 참여도(시청 지속률, 좋아요, 댓글, 구독)를 높일 수 있다.

다음의 제목 예시를 참조하여 만들어보기를 바란다.

예시)

물멍(강물, 바닷물, 시냇물 등) 영상 콘텐츠, 불멍(캠핑, 집안에서 즐기는 불멍 화로대), 구름 영상, 비 오는 영상 등

게임 영상 녹화 후 유튜브에 공유하기

'게임' 콘텐츠를 만드는 것도 수익화를 위한 좋은 방법이 될 수 있다.▮ 게임을 좋아하는 유저들이 게임 영상에 댓글을 달게 되고 조회수가 빠르게 상승할 수 있기 때문이다. 전 세계 수많은 유저가 하고 있는 인기 게임을 쇼츠 영상으로 제공한다면 더욱 빠르게 조회수 상승을 노려볼 수 있다.

2.3.4 유튜브 수익 고도화 전략 5가지

'유튜브 채널 수익 창출'을 바라보고 활동하는 유튜버 대부분은 유튜브 조회수에만 의존하는 경향이 있다.

> "좋아요, 구독, 알림 설정까지 부탁드려요"

물론 구독과 알림 설정은 조회수 상승에 관한 중요 요소이고 팬덤을 형성하기에 좋은 방법이라고 할 수 있다. 하지만 아무리 구독자와 조회수가 많다 해도, **콘텐츠 소비의 지속성** 없이 안정적인 수익 창출을 기대하기는 어렵다. 이때 다양한 채널로의 확장은 콘텐츠 소비 지속성 유지에 대한 고민을 덜어내는 수익처가 될 수 있다.

특정 주제 커뮤니티 다중 운영

유튜브 채널 방향성과 맞는 특정 주제의 커뮤니티를 개설하고 적극 운영하는 것을 추천한다. 커뮤니티는 나의 브랜드(유튜브 채널)를 키우는 데 효과적인 전략이 되기 때문이다. 브랜드 노출을 높여 사람들이 브랜드를 발견할 확률을 높이고, 찐팬을 만들 수 있어 탄탄한 브랜드로 자리 잡을 수 있다. 이렇게 브랜드 파워를 높이다 보면 유·무료 강의 제안을 받는 기회도 생기고, 시청자들의 니즈에 따른 새로운 수익 구조(굿즈 판매 등)를 창조할 수도 있다. 또한 여러 사람이 함께 활동하며 다양한 플랫폼으로의 순환이 일어나게 된다.

커뮤니티 플랫폼으로는 카페나 채팅방이 주로 활용되며 요즘은 카카오톡 오픈채팅이나 네이버 밴드가 대세로 자리 잡고 있다. 간혹 메타버스 플랫폼을 커뮤니티로 삼는 크리에이터도 있는데, 이들 상당수가 커뮤

▮ 엄연히 따지자면 게임 2차 창작물도 저작권 침해가 맞다. 다만 마케팅 효과 등으로 득을 보는 면이 많고, 유튜버의 콜라보레이션으로 눈길을 끄는 게임 사례가 늘고 있는 등 게임 콘텐츠에 관해 어느 정도 용인하는 분위기다. 요즘은 게임사가 스트리밍 가이드라인을 제시하여, 게임 엔딩이나 특정 신에 대한 녹화나 스트리밍을 제한한 사례도 있다.

니티 유입을 늘리기 위한 홍보 전략으로 인스타그램, 페이스북을 활용한다.

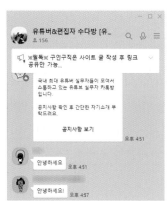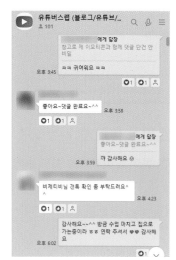

▲ 유튜버와 편집자를 위한 카카오톡 오픈채팅 예

> ▶ 알쓸 Tip _ **커뮤니티 운영 포인트**
> - 내 유튜브 채널명과 동일한 닉네임을 사용해야 브랜드 노출 효과를 제대로 볼 수 있다.
> - 매일 혹은 주기적으로 사람들이 관심을 가질만한 글을 게시하고 반응을 살펴보며 시청자들의 니즈를 발견해보자.
> - 인스타그램과 페이스북 등의 SNS를 통해 내 커뮤니티를 홍보하여 유입을 늘려보자.

지식·정보 콘텐츠 활용 전자책 출간

내 전문지식을 구매하고자 하는 사람들이 점차 늘어난다면 전자책을 출간해보자. 내 전문지식을 필요로 하는 사람들에게는 도움을 주며 **자신도 전자책 판매를 통해** 수익을 얻을 수 있어 서로에게 좋은 방법이다.

전자책은 종이책에 비해 출판이 덜 까다롭고 판매 루트도 자유로운 편이다. 전자책을 판매할 플랫폼으로는 인터넷 서점(교보문고, YES24, 리디 등)이나 재능마켓 플랫폼(크몽, 사람인 재능마켓, 탈잉, 해피칼리지, 프립 등)이 있다.

> ▶ 알쓸 Tip   **커뮤니티 운영의 히든카드는 전자책 출간**
> 커뮤니티 운영 시에도 유·무료 전자책을 판매 혹은 배포할 수 있기 때문에 수익화 혹은 회원모집에 도움을 줄 수 있으며, 전자책을 출간하면 보다 전문적이라는 생각을 심어줄 수 있기 때문에 좋은 수익원이 될 수 있다.

어필리에이트 제휴 마케팅 활용

어필리에이트(affiliate)란 물품의 판매자와 제품 판매 수익을 공유하는 개념의 제휴 마케팅이다. 영상 콘텐츠 안에서 PPL(제품 간접 광고)을 한 후 그 링크를 상세 설명 또는 고정 댓글에 게시하면 수익을 얻기 쉬워진다. 아마존 어필리에이트, 알리익스프레스 어필리에이트, 클릭뱅크, 쿠팡 파트너스와 같은 제휴 마케팅도 있으며, 텐핑, 애드픽, 링크프라이스 등이 있다.

주로 제품 리뷰 유튜버나 요리 유튜버들이 어필리에이트를 활용하며 해당 채널의 국내 시청자 비율이 높은 경우엔 쿠팡 파트너스를, 해외 시청자 비율이 높은 경우엔 아마존 어필리에이트나 알리익스프레스 어필리에이트, 클릭뱅크를 활용하는 것이 유리하다.

▲ 쿠팡 파트너스 홈페이지 화면

▶ 알쓸 Tip **어필리에이트 제휴 마케팅 활용 시 주의점**

어필리에이트 제휴 마케팅을 활용할 때는 유튜브 주제와 같고 좋은 제품을 소개하면서 신뢰를 쌓아가는 것도 잊지 말아야 한다. 그리고 제휴 마케팅마다 광고 수익이 발생하는 조건이 다르다. 소비자가 광고 링크를 클릭할 때(CTC), 광고가 1,000번 노출되었을 때(CTM), 소비자가 광고 링크를 타고 사이트에 방문해서 제품을 구매했을 때(CTS) 등이 있다. 그러므로 자신에게 맞는 제휴 마케팅을 활용해보길 바란다. 단, 가입 시 제휴 마케팅에서 정한 규칙을 지키지 않을 경우 수익이 발생했더라도 받을 수 없고 계정이 정지되거나 해지될 수 있다.

추가 자료 제공 수익 활용

본 영상 외에 후속 영상, PDF 혹은 이미지 자료 등을 블로그에 올려보자. 영상을 시청한 사용자가 추가 자료를 얻기 위해 해당 블로그의 다운로드를 클릭하면 광고가 노출된다. 사용자는 광고를 소비한 뒤 자료를 다운로드할 수 있고, 블로그 운영자는 광고에 대한 수익을 얻을 수 있다. 해당 링크는 영상 설명 또는 고정 댓글에 게시하면 된다.

▲ 유튜브 하단 링크를 클릭해서 들어간 티스토리 게시글 화면

유료 영상 콘텐츠 론칭

클래스101, 스터디파이, 클래스유, 베어유와 같은 사이트에 유료 영상 콘텐츠를 론칭하자. 론칭 시 본인 분야의 커리어를 쌓을 수 있으며, 판매에 따른 수익이 창출되고 이에 파생되는 강의·강연 등으로 부가적인 수익도 얻을 수 있다.

[클래스 101] https://class101.net/career

[스터디파이] https://studypie.co/

[클래스유] https://www.classu.co.kr/new

[베어유] https://bear-u.com/

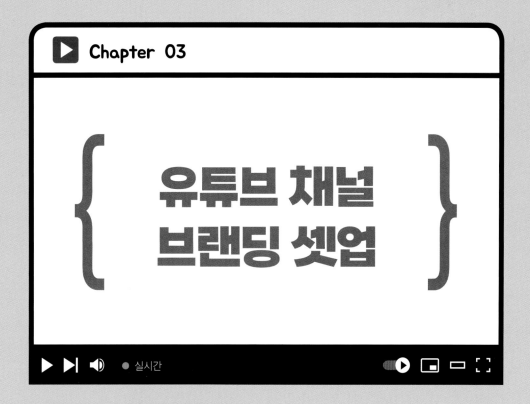

Chapter 03

{ 유튜브 채널
브랜딩 셋업 }

▶ ▶| 🔊 ● 실시간 ●◯ ▶ ⬒ ▭ ⛶

 **Contents**

채널 만들기

앞서 유튜브 채널 흥행의 필승 전략 및 여러 수익 모델을 살펴보았다. 이러한 채널을 만들기 위해서는 아이디를 만들거나 채널을 꾸미며 자신의 유튜브를 브랜딩하는 일련의 과정이 필요하다. 그 외에도 자신의 채널을 시청자에게 보여줄 때 가장 효과적으로 이를 어필할 수 있는 몇 가지 팁을 따라해보며 유튜버로서의 첫 걸음을 떼어보자.

유튜브는 수많은 채널이 있고, 채널마다 영상 콘텐츠를 품고 있다. 유튜브를 시작하는 첫 번째 단계는 바로 **채널 만들기**이다. 유튜브에 채널을 만드는 것은 그리 어려운 일이 아니다. 구글 계정을 생성한 뒤 유튜브에 로그인해서 프로필을 설정하면 손쉽게 내 채널이 만들어진다. 우선 구글 계정을 만드는 것부터 시작해보자.

3.1.1 구글 계정 생성 및 로그인

유튜브 홈 화면의 상단 우측에 **로그인**을 클릭한다.

⬆ 유튜브 홈 화면에서 로그인 클릭

그 다음 **계정 만들기**를 클릭하면 계정의 용도(본인 계정, 자녀 계정, 비즈니스 관리 계정)를 고를 수 있다. 여기서 **본인 계정**을 선택한다.

▲ 구글 계정 로그인 화면

▶ **알쓸 Tip _ 비즈니스 계정 생성 방법**

여기서 본인 계정이 아닌 비즈니스 관리 계정을 선택하는 경우에는 비즈니스 계정 관련 설정을 할 수 있다(본인 계정 생성과 같은 과정이 진행된다). 기업, 상공인, 자영업 등 사업자 기반으로 유튜브 채널을 운영하며, 구글 비즈니스도 함께 운영할 계획이라면 비즈니스 계정으로 회원가입 하는 것을 추천한다. 계정 생성 후 비즈니스 프로필을 설정 및 인증하면 비즈니스 주소에 기반하여 해당 지역 고객에게 광고할 수 있다. 구글 검색 화면에 제품이나 서비스 정보를 보여준다거나 구글 지도에 비즈니스 주소, 영업시간, 설명 등의 정보를 노출할 수 있다.

성과 이름, 기본 정보를 차례대로 입력한 뒤 다음으로 넘어가면 지메일 주소를 선택하는 화면이 나온다. 여기서는 새로운 지메일(구글) 계정을 만들 수 있다. **내 Gmail 주소 만들기**를 클릭해서 희망하는 이메일 주소를 입력한다.

Tip 기존 이메일 사용은 자신이 사용 중인 이메일(지메일 외 주소)을 구글 계정으로 이용하려는 경우에 선택한다. 본인 메일이 맞는지 확인하는 간단한 인증 과정을 거치면 사용할 수 있다.

▲ 구글 계정 만들기1 - 주소 및 비밀번호 입력

인증은 개인 정보 보호를 위한 필수 단계이다. 계정 복구를 위한 이메일 추가, 본인 확인을 위한 전화번호 인증을 완료한다.

Tip 꼭 본인 명의의 휴대전화를 적을 필요는 없다. 개인정보보호 방침에 의해 앞 단계에서 입력한 성과 이름이 일치하지 않아도 인증 코드를 확인할 수 있는 휴대전화라면 인증이 가능하다.

▲ 구글 계정 만들기 2 - 인증

구글 계정 약관을 훑어본 뒤 하단에 체크박스 모두에 체크하고 **계정 만들기**를 클릭한다.

▲ 구글 계정 만들기 3 - 구글 계정 약관 동의

구글 계정 생성을 마치면 해당 계정으로 유튜브에 자동 로그인된다. 유튜브 홈 화면 상단 우측을 보면 로그인 버튼이 있던 자리에 본인의 구글 계정 프로필 이미지가 표시되었을 것이다. 이 이미지의 유무로 로그인 여부를 알 수 있다.

Tip 기본적으로 구글 프로필 이미지는 구글 계정 생성 시 입력했던 이름으로 표시된다. 프로필 이미지를 별도로 업로드하지 않는 이상 해당 계정으로 이용하는 구글 서비스에는 모두 기본 프로필 이미지가 적용된다.

△ 로그인 상태의 유튜브 홈 화면

3.1.2   유튜브 프로필 설정하기

구글 계정을 생성하고 유튜브에 첫 로그인을 하는 경우라면 바로 아래 내용을, 이미 구글 계정을 가지고 있는 경우라면 **유튜브 채널명 변경 방법**(p.56)을 참조하길 바란다.

유튜브에 로그인한 뒤 상단 우측에 프로필 이미지를 클릭해보자. 내 구글 계정 프로필 및 기본 정보 그리고 채널 만들기, 유튜브 스튜디오[1] 등의 메뉴가 표시된다.

채널 만들기의 마지막 단계는 유튜브 프로필 설정이다. 프로필 이미지를 클릭한 상태에서 첫 번째 메뉴인 **채널 만들기**를 선택한다.

△ 유튜브 홈 화면의 내 프로필 메뉴
→ 채널 만들기 클릭

[1] 유튜브 스튜디오는 해당 채널 영상의 조회수, 분석 등을 제공하는 채널 관리자 페이지라고 이해하면 된다.

내 프로필 설정 화면이 나오면 자신이 희망하는 유튜브 채널명을 입력하고 '채널 만들기'를 클릭해보자(오른쪽 그림의 채널명은 예시이다).

▲ 채널 만들기 화면

> ▶ **알쓸 Tip** **유명인의 채널명을 따라하기보단 나만의 유튜브 채널명을 만들자**
>
> 유튜브는 채널명 중복을 허용하므로 기존에 만들어져 있는 채널명을 그대로 입력해도 된다. 그럼 유명 유튜브 채널명을 그대로 써볼까? 라는 생각이 들 수 있다. 검색에 내 채널과 콘텐츠가 함께 노출되는 일종의 낙수 효과를 기대해볼 수 있겠지만, 현실은 전혀 그렇지 않다. 유튜브 검색결과 값은 '정확도'보다 해당 키워드와 연관성 높은 인기 영상을 더 노출하기 때문이다. 즉 기대했던 낙수 효과는 아예 없다고 봐도 무방하다. 그리고 시청자들은 아류, 모조 채널 식의 부정적인 시선으로 바라볼 수 있으므로, 자신만의 유튜브 채널명을 만드는 것을 추천한다.

이제 나만의 유튜브 채널이 만들어졌다.

▲ 내 채널 생성된 화면

유튜브 채널명 변경 방법

이미 구글 계정이 있고 해당 계정으로 유튜브를 이용하고 있다면 보통 유튜브 채널명이 본인 이름으로 설정되었을 것이다. 그래서 유튜브 채널명만 바꾸려는데 구글 계정의 성과 이름을 바꾸는 설정을 유튜브 채널 설정으로 착각하고 혼란을 겪는 분들이 많다. 그래서 **유튜브 채널명만 변경하는 올바른 방법**을 안내하고자 한다.

앞선 사례를 겪은 분들은 유튜브 프로필을 클릭한 뒤 채널명 아래에 보이는 '구글 계정 관리'를 무심코 클릭했을 것이다. 그러면 구글 계정 관리 페이지로 이동하게 되고 구글 계정의 이름을 변경하게 된다. 이 방법은 구글 계정명을 변경하면서 유튜브 채널명도 변경될 수 있기 때문에 적절하지 않다.

유튜브 채널명만 변경하는 올바른 방법은 유튜브 홈 화면에서 프로필을 클릭한 뒤 세 번째 메뉴인 **유튜브 스튜디오**를 선택하는 것이다.

▲ 내 채널의 프로필 메뉴 화면

유튜브 스튜디오의 좌측 메뉴 하단을 보면 **맞춤설정**이 있다. 해당 메뉴를 클릭하고 상단 3개 탭 중 **기본 정보**를 선택한다. 채널명 옆에 연필 아이콘을 클릭한 뒤 바꾸고 싶은 채널명을 입력할 수 있다.

▲ 내 채널 유튜브 스튜디오 화면 - 채널 맞춤설정 화면

채널명을 입력했으면 상단 우측에 **게시** 버튼을 누르자. 그러면 채널명 변경이 완료된다.

채널 맞춤설정

레이아웃   브랜딩   **기본 정보**   채널 보기   취소   게시

채널 이름 및 설명

나와 내 콘텐츠를 잘 나타내는 채널 이름을 선택하세요. 변경된 이름 및 프로필 사진은 YouTube에만 표시되며 다른 Google 서비스에는 표시되지 않습니다. 자세히 알아보기

이름
아이폰리뷰TV

설명
시청자에게 채널에 대해 설명해 주세요. 이 설명은 채널의 정보 섹션 및 검색결과 등에 표시됩니다.

▲ 채널 맞춤설정 화면

3.2

채널 꾸미기

■ 예쁘게 채널 꾸미기 vs 콘텐츠에 집중하기. 무엇이 먼저일까?

내 유튜브 채널이 생성되었다면 다소 휑한 내 채널을 멋지게 꾸미고 싶을 것이다. 내 유튜브 홈에 뜨는 채널들은 모두 멋진 디자인으로 치장된 것을 볼 수 있다.

채널 꾸미기의 중요도는 얼마나 될까? 결론부터 말하자면, 지금 막 채널을 생성하고 동영상이 하나도 없는 스타트 채널과 마이크로 채널(구독자 1,000명 미만), 미니 채널(구독자 1,000명 이상 10,000명 미만)의 경우 절대 중요하지 않다. 유튜브는 채널 노출보다 **콘텐츠** 노출을 우선시하기 때문이다.

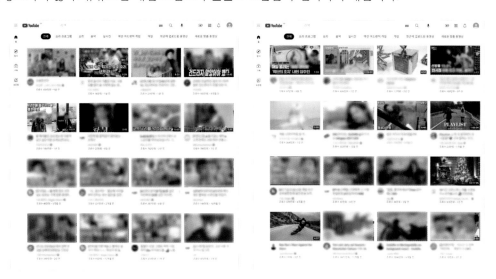

▲ 유튜브 홈 화면의 수많은 콘텐츠

3.2.1   중요한 것은 채널 정체성

내가 올린 영상 콘텐츠는 유튜브라는 망망대해에서 수많은 콘텐츠와 싸워가며 시청자 한 명 한 명을 데려온다. 영상을 보다가 콘텐츠가 너무 맘에 들어 구독을 누를 수 있고, 채널의 다른 콘텐츠를 연이어 시청한 뒤 구독을 누르기도 한다. 멋지게 꾸며진 채널 프로필 이미지와 배너 이미지는 구독을 결정하는 중요한 요소가 아니다. **양질의 콘텐츠 보유, 일관성, 채널 아이덴티티(정체성), 다음 업로드될 영상에 대한 기대감** 등에 의해 구독하는 것이 일반적이다. 따라서 **채널 꾸미기보다 더 신경 써야 하는 것은 바로 콘텐츠이며 채널 배너 이미지에 들이는 작업 리소스는 절대 과할 필요가 없다.**

그렇다면 채널 프로필 이미지와 배너 이미지에 얼마나 힘을 쏟아야 할까? 우선 아예 없는 것보다 있는 것이 훨씬 낫다. 본인이 포토샵, PPT 등을 통해 디자인할 수 있다면 큰 공수를 들이지 않고 가볍게 작업하는 것을 권한다. 반면 이러한 디자인 역량이 없다면 미리캔버스와 같은 서비스를 통해 배너 이미지를 무료로 만드는 것을 권한다(미리캔버스를 이용해 채널 배너 만드는 방법을 차후 안내할 것이다). 유료로 제작하는 것만 피하자.

정체성에 집중하여 과하지 않게, 효율적으로 채널 이미지 및 배너 이미지를 만들어보자.

3.2.2   채널 프로필 이미지

프로필 이미지는 내 채널, 동영상 목록 혹은 댓글, 커뮤니티 활동 등 유튜브의 다양한 공간에 노출된다.

▲ 내 채널 홈의 프로필 이미지 위치

프로필 이미지 준비하기

프로필 이미지는 정사각 이미지로 업로드하지만 실제로는 정원으로 보이는 경우가 많다. 둥근 영역 외 부분은 잘려서 노출이 안 되기 때문에 가급적 원 안에 들어오는 이미지로 선택하는 것이 좋다. 그리고 작게 보이는 경우가 많으니 텍스트가 많거나 복잡한 이미지는 피하는 것이 좋다.

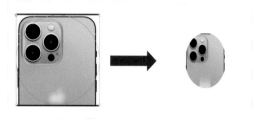

▲ 정사각 이미지를 업로드하면 자동으로 정원으로 잘려 나온다

단순한 디자인, 색감 대비를 고려해 작은 크기에도 잘 보일 수 있도록 만들자. 자신의 채널 브랜드를 알리는 로고나 아이콘, 혹은 내 사진 정도면 충분하다. 다음 내용을 참조하여 프로필 이미지를 준비하자.

프로필 이미지 가이드라인
- **이미지 크기**: 98×98픽셀 이상 / (권장) 800×800픽셀 이미지
- **파일 용량**: 4MB 이하
- **파일 형식**: JPG, GIF, BMP, PNG (단, 애니메이션 GIF는 제외)

프로필 이미지 업로드하기

내 유튜브 채널의 프로필 이미지를 준비했다면 업로드해보자. 유튜브 홈 화면에서 내 프로필 이미지 업로드 화면으로 진입하는 방법은 2가지이다.

- **내 채널로 들어갈 경우**: 프로필 아이콘 → 내 채널 → 채널 맞춤설정 → 브랜딩
- **유튜브 스튜디오로 들어갈 경우**: 프로필 아이콘 → 유튜브 스튜디오 → 맞춤설정 → 브랜딩

예를 들어 내 채널로 들어가서 프로필 이미지를 업로드한다면 방법은 다음과 같다. 유튜브 홈 화면의 상단 우측에서 프로필 이미지 클릭 **→ 내 채널 보기**를 선택해 내 채널로 들어간다. 그 다음 내 채널에서 **채널 맞춤설정**을 클릭한다.

▲ 내 채널에서 '채널 맞춤설정'을 클릭

채널 맞춤설정에서 **브랜딩** 탭을 선택하고 **사진** 항목에서 업로드(혹은 변경)을 클릭한다. 그러면 내 PC에서 이미지를 불러오는 화면이 나온다. 프로필 적용 영역을 확인하고 **완료**를 누른다.

`Tip` 아래는 설명을 위한 프로필 이미지 예시이다. 둥근 영역 외 부분은 잘려서 노출되지 않는 점을 주의하자.

▲ 채널 맞춤설정 → 브랜딩 탭에서 프로필 이미지 업로드하기

마지막으로 이 페이지의 상단 우측에 있는 **게시** 버튼을 클릭한다.

`Tip` 게시를 반드시 눌러줘야 프로필 이미지 등록이 완료된다.

▲ 프로필 이미지 게시하기

내 채널 메인 페이지에 가보면 프로필 이미지가 등록된 것을 확인할 수 있다.

▲ 프로필 이미지가 등록된 내 유튜브 채널 홈 화면

다음은 채널의 간판 역할을 하는 배너 이미지를 만들고 등록해보자.

3.2.3 채널 배너

채널 배너는 채널의 얼굴과도 같다. 채널 방문자의 관심을 끌고 채널에 대한 인상을 심어주기에 채널의 정체성, 콘셉트를 상징하는 요소를 잘 고려해서 만드는 것이 좋다.

채널 배너는 기기마다 다른 크기로 노출된다. 유튜브가 제시하는 기기별 채널 배너 크기가 있는데, 이를 지키면서 모든 기기에 표시 가능한 배너 이미지를 직접 만드는 것은 초보 입장에선 너무 어려운 일이다. 그보다는 시청자들이 주로 이용하는 기기에 집중하여 디자인하는 것이 효율적이다. 모바일과 PC, 이 두 가지 기기에 표시 가능한 영역만 신경 써서 디자인하는 것으로도 충분하다.

▲ 모바일과 데스크톱에 표시 가능한 크기를 고려한 배너 이미지

배너 이미지를 직접 만들려 한다면 다음의 기기별 채널 배너 크기와 배너 이미지 가이드라인을 참조하길 바란다.

기기별 채널 배너 크기

- **태블릿 디스플레이**: 1855픽셀×423픽셀
- **모바일 디스플레이**: 1546픽셀×423픽셀
- **TV 디스플레이**: 2560픽셀×1440픽셀
- **데스크톱**: 2560픽셀×423픽셀

배너 이미지 가이드라인

- **이미지 크기**: 16:9 비율을 가지며 2560×1440픽셀 이상 (안전 영역: 1546×1440픽셀)
- **파일 용량**: 6MB 이하
- **파일 형식**: JPG, GIF, BMP, PNG
- **주의점**: 배너 이미지에 그림자, 테두리, 프레임 등 장식을 포함하지 말 것

배너 이미지를 직접 디자인하기 어렵다면 망고보드나 미리캔버스 같은 디자인 플랫폼을 이용하는 것이 좋다. 직관적인 작업 환경을 제공하기에 처음 이용해보는 사람도 어렵지 않게 작업할 수 있고, 유튜브 채널 배너용 템플릿을 제공하기에 기기별 채널 배너 크기를 신경 쓰지 않고 꾸미는 데 집중할 수 있다. 두 프로그램 모두 무료로 이용 가능하며 일부 특화된 기능은 유료로 제공한다. 이 중에서 필자는 미리캔버스를 사용하기를 추천한다.

미리캔버스를 이용한 배너 만들기

여기서는 미리캔버스를 활용해 배너 이미지를 만드는 방법을 다뤄보겠다.

우선 미리캔버스 홈페이지에 들어가서 회원가입을 한다. 미리캔버스는 네이버, 카카오 계정 혹은 구글 계정 등과 연동하는 간편 로그인 기능을 지원하므로 가입 절차가 간단하다. 이용할 계정을 선택하고 가입하기를 누르면 된다(미가입 시 내 이미지 업로드, 결과물 다운로드에 제한이 있다).

[미리캔버스 홈페이지 링크] www.miricanvas.com

미리캔버스 회원가입을 마쳤으면 로그인하고 다음 과정을 참조해보자.

홈페이지에 상단 메뉴 **템플릿** 클릭 → 타입별로 보기에서 **유튜브 채널 아트**를 선택한다.

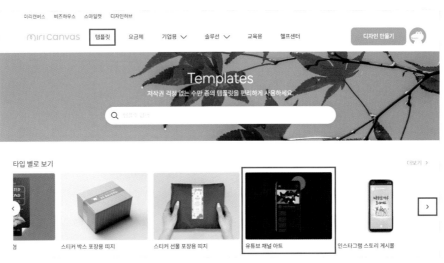

▲ 미리캔버스 - 템플릿 - 유튜브 채널 아트 선택

수많은 채널 배너 템플릿이 노출된다. 이 중 내 채널의 주제, 톤앤매너 등과 유사한 템플릿을 선택하고, 새 창이 나오면 **이 템플릿 사용하기**를 클릭한다.

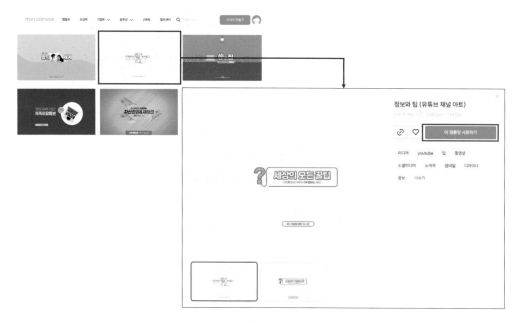

▲ 채널 아트 템플릿 선택

다음과 같이 워크 스페이스 화면이 나올 것이다. 여기서 배너 이미지 작업을 할 수 있다.

▲ 미리캔버스 - 워크 스페이스 화면

이미지, 일러스트, 텍스트 등의 템플릿을 이루는 요소는 각각 분리되어 있다. 각 요소를 하나씩 선택하여 ❶ 복사/삭제/위치 변경 혹은 ❷ 속성 편집(글꼴, 색상, 크기 등을 수정)을 할 수 있다.

▲ 템플릿 요소 클릭 시 해당 요소가 옥색으로 표시되며 편집 기능이 활성화됨

예를 들어 앞서 생성한 '아이폰리뷰' 계정에 걸맞은 채널 아트를 만든다면 다음과 같이 작업할 수 있겠다. '브이로그' 텍스트 문구를 선택하여 삭제한 뒤 '디자이너'를 '아이폰리뷰'로 수정하고 위치를 변경했다.

Tip 요소를 수직 혹은 수평으로 이동시키고 싶으면 Shift를 누른 채 마우스 드래그를 하면 된다.

▲ 템플릿 요소 편집 예시

미리캔버스가 제공하는 이미지 외에 내 이미지를 삽입하고 싶다면 좌측 메뉴의 **업로드**를 이용하면 된다.

▲ 내 이미지 삽입하기

▲ 채널 맞춤설정 → 브랜딩 탭 → 배너 업로드

Tip 내가 삽입하는 이미지도 템플릿의 한 요소가 된다. 그래서 내 이미지를 불러와서 속성 창으로 투명도를 조절한다거나 필터, 그림자 등의 효과를 적용해볼 수 있다.

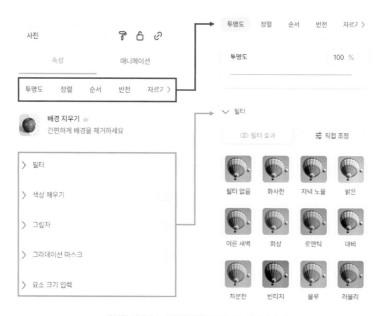

▲ 삽입한 이미지 요소를 클릭하면 나타나는 사진 속성 창

디자인 수정이 완료되었다면 파일명을 입력한다. **제목을 입력해주세요** 부분을 클릭하면 이름을 새로 입력할 수 있다.

파일명을 입력했으면 페이지 상단 우측에 **다운로드**를 클릭해서 파일 형식을 선택한 뒤 **빠른 다운로드**를 클릭해 파일을 받으면 된다. 🞃

△ 파일명 입력 후 다운로드하기

채널 배너 업로드하기

배너 이미지 업로드 기능은 앞서 프로필 이미지 업로드 기능 아래에 있다. **채널 맞춤설정 → 브랜딩 탭 → 배너 이미지**에서 **업로드**를 클릭한 다음 미리캔버스에서 다운로드한 이미지를 업로드한다.

△ 채널 맞춤설정 → 브랜딩 탭 → 배너 업로드

🞃 이쯤에서 눈치챈 분도 있겠지만 필자가 미리캔버스를 추천하는 이유는 워터마크 없는 결과물이 만들어지기 때문이다. 일반적으로 무료 디자인 플랫폼을 이용해 만든 디자인 결과물에는 해당 서비스의 워터마크가 삽입된다.

업로드한 이미지가 모든 기기에 표시 가능 영역에 딱 맞게 들어간 것을 확인하고 **완료**를 클릭한다.

▲ 유튜브 배너 이미지 업로드 단계 화면

그리고 마지막으로 **게시**까지 눌러주면 채널 배너 이미지 등록이 완료된다.

▲ 유튜브 배너 이미지 업로드 단계 화면

▲ 배너 이미지가 등록된 내 채널 홈 화면

유튜브 채널 꾸미기는 프로필 이미지와 배너 이미지로 충분하다. 다음 절(3.3)로 넘어가서 시청자의 구독 유도에 도움이 되는 몇 가지 기능들을 살펴보고 설정해보자.

채널 맞춤 설정하기

*이번 절에서는 채널 맞춤 설정을 통해 시청자를 사로잡을 콘텐츠를 노출하는 방법을 소개하고자 한다. 앞서 채널을 꾸밀 때 이용한 **유튜브 스튜디오 → 채널 맞춤 설정**에서 시청자의 구독 유도에 도움이 되는 기능이 몇 가지 있다. 하나씩 알아보자.*

3.3.1 채널 레이아웃

첫 번째로 설정할 기능은 채널 레이아웃이다. 내 채널 홈 화면 상단에 대표 영상을 하나 지정해서 노출하는 역할을 한다.

▲ 내 채널 홈 화면에 설정된 대표 영상

이 기능을 이용하면 시청 대상(비구독자, 재방문 구독자)에 따라 대표 영상을 달리 노출할 수 있다. 비구독자에게는 조회수 많은 영상, 댓글 많은 영상, 퀄리티 좋은 영상 등을 보여주며 적극적으로 구독을 유도하고, 기존 구독자들에게는 전편에 이은 시리즈물 영상, 채널의 대표 콘셉트 최신 영상을 노출함으로써 다양한 콘텐츠를 효과적으로 전달할 수 있다.

채널 레이아웃 설정하기

채널 맞춤설정의 레이아웃 탭에서는 채널 소개 입력 및 타 사이트 링크 설정을 하거나 추천 섹션으로 내 채널의 재생목록을 배열할 수 있다. 전자는 처음 한 번 설정해두었다가 어떤 이슈나 정보가 업데이트되었을 때만 간단하게 수정 보완하면 된다. 우리가 주목해야 할 작업은 바로 후자(추천 섹션 재생목록 배열)이다.

콘텐츠 제작에만 몰두해도 분주한 유튜버에게 있어서, 콘텐츠가 업로드될 때마다 재생목록 배열에 일일히 손을 대는 것은 여간 수월한 작업이 아닐 것이다. 그런데 내가 지정한 섹션, 예를 들어 **최신 업로드와 인기 업로드 영상으로만 재생목록을 자동 배열하는 기능**이 있다면 어떨까? 훨씬 작업이 편해질 것이다. 그럼 다음으로 넘어가서 내 채널 홈 화면의 재생목록을 자동 배열하는 방법을 알아보자.

대표 영상 설정에 따른 효과

채널의 대표 영상은 곧 내 채널의 정체성을 보여준다. 즉 시청자에게 '아, 이 채널은 이러한 콘텐츠를 보여주는 채널이구나'라고 인식하게끔 알려주는 가이드 역할을 한다. 이 가이드는 선택적으로 보게 되므로 눈길이 가는 콘텐츠를 대표 영상으로 올리는 것이 중요하다.

시즌성, 시의성을 반영한 경우

음악을 주제로 한 A 채널은 '크리스마스 재즈 피아노'를 대표 영상으로 설정했다. 인기 있는 영상이 아닌 시즌성, 시의성을 반영해서 설정한 것이다. A 채널의 1개 콘텐츠를 통해 시청자가 유입되고, 영상을 시청한 뒤 해당 채널 홈으로 이동했을 때 현재 시즌에 맞는 영상을 보여주는 전략이다. 이는 채널이 활성화되어 있고 채널이 시청자의 취향 저격을 위해 매우 기민하게 움직이고 있는 등의 매우 긍정적인 느낌을 줄 수 있는 좋은 전략이라 볼 수 있다.

그 외의 경우(채널 정체성, 최다 조회수, 최신 영상)

다수의 인기 채널들은 대부분 채널 소개 영상을 올리지 않는 것이 일반적이다. 〈슈카월드〉는 최신 영상이 아닌 1년 전 올렸던 채널 정체성과 부합하는 상징적인 영상을, 〈배민아카데미〉는 4개월 전 올린 100만 조회수 영상을, 〈모트라인〉은 3시간 분량의 모아보기 영상을, 〈안정환19〉는 최근에 올린 영상을 대표 영상으로 설정한 것을 알 수 있다.

> ▶ **알쓸 Tip**　**채널 소개 영상이나 인트로 영상은 대표 영상으로 바람직하지 않다**
>
> 위의 경우들과는 달리, 별도의 채널 소개 영상이나 인트로 영상을 대표 영상으로 올리는 채널이 간혹 있는데 이는 바람직한 방법이 아니다. 시청자는 콘텐츠를 통해 채널로 유입되고 다른 영상을 연이어 보며 구독한다. 이때 내 채널 대표 영상이 인기 있는 콘텐츠가 아닌 내 채널 소개 인트로 영상이 뜬다면 구독에 큰 도움이 되지 않는다. 해당 채널보다 콘텐츠에 대한 관심도가 압도적으로 높기 때문이다. 시청자들은 여러분의 '콘텐츠'를 시청하면서 어떤 주제의 채널인지, 어떤 콘셉트, 형식, 톤앤매너 등을 자연스럽게 파악해가며 구독을 하기에, 처음부터 내 채널이 어떤 채널인지 애써 인위적으로 알릴 필요는 없다.

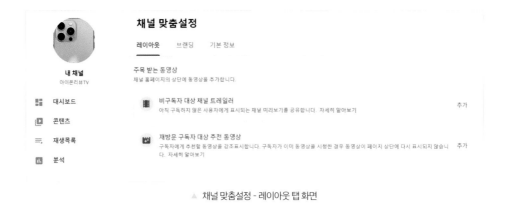

▲ 채널 맞춤설정 - 레이아웃 탭 화면

내 채널 홈 화면의 재생목록을 자동 배열하기

내 채널에서 **채널 맞춤설정 → 레이아웃** 탭 하단의 **추천 섹션**으로 이동하면 내 채널 홈 화면의 재생목록을 자동 배열하는 기능이 있다. **＋ 섹션 추가**를 클릭하고 원하는 섹션을 선택하여 최대 12개의 재생목록을 구성할 수 있다.

▲ 추천 섹션에서 '섹션 추가'를 클릭해 재생목록을 하나의 섹션으로 추가할 수 있다

추천 섹션에는 쇼츠 동영상, 최신에 업로드한 영상이 기본으로 설정되어 있다. 여기서 내 채널의 인기 영상으로 이루어진 재생목록을 배열하고 싶다면 '인기 동영상' 섹션을 추가하면 된다. 또한 섹션의 위치도 바꿀 수 있다. 예를 들어 다음과 같은 배열에서 '동영상' 섹션과 '인기 동영상' 섹션의 위치를 바꾸고 싶다면 '동영상' 섹션을 '인기 동영상' 섹션 아래로 드래그한 후 드롭하면 된다.

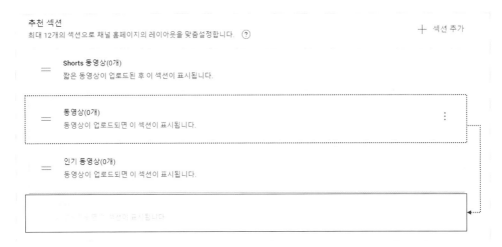

추천 섹션
최대 12개의 섹션으로 채널 홈페이지의 레이아웃을 맞춤설정합니다. (?)   ╋ 섹션 추가

≡   Shorts 동영상(0개)
      짧은 동영상이 업로드된 후 이 섹션이 표시됩니다.

≡   동영상(0개)
      동영상이 업로드되면 이 섹션이 표시됩니다.   ⋮

≡   인기 동영상(0개)
      동영상이 업로드되면 이 섹션이 표시됩니다.

▲ 추천 섹션 위치 바꾸기

재생목록을 배열할 땐 동영상 위주로 보여주는 '동영상' 섹션과 인기 있는 동영상 위주로 보여주는 '인기
동영상' 섹션을 이용하는 것이 일반적이다. 다만 앞서 대표 영상 설정 방법이 여러 가지 있다고 소개했듯
이, 재생목록 배열도 정답은 없다. 아래와 같이 다양한 재생목록을 노출하기도 하며, 중요도 순으로 섹션
을 구성할 수도 있다. 참고로 채널 홈 화면의 섹션별 영상 노출 수는 PC는 최대 6개, 모바일은 4개씩 노
출된다.

▲ 재생목록 구성 예시 채널 홈 화면 (좌: PC / 우: 모바일)

3.3.2 채널 기본 정보 설정하기

두 번째로 설정할 것은 채널 기본 정보이다. 이는 내 채널을 텍스트로 표현하고 알리는 수단으로써 유튜브 채널의 홈, 동영상, 재생목록, 채널, 정보 탭 중 정보에 노출된다. 중요도는 크게 높지 않지만, 텅 비어 있는 설명란보다는 나을 수 있으므로 기재하는 편이 좋다.

채널 기본 정보를 작성하는 화면은 **채널 맞춤설정 → 기본 정보 탭**을 클릭하면 나온다. 다음과 같이 작성할 수 있으며 가벼운 인사, 내 채널 한 줄 소개, 업로드 주기, 메인 콘텐츠 소개 등의 내용을 최대 1,000자까지 작성할 수 있다.

정보 탭의 채널 설명은 시청자뿐 아니라 광고주, 에이전시, 기업 등도 비즈니스를 위해 볼 수 있으므로 적정한 분량의 소개 글을 작성하는 것이 좋다.

▲ 채널 맞춤설정 - 기본 정보 탭 화면

3.3.3 사이트 링크 올리기

세 번째로 설정할 것은 채널 운영자의 타 사이트 링크이다. 이를테면 내 홈페이지, 블로그, 카페, 인스타그램, 페이스북 주소 등이 해당한다. 제한된 정보를 제공하는 유튜브 환경상 해소하기 어려운 점(유튜버나 채널 운영자에 대한 궁금증, 제휴 문의 등)이 있다. 타 사이트 링크를 노출하면 이러한 문제를 해결할 수 있을 뿐더러 좋은 비즈니스 수단이 될 수 있다.

채널 맞춤설정의 **기본 정보 탭**에서 스크롤을 내려보면 사이트 링크를 입력하는 공간이 있다. **+ 링크 추가**를 클릭하고 링크 제목과 URL을 입력하면 된다. 링크는 최대 14개까지 입력할 수 있는데, 2~3개 정도만 올려도 적당하다.

링크를 입력한 후 화면 우측 상단에서 '게시'를 클릭하는 것을 잊지 말자.

△ 기본 정보 탭 - 링크 화면

링크 입력 시 유튜브 메인의 배너 이미지 우측에 클릭 아이콘이 생성되며, 정보 탭의 설명 아래에도 링크가 텍스트로 노출된다.

△ 링크 적용된 내 채널 홈 화면, 정보 탭 설명 화면

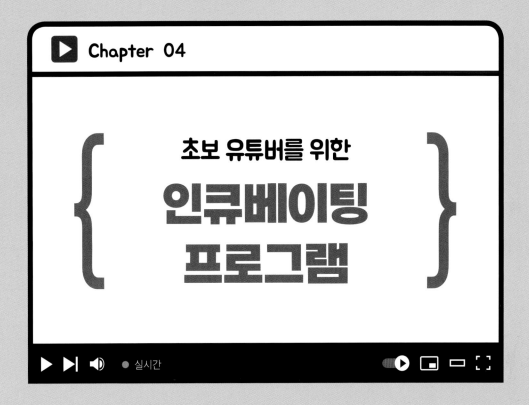

▶▶▶ **Contents**

4.1
유튜버 인큐베이팅이 필요한 이유

유튜버는 BJ, 스트리머와 함께 '1인 미디어 크리에이터'의 범주에 속한다. 기획, 촬영, 편집 모두 유튜버 스스로 해결하며 영상 제작을 힘겹게 소화해간다. 오직 조회수, 구독자 늘리기에만 혈안이 되어 있고 경주 마처럼 앞만 보고 달린다. 극심한 기복을 겪는 것은 기본이고, 처음으로 돌아가 다시 제대로 된 교육과 코칭을 받는 유튜버도 많다. 유튜버는 동영상 제작에 많은 시간과 리소스를 투여해야 하는 '노동 집약형' 작업에 지쳐가는 것이 일반적이다.

이러한 중노동을 반복해야 하는 시행착오를 줄이기 위해 유튜버는 능동적으로 도움의 손길을 청해야 한다. '1인'이라는 키워드에 몰두한 나머지 '혼자 어떻게든 되겠지'라는 생각은 건강한 유튜브 채널의 지속 운영에 해롭다. 스타트 유튜버에게 무상으로 제공되는 공공기관, 지자체, 단체, 협회의 알짜 1인 미디어 크리에이터 지원 사업과 기업에서 유료 서비스로 제공되는 유튜브 컨설팅 플랫폼을 소개한다.

본 챕터에서 소개하는 유튜버 인큐베이팅 프로그램 최신 정보는 필자가 운영, 관리하는 포유튜브 커뮤니티 게시판에서 확인할 수 있다.

[포유튜브 모집·교육 정보 게시판 링크] https://forutube.com/community_infomation

▷ 포유튜브 커뮤니티 게시판 바로가기

4.2
한국전파진흥협회(RAPA)

한국전파진흥협회(RAPA)는 과학기술정보통신부 산하 (특수법인) 기관이다. '전파'라는 키워드가 유튜브, 1
인 미디어 크리에이터와 다소 어울리지 않는 느낌을 줄 수 있지만 한국전파진흥협회(이하 '라파')는 수년간
꾸준히 1인 미디어 산업의 성장을 위한 지원 사업과 캠페인을 진행해 온 기관이다. 물론 매년 1인 미디어
산업의 급변하는 트렌드와 예산에 따른 일회성 사업도 다수 존재한다. 크리에이터가 바로 지원해볼 수 있
으며, 라파가 매년 고정적으로 운영하는 지원 사업들을 알아보자.

4.2.1 1인 창작자 콘텐츠 제작 지원

라파의 대표 지원 사업으로, 2014년부터 수년간 총 285팀의 1인 미디어 크리에이터를 발굴하고 콘텐츠
제작을 지원했다. 급변하는 미디어 시장 특성을 고려하기에 매년 같은 조건으로 지원 사업을 진행하진 않
는다. 그 점을 참고하길 바라며 2019년에 진행한 사례를 가지고 소개하겠다.

이 지원 사업은 창의적 아이디어가 있는 국민 누구나 신청할 수 있다. 1개 채널 기준으로 개인 또는 팀 단
위로 신청 가능하며 나이, 지역 등의 제한이 없다. 또한 1차 선발 시 제출할 기획안과 선발 후 제작할 영상
은 유튜브, 인스타그램 등 온라인 플랫폼 전용 영상 콘텐츠로 소재에 제한이 없다.

당시 60팀 중 40개 팀을 대상으로 팀당 최대 250만 원의 제작비를 지원하였고, 40팀 중 최종 4팀을 선정
하여 상금을 수여했다(대상 1팀 300만 원, 우수상 3팀 각 100만 원). 정리하자면, 1차 선발에 뽑힌 40팀에 지
원비를 주고 그중 우수한 4팀에는 일종의 성과급 혹은 보너스를 주는 개념이다. 1차 선발된 60팀 중 2차
선발에 제외된 20팀은 아쉽게도 제작비를 받지 못했다. 그 대신 다음과 같은 비즈매칭 및 교육, 컨설팅 지
원 등의 혜택을 받았다.

- 영상 콘텐츠 제작 지원금
- 교육 제공(유튜브 콘텐츠 저작권, 수익화 방안 등)
- MCN 소속 크리에이터 계약 기회 부여
- 구글 유튜브 등 콘텐츠 플랫폼 관계자와의 네트워킹 기회

본 지원 사업은 아쉽게도 최근 연도에는 사업을 개시하지 않았다. 조금 이따 소개할 '1인 미디어 창작그룹 육성사업'에 더 힘을 실은 모양새다. 다만 1인 미디어 시장이 하루가 다르게 급변하는 만큼 기관들도 매년 사업 계획에 대한 고심이 깊어지고 있다. 이러한 점에서 2024년에는 본 사업을 재개할 가능성이 있다.

구독자 1천 명 미만 또는 애드센스 수익창출 승인 이후에도 수익화에 고전 중인 스몰 크리에이터에게 편당 250만 원이라는 제작비는 결코 적은 비용이 아닐 것이다. 그러한 입장에서 보면 꽤 괜찮은 지원 사업이라 생각한다. 본 지원 사업은 연 1회 운영되므로 해당 기관의 소식지를 SNS나 이메일로 구독하는 것을 권한다.

4.2.2   오리지널 콘텐츠 제작 지원

1인 미디어 사업자의 콘텐츠 경쟁력 강화 및 자생력 배양을 위해 2016년부터 라파가 추진한 지원 사업이다. 오리지널 콘텐츠 제작지원 사업은 1인 미디어 콘텐츠 창작자가 자체 제작 및 유통하는 영상 콘텐츠로 지식 재산권을 확보함으로써 창작자의 성장에 기여하는 사업이다.

지원 조건은 '1인미디어콘텐츠창작자' 또는 '미디어콘텐츠창작업' 업종코드 등록 사업자여야 한다. 개인 사업자와 법인사업자 모두 지원할 수 있으나 방송 사업자와 IPTV 사업자는 지원이 불가하다. 사업자별 지원금은 심사 후 확정된 금액에서 20% 이상을 현금으로 자부담해야 하며 20% 이상을 크라우드 펀딩 등의 민간투자를 유치해야 한다.

영상은 기존 동영상 플랫폼에 유통되지 않은 오리지널 콘텐츠로써 단편 기준으로 최소 러닝타임 15분 이상, 시리즈는 최소 러닝타임 3분 이상으로 3편 이상 제작해야 한다. 제작을 완료한 작품은 당연히 신청 불가하며 기투입된 비용도 불인정되므로 주의해야 한다.

지원 규모는 총 4.5억 원으로 10개사 내외를 선발하고 사업자별 최대 5천만 원이 지급된다. 지원금은 기획, 촬영, 편집, 더빙 등 순수 콘텐츠 제작 작업 비용에만 사용할 수 있다.▪

본 사업은 앞서 소개한 1인 창작자 콘텐츠 제작지원 사업의 심화 버전이라 볼 수 있다. 따라서 개인 사업자의 자격으로 지원한다면 면밀한 준비와 전략으로 임하는 것이 좋으며, 기관 지원 사업의 특성상 적지 않은 분량의 지원 신청서를 여럿 작성해야 하므로 많은 시간을 투자해야 할 수 있다. 이 점을 유의해서 신청하기를 권한다.

최근에는 1인 크리에이터와 사업자 모두를 포괄하고 융합하는 형태로 변경하여 사업을 시행하고 있다. 사업명은 크리에이터 미디어 융합 사업화 지원사업이며, 크리에이터 미디어 분야 청년 창업 활성화 및 산업간 융합 확대를 통한 청년 창업기업 경쟁력 강화를 도모한다.

▪ 콘텐츠 편당 지원금이 천만 원 단위이다 보니 경쟁이 치열하며 대게 소규모 프로덕션, 사업자 단위 전문 제작팀으로 지원하는 편이다.

4.2.3　1인 미디어 창작그룹 육성사업

앞서 소개한 '1인 미디어 창작자 콘텐츠 제작지원 사업'의 핵심은 제작비 지원이다. 반면에 1인 미디어 창작그룹 육성사업은 '제작비 지원'보다 1인 미디어 크리에이터 '육성'에 초점을 두고 있다. 잠재력 있는 1인 미디어 창작자 발굴 및 육성을 통한 1인 미디어 산업 활성화, 신인 크리에이터의 초기 활동 지원으로 양질의 미디어 일자리 창출을 목적으로 하고 있다. 핵심은 서로 다를지언정 결국 두 사업의 취지와 목적은 같다고 볼 수 있다.

나이, 경력, 장르, 구독자 수 등의 제한이 없으며, 창의적 아이디어와 열정, 성장 잠재력을 지닌 국내 1인 미디어 창작자라면 누구나 지원할 수 있다.

153팀을 지원한 전년 대비 이듬해에는 250팀 선발로 지원 규모를 대폭 늘렸다. 또한 지역 소재 창작자에 대한 수혜를 확대하기 위해 수도권 90팀, 경상권 60팀, 전라권 40팀, 충청권 30팀, 강원권 30팀으로 전국 5개 권역 총 250팀을 선발하여 지원한다. 향후 지원 규모는 더 늘어날 것으로 전망된다.

본 사업은 선발팀에게 약 5개월간 영상 제작에 필요한 장비와 오픈 스튜디오, 편집 유료 소프트웨어(예: 어도비 프리미어) 등 콘텐츠 제작에 필요한 인프라를 제공한다. 또한 채널 분석, 세무와 법률, 수익화와 사업화 전략을 주제로 한 전문 교육, 멘토링, 컨설팅, 네트워킹 기회를 제공한다.

사업 후반부에는 250팀 중 30개의 우수 팀을 선발하고 시상한다. 과기정통부 장관상 포함 총 1억 원 규모의 상금을 1인 미디어 대전 행사에서 수여한다. 이는 '육성' 지원 사업의 아쉬운 부분을 완성하는 이상적인 지원 사업 구조라고 볼 수 있다.

> ▶ 알쓸 Tip　**1인 미디어 창작그룹 육성사업에 대한 추가 정보**
>
> 필자는 여러 기관의 지원 사업들을 직간접적으로 경험하면서 단순히 제작비 지원을 하는 것보다 크리에이터의 성장을 돕는 사업이 더욱 긍정적이라고 생각한다. 이러한 지원 사업들의 주요 목적은 크리에이터에게 제작비를 지원하여 콘텐츠 제작 역량을 강화하고 채널 성장에 마중물 역할로 유의미하게 활용하는 것이 근본적인 취지라고 생각한다.
>
> 그래서 RAPA가 본 사업의 타이틀을 제작비 지원이 아닌 육성에 초점을 맞춰 개시한 것은 매우 바람직한 방향이라 생각한다. 스타트 크리에이터에게 정말 필요한 것은 매번 물고기를 잡아주는 것이 아닌 물고기 잡는 도구를 손에 쥐여주고 방법을 알려주는 것이니 말이다.
>
> 한편 본 사업이 다양하고 풍성한 혜택을 제공하지만 정작 활용도가 낮다는 의견이 있다. 기본 촬영 장비가 갖춰진 집에서 편하게 제작하는 크리에이터가 있고, 교육이 필요하나 시간의 제약으로 교육받지 못하는 크리에이터도 있다. 보통 기관의 지원 사업은 모두를 만족시키기 어렵다. 크리에이터는 본인의 여건과 환경을 고려하여 최대한 지원받을 수 있는 요소를 미리 확인하고 지원하는 것을 권한다.

4.3

한국콘텐츠진흥원(KOCCA)

한국콘텐츠진흥원(이하 '콘진원')은 문화체육관광부 산하의 위탁집행형 준정부 기관으로, 전체 콘텐츠 산업을 전방위적으로 지원한다. 그 일환으로 콘텐츠 산업의 성장을 위한 지원 사업 운영 및 정책 기획·연구 등을 수행한다. 콘진원의 지원 사업을 간단히 정리하면 다음과 같다.

- 콘텐츠 전문 인력 양성
- 콘텐츠 투·융자 지원
- 콘텐츠코리아랩 운영 (제작 인프라 운영 및 해외 진출, 아이디어 사업화, 창업 지원)
- 콘텐츠 장르별 제작 및 유통 지원

최근 콘진원은 1인 미디어 산업이 급속도로 성장하는 추세에 맞춰 영상 콘텐츠 제작지원을 시작으로 다양하고 폭넓은 지원 사업을 다년간 꾸준히 추진하고 있다. 이 절에서는 1인 미디어 크리에이터에 초점을 맞춘 콘진원의 지원 사업을 소개하겠다.

4.3.1 아이디어 융합팩토리 크리에이터랩 창작자

아이디어 융합팩토리 시리즈 지원 사업은 콘진원이 2015년부터 매해 꾸준히 추진하고 있는 대표 지원 사업이다. 초창기에는 프로그래머, 디자이너, 아티스트 등 직종을 불문하고 모집·선발했다. 이후 2017년부터는 아이디어 융합팩토리 'MCN 크리에이터'를 기수별로 육성하는 사업으로 세분되었다. 2021년에는 아이디어 융합팩토리 '크리에이터랩 창작자 모집'이라는 타이틀로 지원 사업을 추진했다. 2022년에는 아이디어 융합팩토리 '사업화랩 창작자 모집'으로 변형되어 운영되었다. 이 절에서는 유튜브 크리에이터가 직접적인 도움을 받을 수 있는 '크리에이터랩 창작자' 지원 사업에 대해 알아보겠다.

본 사업은 스타일, 뷰티, 라이프, 키즈, 여행, 게임 등 콘텐츠 전 분야로의 지원이 가능하다. 또한 유튜브, 네이버TV, 인스타그램 등 디지털 뉴미디어 플랫폼에서 채널을 운영하고 영상 콘텐츠를 직접 제작하는 1인 크리에이터 개인과 팀 모두 신청이 가능하다.

단, 최소 자격 기준으로는 공고일 현재 운영 채널의 업로드된 영상 20개 이상, 구독자 또는 팔로워 50명 이상, 월 3회 이상 영상 콘텐츠 제작이 가능한 크리에이터가 신청할 수 있다.🔲

지원 내용은 다음과 같이 나뉜다.

- **집중 멘토링**: 분야별 전문 멘토단이 구성된다. 전임 멘토와 특임 멘토가 총 7회 내외로 콘텐츠 기획, 개발, 영상 제작, 방송, 채널 운영 및 사업화를 위한 멘토링을 제공한다.
- **콜라보 지원**: 유명 크리에이터와 콜라보 기회를 제공한다. 또한 제작된 콜라보 영상 상영회를 통해 홍보 및 전문가 피드백도 지원한다.
- **네트워킹 및 사업화 지원**: 콘텐츠 창작, 창업 및 사업화를 위한 교육을 제공하며 창작자 간 네트워킹 및 협업을 지원한다. 또한 프로젝트 개발을 위한 CKL 기업지원센터의 창작 공간 및 시설을 지원한다.
- **제작 경비 지원**: 팀당 최대 500만 원 내외의 제작비를 지원한다. 선정 시 제출서류 확인 후 50%를 지급하고 중간평가를 통해 합격 시 나머지 50%를 추가로 지급한다.

> ▶ **알쓸 Tip   아이디어 융합팩토리 시리즈 지원 사업에 대한 추가 정보**
>
> 아이디어 융합팩토리 시리즈 지원 사업의 혜택 중 가장 눈여겨볼 것은 콜라보 지원이라 생각한다. 다만 스타트 크리에이터 간 콜라보는 큰 효과를 거두기 어려울 수 있다는 점을 유의하고 기억하자. 단독으로 기획, 제작하던 기존 틀에서 벗어나 두 채널이 함께 아이디어를 내어 참신한 영상 콘텐츠를 제작할 수 있지만, 상대적으로 지지층 기반이 약한 스타트 크리에이터에게 있어서는 파급력이 단독 영상 개시보다 아쉬울 수 있다.
>
> 그리고 제작 경비 지원에 관해서 첨언하자면, 스타트 크리에이터 입장에서 지원금 500만 원은 결코 적은 금액이 아니다. 선발된 팀은 7개월간 월 1회 이상 영상을 제작해야 하는 의무가 있다. 편당 비용으로 따져보면 최대 70만 원 수준이다. 다만 영상미를 더하기 위해 다양한 리소스를 투여하다 보면 편당 70만 원도 충분하지 않을 수 있다. 충동적으로 리소스를 구매하지 않도록 주의하고, 예산을 충분히 고려해보길 바란다.

4.3.2   기타 지원 사업

기타 지원 사업으로는 CJ E&M DIA TV 함께 추진된 '디지털 크리에이터 & PD 공모전' 사업, 뉴미디어 방송계의 나영석, 김태호 PD를 찾는다는 슬로건을 내건 '웹 오리지널 크리에이터 모집' 지원 사업, 네이버 문화재단이 후원했던 '크리에이터스 아이디어랩' 지원 사업도 있었다. 이 지원 사업들은 1인 미디어 산업이 급성장하던 2016년과 2017년에 시범 사업 형태로 운영되었고 이후로는 자취를 감췄다.

🔲 정성 평가 시 심사위원이 보는 것 중 하나는 최근 2주 이내 업로드 여부이다. 심사 당일에도 영상이 업로드되어 있다면 활성화 및 지속성 항목에서 좋은 점수를 받을 수 있다. 지원 사업 신청 이후에도 꾸준히 영상을 올리는 것이 중요하다.

4.4

콘텐츠코리아랩(CKL)

콘텐츠코리아랩(이하 '콘텐츠랩')은 **상상력이 창작으로, 창작이 창업으로 이어지는** 콘텐츠 산업 가치 사슬의 선순환을 위해 문화체육관광부와 한국콘텐츠진흥원(이하 '콘진원')이 설립한 공간이다.

위의 슬로건처럼 콘텐츠랩의 지원 사업은 앞서 다룬 콘진원의 '아이디어 융합팩토리' 지원 사업과 연계된다. 콘진원의 지원사업은 창작자들의 역량을 강화하고, 콘텐츠랩의 지원사업은 이들의 상상력과 아이디어에 의해 창작된 콘텐츠를 사업화하는 데 도움을 준다. 정리하자면 각 지원사업을 통해 콘진원은 '창작'을, 콘텐츠랩은 '창업'을 인큐베이팅한다.

콘텐츠랩을 활용하는 그룹은 크게 **창작자**와 **창업자**로 나뉜다. 참신한 아이디어를 가진 사람들은 콘텐츠랩에서 아이디어를 공유, 융합하며 창작자 본인의 역량을 강화할 수 있다. 나아가 아이디어를 구체화, 고도화하며 시제품 제작도 지원받을 수 있다. 창업을 원하는 예비 창업자는 스타트업 지원 프로그램을 통해 비즈니스에 대한 도움을 받을 수 있다.

콘텐츠랩은 2014년 초기부터 지역 기반형 센터를 개소했다. 콘텐츠 산업 기반이 서울·수도권에 몰려있던 현상을 전국으로 분산시키며 균형적인 발전을 이끈 주요한 요소이다. 콘텐츠랩은 서울에 CKL 기업지원센터를 비롯하여 경기, 인천, 충북, 충남, 전북, 광주, 경북, 대구, 부산 등 전국 15곳의 지역 기반형 콘텐츠랩을 운영하고 있다.

4.4.1 서울 융합선도형 콘텐츠코리아랩

서울 융합선도형 콘텐츠코리아랩(이하 '서울 콘텐츠랩')은 CKL 기업지원센터를 함께 운영하고 있다. 서울 콘텐츠랩은 연 단위로 모집하는 입주공간 지원사업이 있으며, 1인 크리에이터가 활용할 수 있는 스튜디오와 장비가 연중 상시로 제공된다. 서울 콘텐츠랩의 지원 사업은 크게 4가지로 나뉜다.

- **입주 및 제작 지원시설**: 총 36개의 독립 사무공간을 제공한다. 입주공간은 5평대부터 30평대까지 다양한 크기의 사무공간이 있다. 1년 입주 시 임대료는 100% 전액 지원된다. 또한 창작·제작 시설 및 장비, 컨퍼런스룸, 네트워크 라운지, 초고속 인터넷과 입주 기업 전용 인트라넷 등 콘텐츠 제작과 시연에 필요한 창작 시설 및 업무 인프라를 제공한다.
- **글로벌 진출 지원**: 글로벌 성장 가능성을 가진 국내 우수 스타트업을 발굴하여 거점별 액셀러레이터(acceler-ater)🚩와 연계한 현지 프로그램 참가 및 투자 유치를 지원한다. 해외 전시, 쇼케이스 참가를 지원하고 경쟁력 있는 국내 콘텐츠를 해외에 홍보하여 유망 기업의 글로벌 진출 및 확장을 돕는다. 또한 해외 크라우드 펀딩 등록을 위한 콘텐츠 제작을 지원하고, 콘텐츠 분야의 글로벌 콘텐츠 액셀러레이터를 육성한다.
- **유통 및 마케팅 지원**: 산업동향 및 시장정보를 제공하고, 입주 기업의 보도자료 배포 및 CKL 기업지원센터의 SNS 채널을 운영하여 기업 콘텐츠 및 서비스를 널리 알릴 수 있도록 홍보를 지원한다.
- **사업화 지원**: 법률, 투자, 해외 진출 등 원스톱 솔루션과 컨설팅으로 사업화를 지원한다. 또한 콘텐츠가치평가센터와 연계하여 투·융자를 지원한다.

📋 **Note _ 서울 콘텐츠랩의 운영 인프라 더 알아보기**

서울 콘텐츠랩은 비즈니스 인프라가 뛰어난 서울 중심부(서울 중구 청계천로)에 위치하는데, 매년 입주 기업 모집 시 높은 경쟁률을 보인다. 지원 대상은 공고일 기준 설립일로부터 7년 이내 콘텐츠 스타트업 기업으로, 매년 30여개 사를 모집하고 입주 기업 선정 시 1월 1일부터 12월 21일까지 1년 계약으로 입주한다. 심사를 통해 1년 연장 가능하며 만기 시 퇴거해야 한다.

사무공간은 임대료를 100% 전액 지원하지만 관리비는 예외다. 관리비는 3개월분을 계약 시 내야 하며 임대면적(평)*39,000원*3개월*1.1(부가세)로 책정된다. 가장 작은 5평형의 경우 약 64만 원으로(월로 환산 시 약 5만 원 수준)으로 매우 저렴하다. 30평형의 경우 약 386만 원이며 월 약 32만 원 수준이다. 서울 외곽이 아닌 중심부 독립 사무공간의 일반적인 임대료와 비교하면 말 그대로 관리비 수준의 비용이다. 이러한 관리비가 있으므로 100% 무상이 아닌 점은 참고해서 신청하자.

또한 서울 콘텐츠랩은 미디어 크리에이터를 위한 대여 공간(멀티콘텐츠룸, 영상편집실, 녹음실, 스튜디오 중형·소형)을 지원한다. 대여 공간에는 전문 장비가 갖추어져 있으며, 사전 예약을 통해 누구든 사용할 수 있다.

참고로 대여 가능한 장비로는 카메라 장비는 캐논 5D MARK III, IV와 소니 PMW-300 캠코더가 있다. 모두 수백만 원대 고가의 하이엔드급 카메라로, 유튜브 크리에이터가 다루기에는 어렵고 무겁고 다소 부담스러운 장비다. 캐논 DSLR을 기본으로 여러 종류의 단 렌즈와 줌 렌즈가 준비되어 있다. 이외에도 트라이포드(삼각대), 조명, 유무선 마이크도 무상으로 제공한다.

1인 미디어 크리에이터라면 서울 콘텐츠랩의 위치적 접근성을 고려하여 적극적으로 활용하기를 권한다. 또한 앞서 소개한 지원사업과 운영 인프라에 대한 정보 확인, 시설 예약이 필요하다면 해당 홈페이지를 참조해보길 바란다.

[CKL기업지원센터 홈페이지 링크] venture.ckl.or.kr/main.do

🚩 액셀러레이터는 자본, 네트워킹 등의 지원을 더해 크리에이터들의 콘텐츠를 빠르게 성장할 수 있도록 돕는 콘텐츠 전문가들을 일컫는다.

4.4.2 지역 기반형 콘텐츠코리아랩

지역 기반형 콘텐츠코리아랩은 한국콘텐츠진흥원의 소관 하에 운영·관리된다. 전체 콘텐츠코리아랩의 기본 취지와 목적은 같으나 지원 사업과 프로그램은 지역별로 조금씩 다르게 자율적으로 기획, 추진된다. 공통적인 지원 사항은 교육 프로그램, 제작 인프라(스튜디오, 장비), 공간, 창업 지원이다. 지역 기반형 콘텐츠코리아랩의 지원 사업을 가볍게 소개하겠다.

> 지역 콘텐츠코리아랩은 총 15곳(경기·인천·강원·충남·대전·충북·전북·광주·전남·경북·대구·경남·울산·부산·제주)이다. 지면의 한계상 모든 지역의 콘텐츠랩을 담기 어려운 점을 양해해주길 바란다.
>
> 다음에 소개할 경기, 인천, 충북, 광주 외의 지역 콘텐츠랩에 대해 알고 싶다면 콘진원 홈페이지(kocca.kr)에 접속해서 상단의 사업 안내 → 사업별사이트 → 지역 콘텐츠코리아랩을 클릭하면 궁금한 지역 콘텐츠랩으로 이동할 수 있는 환경을 제공한다.
>
> **[지역 콘텐츠코리아랩 링크]** kocca.kr/kocca/subPage.do?menuNo=204989

경기 콘텐츠코리아랩

센터는 경기 성남시 분당구 경기창조경제혁신센터 6, 7층에 위치한다. 1인 미디어 크리에이터를 위한 기본 교육 프로그램들을 운영한다. 그중 두 가지 교육을 소개하겠다.

- **창작충전소의 S/W 교육**: 단기 교육으로 운영되며(약 1개월) 어도비 포토샵 디자인 과정, 어도비 프리미어 편집 과정, 어도비 애프터이펙트 모션그래픽 과정, V커머스(Video Commerce) 영상 제작 과정 등이 다양하게 준비되어 있다. 특히 1인 미디어 크리에이터 관련 과정은 모집 마감이 빠르니 유의하여 신청하자.
- **창작 모꼬지의 일상 창작 교육**: 이 또한 단기로 운영되며(1개월 미만) 1인 미디어 제작, 숏폼콘텐츠 창작 과정 등이 준비되어 있다.

시설은 네트워킹 공간 별똥별, 교육 공간 여우별, 협업 공간 새벽별, 회의 공간 샛별 등 다양한 공간과 촬영 스튜디오, 녹음실, 편집실 2개가 있다.

> 경기 콘텐츠코리아랩에 대한 자세한 정보를 알고 싶다면 해당 홈페이지를 참조해보길 바란다.
>
> **[경기 콘텐츠코리아랩 홈페이지 링크]** gconlab.or.kr

▲ 경기콘텐츠코리아랩 홈페이지 화면

인천 콘텐츠코리아랩

센터는 인천 미추홀구 틈문화창작지대에 위치한다. 인천 콘텐츠랩은 '아이디어'를 핵심 키워드로 전체 프로그램을 구분한다. 영상 콘텐츠를 제작하며 유튜브 채널을 운영하는 크리에이터 중 자신이 예비 창업자, 초기 창업자에 해당한다면 다음의 프로그램을 적극적으로 활용하기를 추천한다.

- **'아이디어 생성' 파트**: 일반인 누구나 들을 수 있는 강좌로 콘텐츠 크리에이티브 콘서트, 내 안의 콘텐츠를 깨워라 등의 프로그램이 있다.
- **'아이디어 개발' 파트**: 단기간 성과를 낼 수 있는 심화 과정 교육을 통해 콘텐츠 창작자 및 창업자를 양성한다. 프로그램은 창작 아카데미, 상상워크숍, 모두 다 크리에이터, 힙하고 핫한 콘텐츠가 있다. 여기서 모두 다 크리에이터 과정은 1인 미디어 크리에이터를 대상으로 기획, 제작 전문 교육을 제공하며 연간 4기수를 모집하여 운영된다.
- **'아이디어 융합' 파트**: 아이디어 구체화, 체계화 방법 교육 및 전문가 멘토링 등을 지원한다. 콘텐츠 온라인 마켓 비기너, 레벨업, 콘텐츠 스타트업 챌린지, 스타트업 부팅 프로젝트, 크리에이터스 스테이지 등 10여개의 다양하고 고도화된 프로그램이 있다.

인천 콘텐츠코리아랩에 대한 자세한 정보를 알고 싶다면 해당 홈페이지를 참조해보길 바란다.

[인천 콘텐츠코리아랩 홈페이지 링크] inckl.or.kr/user/main.do

▲ 인천콘텐츠코리아랩 홈페이지 화면

충북 콘텐츠코리아랩

센터는 청주시 청원구 청주첨단문화산업단지에 위치한다. 여러 지역 기반형 콘텐츠랩 중 지원 사업이 매우 풍부한 편에 속한다. 지원 프로그램은 크게 4개로 분류되는데 기초 장비 교육, 창작자·교육자 인력 양성 및 인지도 제고, 사업지원·인큐베이팅, 4대 콘텐츠 특화 육성이 있다. 이 중 1인 미디어 크리에이터가 활용할 지원 프로그램은 다음과 같다.

- **아이코마 아카데미**: 콘텐츠 코칭 지역 전문가를 양성한다. 코칭 과정, 비즈니스 성장 매니저 큐레이터 과정을 거

치고 취업 활동을 지원한다.

- **플레이콘**: 충북 콘텐츠코리아랩의 4대 콘텐츠 특화 육성 프로그램 중 하나로, 충북 시·군별 1인 미디어 영상 과정을 제공한다. 지역 기반형 아카이브 구출 프로그램으로, 생활문화 PD를 양성하고 플레이콘 어워즈도 개최하며 크리에이터의 활동을 지원한다.

이외에도 충북 콘텐츠랩은 1인 미디어 콘텐츠와 함께 메타버스, 해외 이커머스 등의 프로그램을 운영한다. 3D 프린터, 레이저커터 등의 메이커 특화 프로그램, ICT, VR, AR 등을 결합한 에듀테크 콘텐츠 창작도 지원한다.

충북 콘텐츠코리아랩에 대한 자세한 정보를 알고 싶다면 해당 홈페이지를 참조해보길 바란다.

[충북 콘텐츠코리아랩 홈페이지 링크] cbckl.kr

▲ 충북콘텐츠코리아랩 홈페이지 화면

광주 콘텐츠코리아랩

센터는 광주광역시 동구 광주영상복합문화관에 위치한다. 크리에이터는 장르별 전문인력양성 프로그램과 콘텐츠고도화개발지원 사업을 지원 받을 수 있다.

- **콘텐츠 스킬업 미디어 융합 프로그램**: 8주 이상의 중장기 과정으로 운영되며 영상 미디어 기술을 활용한 장르 융합 콘텐츠 제작을 전문적으로 교육한다.
- **콘텐츠 스킬업 뉴미디어 영상 프로그램**: 중장기 과정으로 운영되며 플랫폼 기반 영상 촬영·편집·마케팅 등 원 스톱 영상 콘텐츠 제작 역량을 강화하기 위해 교육한다.
- **콘텐츠 비즈니스 프로그램**: 영상 콘텐츠 기획 및 실무형 비즈니스 전문가를 양성하는 교육 과정을 운영한다.
- **콘텐츠 스킬업 MCN 크리에이터 '심화' 과정**: 한 번에 4시간씩 15회차로 구성된 심화 교육이다. 영상 편집 실습에 특화된 과정으로 콘텐츠 제작 완성도를 높일 수 있다.
- **콘텐츠 스킬업 MCN 크리에이터 '기초' 과정**: 심화 과정처럼 15회차로 구성된 교육이다. PC 기반의 커리큘럼

을 제공하는 심화 교육과는 달리, 생산성을 높일 수 있는 모바일 중심의 커리큘럼을 제공한다. 크리에이터 기초 교육으로써 1인 미디어의 이해부터 콘텐츠 기획, 저작권, 콘텐츠 비즈니스 모델까지 생각하고 방향을 잡도록 도움을 준다.

광주 콘텐츠코리아랩에 대한 자세한 정보를 알고 싶다면 다음 링크들을 참조해보길 바란다.

[페이스북] facebook.com/gwangjuckl
[인스타그램] instagram.com/gckl_official
[블로그] blog.naver.com/gcklab
[유튜브] '광주콘텐츠코리아랩' 검색

4.5
경기콘텐츠진흥원(GCA)

경기콘텐츠진흥원(이하 '경콘진')은 경기도를 대표하는 콘텐츠 산업 지원 기관으로, 콘텐츠 산업의 성장을 위한 지원사업 운영 및 정책 연구, 경기 지역 콘텐츠 산업 기반 조성 등을 수행한다. 경콘진의 주요 사업을 간단히 정리하면 다음과 같다.

- **다양한 산업 지원**: 콘텐츠(출판, 만화, 웹툰), 문화기술, 영상, 음악, 게임
- **지역 육성**: 경기도 소재 기업을 위한 지원사업, 콘텐츠 창업 지원
- 경기 콘텐츠코리아랩 운영

다수 크리에이터가 인지하는 대표적인 제작지원 기관 중 한 곳이 바로 경콘진이다. 스타트 크리에이터의 필수 지원 사업이라 할 수 있는 경콘진의 1인 크리에이터 지원 사업을 소개한다.

4.5.1 경기도 1인 크리에이터 제작 지원

2017년부터 매년 추진되고 있는 경콘진의 대표 지원 사업이다. 2017년부터 2020년까지 총 160팀의 1인 미디어 크리에이터의 콘텐츠 제작을 지원했다. 치열한 경쟁을 뚫고 1인 크리에이터 선발 시 개인이 아닌 사업자를 의무로 내야 했다. 사업자로 지원금을 받고 지출을 증빙하는 방식이라 개인 크리에이터들은 개인사업자를 내고 지원 사업에 참여했다.

2017년 1기의 사업 명칭은 '뉴미디어 영상 콘텐츠 제작지원'이었다. 나는 본 사업의 1기로 선발되어 지원금을 받고 1인 미디어 크리에이터로 활동했다. 분야별 40팀을 선발했고 기획안 심사 결과에 따라 500만 원에서 1,000만 원까지 지원금을 지급했다. 스타트 크리에이터 입장에서는 꽤 큰 금액으로 여겨질 수 있으나 실상은 조금 달랐다. 총 20주간 주당 1편씩 20편의 영상 콘텐츠를 제작해야 한다. 최대 1,000만 원을 받는 경우 편당 계산 시 제작 지원금은 50만 원이지만, 여기서 50%는 크리에이터 본인의 인건비로 인정되고 나머지 50%인 25만 원은 제작에 필요한 기자재, 시설 임차비, 여비, 재료비, 홍보물 제작비 등으로 사용해야 하고 증빙 또한 만만치 않았다.

2018년 2기에는 구독자가 많은 유튜브 크리에이터들이 선발되어 일부 논란이 되기도 했다. 스타트 크리

에이터 입장에서 10만이 넘는 크리에이터는 선망의 대상이나 다름없다. 그러나 이들도 자신과 똑같은 지원금을 받는 처지라면 인식은 달라진다. '10만 구독자를 가진 유튜브 채널이 뭐가 아쉬워서 지원하나?'라는 인식이 팽배했다.

나는 2기 선발 크리에이터를 대상으로 제작지원 코칭 행사에 전문가로 참여했다. 당시 유튜브랩 대표, 크리에이터 법알못, 트레저헌터 안동호PD, SBA 신득수 책임과 함께 전문가 그룹으로 참여했고 이때 토크 콘서트, 그룹 코칭, 개별 멘토링을 통해 위와 같은 이슈를 접하게 되었다. 이후 2019년부터 여러 문제점을 개선, 보완하여 경기도 1인 크리에이터 제작지원 사업의 완성도를 높여갔다.

2024년 경기도 1인 크리에이터 제작지원 사업은 기존 대비 완성도 높게 변화될 예정이다. 선발된 40팀의 크리에이터에게 일괄적으로 제작 지원금을 지급하는 기존 형태에서 단계별로 지원하는 형태로 고도화될 것이다.

1단계 75팀을 선정한다. 75팀에 제작비를 편당 20만 원씩 지급하며 팀당 제작 편수는 미정이며, 모든 팀에 역량 강화 교육 프로그램을 제공한다.

2단계 본격 사업화를 지원하는 단계로, 75팀 중 중간평가를 거쳐 30팀을 선정한다. 30팀에 제작비를 편당 40만 원씩 지급하고 역량 강화 교육, 개별 컨설팅, 세미나, 스튜디오 공간 등 인프라 지원을 추가로 제공한다.

3단계 30팀 중 우수 크리에이터 15팀을 선정하여 편당 100만 원씩 지급하며, 우수성과자 특전 프로그램을 제공한다.

모집 조건도 촘촘하게 구성될 예정이다. 경기도 거주자, 경기도 소재 학생, 경기도 소재 사업장 대표자 중 1가지에 해당해야 한다. 또한 직접 제작 업로드한 영상 콘텐츠 수가 10개 이상이며, 구독자 100명 이상 100,000명 이하의 채널의 조건이 맞아야 신청할 수 있다. 또한 최종 선정 시 협약 체결 전 경기도 소재 사업자로 등록해야 하는 조건은 기존과 같다. 모집 조건은 2017년 사업 초기부터 수정 보완해 온 터라 2024년에도 조건의 큰 변화는 없을 것으로 전망된다.

모집 분야는 푸드, 뷰티, 키즈, 브이로그 등 제한이 없으나 선정적·폭력적·비윤리적 콘텐츠는 심사에서 제외된다. 특히 타인의 영상이나 이미지, 음원을 무분별하게 사용하는 저작권 위배 채널도 예외는 없으니 유의하자. 심사기준은 매력도, 지속발전 가능성, 제작역량, 수행계획 평가 등의 항목으로 나뉘며 각 항목의 심사 배점은 20에서 30점으로 편차가 거의 없다.

경기도 1인 크리에이터 지원 사업은 매년 3월경에 모집이 공고되고, 경기콘텐츠진흥원 홈페이지와 SNS, 언론 뉴스를 통해서 확인할 수 있다.

경기도 1인 크리에이터 지원 사업은 매년 3월경에 모집이 공고되고, 경기콘텐츠진흥원 홈페이지와 SNS, 언론 뉴스를 통해서 확인할 수 있다.

[홈페이지] gcon.or.kr　　　　　　　　　[인스타그램] instagram.com/gca_official_kr
[페이스북] facebook.com/ggcontent　　　[유튜브] '경기콘텐츠진흥원' 검색

4.6

서울산업진흥원(SBA)

서울산업진흥원은 서울시 중소벤처기업을 지원하고 패션, 디지털문화콘텐츠, R&D 등 고부가가치의 서울시 창조산업을 육성하는 서울시 산하 기관이다. 서울산업진흥원은 서울벤처타운, 서울패션센터, 서울애니메이션센터, 서울창업보육센터, 서울산업지원센터, 만화의 집, 서울무역전시장(SETEC), 북경서울무역관, 서울애니시네마, 동대문패션문화관, DMC첨단산업센터, 서울글로벌센터, DMC산학협력연구센터, 동대문 패션창작스튜디오 등 다수의 기관을 산하에 두고 있다.

서울산업진흥원 전략산업본부의 미디어콘텐츠산업팀은 2017년부터 1인 미디어 산업의 성장과 발전에 이바지해왔다. 서울을 대표하는 크리에이터 지원 기관인 서울산업진흥원의 1인 미디어 크리에이터 지원 사업을 소개한다.

4.6.1 크리에이티브포스 1인 미디어 창작자 그룹

크리에이티브포스(이하 '크포')는 서울시와 SBA가 만든 1인 미디어 그룹이다. 크포는 2023년 1월 기준, 크포 크리에이터 멤버는 900팀이며 총 구독자는 약 8,240만 명이다. 크포 전체 멤버의 총 조회 수는 약 70억이다. 총 구독자의 중복이 있지만, 우리나라 5,000만 인구수를 훨씬 뛰어넘는 구독자를 보유하고 있는 국내 최대 1인 미디어 크리에이터 커뮤니티 그룹이다.

크포 멤버 중 다수는 국내향 크리에이터이며, 약 200팀은 주한 외국인 크리에이터와 글로벌 타깃의 해외향 크리에이터이다. 총 890팀 중 CJ E&M DIA TV, 샌드박스, 트레져헌터, 비디오빌리지 등 MCN 회사에 소속된 크리에이터도 다수 존재한다. MCN 계약·소속과는 별개로 크리에이터 간 네트워킹 및 콘텐츠 제작 역량 강화를 위한 1인 미디어 커뮤니티 그룹이다.

채널 구독자 기준 1천 명 미만의 크리에이터는 500여 팀이 있다. 1만~10만 명 이하의 크리에이터는 230여 팀이며, 10만~100만 명 이상의 '실버 버튼' 크리에이터는 132팀이나 된다. 100만 명 이상의 '골드 버튼' 메가급 크리에이터는 무려 19팀이 있다.

크리에이티브포스 모집은 분기별로 이뤄지며 활동 기간은 기본 1년이며, 활동 우수자는 이와 관계없이 계속 활동할 수 있다. 여기서 활동 우수자를 별도 선정하는 것은 아니다. 타 기관의 크리에이터 지원 사업은 대부분 기수제라서 당해 지원 사업이 종료되면 활동도 종료되는 것이 일반적이다. 물론 다음 기수 선발을 허용하는 기관도 있고 해당 기관과 연계된 지자체, 기관, 단체의 시설, 장비, 교육 등의 활동을 이어가는 크리에이터도 많다. 크포의 강력한 장점은 누적제를 통해 크리에이터 육성과 양성을 지속한다는 점이다.

지원 자격은 성별, 나이, 서울 거주 등의 제한이 없으며 마포구 상암동을 베이스로 한 네트워킹, 교육, 콘텐츠 제작 등의 활동이 지속적으로 가능한 1인 미디어 창작자라면 지원할 수 있다. 이런 지역적 한계도 코로나 팬데믹의 영향으로 인해 대부분 비대면으로 이뤄지고 있으므로 큰 문제가 되지 않는다.

필수 지원 자격 조건은 유튜브 채널 내 영상 콘텐츠 10개 이상 업로드된 크리에이터여야 한다. 우대 조건으로는 기업 홍보, 상품 홍보, 서울시 정책 등 산업 콘텐츠에 특화된 크리에이터, 만화·게임·웹툰·캐릭터 등 콘텐츠 산업에 특화된 크리에이터, 블로그·페이스북·인스타그램·틱톡 등 뉴미디어 플랫폼을 활용한 마케팅 유경험 크리에이터를 우대한다.

심사는 1인 미디어 전문가 평가 70%와 크리에이티브포스 멤버 30인의 평가 30%를 반영하여 선정한다. 나는 종종 70%가 반영되는 전문가 평가 위원 자격으로 심사에 참여한다. 심사는 정성적 평가 위주이며 많은 수의 크리에이터 채널과 대표 영상 콘텐츠를 보며 심사한다. 심사위원마다 성향이 다르지만 나는 채널의 아이덴티티 확립 여부를 시작으로 평가한다. 콘텐츠도 물론 중요하지만 그보다는 지속 운영을 위한 채널의 전반적 목적, 방향, 콘셉트를 중요하게 보는 편이다.

심사 항목은 크게 콘텐츠 적합성과 크리에이터 역량으로 나뉜다. 콘텐츠 적합성은 콘텐츠 지속 가능성과 공공성을 평가한다. 크리에이터 역량은 창작 활동의 성실성 및 의지력, 채널 영향력 및 채널 관리 능력, 콘텐츠 기획의 참신성과 특화성 등이 있다.

크리에이티브포스 제작 지원금

'1인 미디어 크리에이터 지원 사업인데 지원금이 없다?'

크포 그룹 선정 시 크리에이터에게 일괄적으로 지급되는 지원금은 없다. 이 점이 타 기관의 지원 사업과 다른 점이다. 크포는 철저히 '우물을 판' 자에게 혜택을 주는 성과형 지원 사업이다.

타 기관은 일정 인원을 모집·선발하여 약속된 지원금을 지급하고, 크리에이터는 기관이 정한 과업을 수행하는 식이 일반적이다. 크포는 일정 인원을 모집·선발하여 멤버가 누적된다. 전체 멤버를 대상으로 정기 또는 비정기적으로 브랜디드 콘텐츠 영상 제작, 서울시정 홍보 영상 제작 등의 캠페인을 올려서 선정한다. 선정된 크리에이터는 영상을 제작하고 약 60만 원에서 150만 원 수준의 제작비를 받는다.

연 400회 이상의 캠페인을 올리며 전체 900팀의 신청을 받는다. 수요와 공급의 측면으로 볼 때 1개의 캠페인도 수행하기 어려워 보일 수 있다. 하지만 전체 900팀이 모두 왕성하게 활동하는 것은 아니므로 크게 우려할 필요는 없다. 또한 활발히 활동하는 멤버 중 시정 홍보 영상이나 제품 홍보 영상, 즉 '유료 광고' 영상 자체를 제작하지 않는 크리에이터도 다수 존재한다. 여담으로 1개 캠페인 당 3곳 이상의 기업으로부터 기획안을 채택 받아 제작하는 크리에이터도 꽤 있으니 참고하자.

크포 제작 지원금은 신청 멤버 간의 경쟁을 통해 선정된다. 이로 인해 채널 규모가 작은 크리에이터(구독자 n명 이하)는 매번 선정되지 않는 문제로 형평성 논란이 있을 수 있다. 이것이 크포의 단점이 될 수 있지만 많은 변수가 존재한다. 예를 들어 '2023 슈퍼루키 기업 홍보 영상' 캠페인이 올라왔다. 본 캠페인은 25개 수혜 기업의 영상을 제작하는 캠페인이다. A라는 기업에 기획안이 몰릴 수 있고 B라는 기업은 기획안 접수가 1건도 없을 수 있다. 즉 경쟁률을 알 수 없기에 운이 좋으면 단독 신청 또는 낮은 경쟁률로 기획안이 채택될 수 있다는 것이다.

수혜 기업들도 크리에이터 채널을 바라보는 안목이 좋아지며 날로 진화하고 있다. 기존에는 채널의 구독자 규모와 인기 영상 조회수로 거의 확정하고, 적합한 기획안을 채택하는 식이었다. 물론 현재도 규모가 작은 채널보다는 구독자가 많은 채널을 선호한다. 하지만 이 규모가 기획안을 채택하는 절대적 요소는 아니다. 기업들은 자체적으로 정한 일정 수준 이상의 구독자 규모로 1차 필터링을 하는데 허들도 낮고 모수는 생각보다 많다. 2차로 최근 업로드 이력을 보며 채널의 활성 상태를 보고 업로드한 콘텐츠의 평균 조회수를 본다.

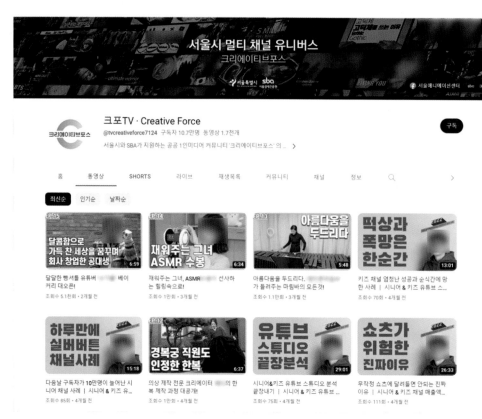

▲ 서울산업진흥원 크리에이티브포스 유튜브 채널 홈 화면

그러나 사실 평균 조회수보다 더 중요히 보는 것은 따로 있다. 첫 번째는 영상별 상호작용(인게이지먼트, Engagement)이다. 해당 영상의 조회수는 낮지만 조회수 대비 많은 댓글과 좋아요가 있다면 기업이 긍정적으로 채널을 바라볼 것이다. 반면 유료 광고로 조회수만 높거나 일방적 소통 기반의 콘텐츠로 조회수 대비 댓글이 없는 경우 부정적으로 인식될 수 있다. 기업은 콘텐츠로써 단순 소비만 되고 끝나는 스낵성 영상을 선호하지 않는다. 댓글 등의 상호 작용을 통해 기업의 제품·서비스가 홈페이지 유입 또는 구매 전환으로 이어지는 것을 선호하는 추세다.

두 번째로는 해당 기업의 제품 또는 서비스와 결이 맞는 장르의 채널인지를 본다. 예를 들어 '전투 먹방' 콘텐츠를 원하는 식품제조 기업이 화사한 색감의 감성 풍부한 일상 브이로그 크리에이터와의 협업을 원하지 않기 때문이다.

▶ 알쓸 Tip **크포의 경쟁 구도가 가지는 진짜 의미**

이러한 경쟁 구도의 지원금 제작 활동은 마냥 단점이라 볼 수 없다. 채택이 안 돼서 매번 고배를 마시는 경우 좌절하고 포기하며 본 제도를 비난하는 크리에이터가 있을 것이다. 우리가 유튜브 스튜디오 분석을 통해 노출 클릭률을 개선하고 시청 지속 시간을 늘리기 위해 영상 구성과 포맷을 고민하듯, 기획안도 문제점을 찾고 수정 보완해서 계속 도전해야 한다. 계속 떨어져도 좋다. 보완·개선해가다 보면 어느샌가 브랜디드 콘텐츠 기획 역량이 고도성장해있음을 느끼게 될 것이다. 경쟁 구도는 단점이 아니라 본인을 한 단계 성장시키는 기반이라는 측면에서 장점이라 볼 수 있다.

크리에이티브포스 멤버 혜택

스튜디오 제공 및 장비 대여

크포 멤버 선정 시 타 기관과 마찬가지로 여러 혜택이 따른다. 서울시 마포구 상암동에 있는 에스플렉스센터 내 1인 미디어 스튜디오를 사용할 수 있고, 촬영 장비도 대여할 수 있다. 다양한 설정으로 영상 콘텐츠 촬영 및 라이브 스트리밍이 가능한 6개의 스튜디오가 있으며 2개의 편집실도 제공한다. 또한, 장비는 4K급 카메라, 렌즈, 마이크, 삼각대, 짐벌, 노트북, 메모리카드 등 크리에이터의 필수 촬영 장비를 대여한다.

▲ 서울산업진흥원 크리에이티브포스 스튜디오, 파트너스 공간 현장 (출처: 크포 홈페이지)

크포 멤버에게는 공유 오피스가 지원되며 기업의 경우 개인, 법인 상관없이 사업자등록지를 제공한다. 공유 오피스는 크리에이터와 1인 사업자가 사용하기 적합하며, 7층의 파트너스 공간을 촬영, 회의, 미팅 등 다양한 용도로 자유롭게 사용할 수 있다. 또한 예비 창업자와 사업자에게 창업 인큐베이팅 및 기업화, 운영 컨설팅 등도 지원한다.

교육 프로그램 제공

크포의 교육 프로그램 활성도 또한 우수한 편에 속한다. 교육 프로그램은 크게 3개로 나눠볼 수 있는데 요점을 정리하면 다음과 같다.

파트너스 데이

크포 멤버는 월 1회 1인 미디어 파트너스 데이에 참여할 수 있다. SBA는 월 1회 파트너스 데이에 2~3인의 연사를 초청한다. 유명 크리에이터, 인플루언서, 콘텐츠 기업 대표 등의 유용한 강연을 들을 수 있다. 특히 유튜브 최신 트렌드와 업데이트 사항 등의 정보를 접할 수 있는 구글코리아 유튜브 관계자가 자주 강연하곤 한다.

W-UP 온라인 교육

다양한 크포 멤버들이 직접 강사로 강의하는 교육으로, 분기별로 강사를 모집하여 총 20회의 강의를 진행한다. 강의하기를 희망하는 크포 멤버는 강의 주제와 내용을 제출하고 전체 크포 멤버들이 듣고 싶은 강의를 투표하여 정한다. 유튜브 채널 운영, 촬영, 편집, 수익화, 인스타그램 활용 등 다양한 주제의 강의를 접할 수 있으며, 현직 크리에이터가 수많은 시행착오를 통해 얻은 실전 노하우, 스킬, 정보를 전수한다는 장점이 있다.

비즈크리에이터단 지원 강의 · 멘토링 · 컨설팅

'비즈크리에이터단' 상주 4곳 기업과 비상주 4곳 기업, 총 8곳 기업의 전문적인 강의, 멘토링, 컨설팅을 받을 수 있다. 세무사 윤장우 사무소의 크리에이터 세무 멘토링, 모바일앱개발협동조합의 기술 창업 멘토링, 에이치비엘 회계사무소의 회계 컨설팅, 에이아이파크의 AI 아바타 만들기 등이 있다. 필자가 속한 주식회사 미미디어는 크리에이터 수익화를 위한 유튜브 스튜디오 기반 채널 정비와 방향 제시 1:1 컨설팅을 운영한다. 그리고 희망한다면 브랜디드 비즈니스 전략, V커머스 전략, 라이브커머스 전략 등의 컨설팅도 추가로 받을 수 있다. 2020년 11월부터 매년 약 100여 팀이 컨설팅을 받았으며 '매우 만족' 90% 이상의 높은 만족도 성과를 나타내고 있다.

크리에이터 네트워킹 커뮤니티

크포 멤버 혜택의 결정판은 최대 규모의 크리에이터 네트워킹 커뮤니티이다. 기껏해야 900팀 모여 있는 카카오톡 단체 채팅방으로 치부될 수 있지만, 결코 그렇지 않다. 나도 1기부터 무려 7년간 본 단톡방에 속해있다. 개인적으로 7년간 수많은 단톡방에 들어가고 나오기를 반복했지만 크포 단톡방은 예외다. 크포 단톡방은 2개로 운영되는데, 700여 팀으로 구성된 '공지 전용' 방 그리고 470여 팀이 있는 '네트워킹 전용' 단톡방이다. 최소한의 규정이 있지만, 선을 과도하게 넘지 않는 수준이라면 누구나 화두를 던질 수 있고 응답할 수도 있다. 규정이 무색할 만큼 매우 활발하게 소통하고 있으며, 영상 제작 관련 문의부터 본인 영상 홍보, 개인 일상 공유, 지원 사업 정보 공유, 구인·구직까지 네트워킹이 끊이지 않는 커뮤니티이다.

▲ 크리에이티브포스 커뮤니티 단톡방 이미지

단톡방의 한 멤버가 문의 카톡을 남긴다. 대중적이지 않은 편집 프로그램에 대한 사용법 문의인지라 답변을 듣기 어려울 것으로 생각했다. 얼마 지나지 않아 그 문의에 대한 답변이 달리고 대화를 추가해가며 어느샌가 문의자가 감사의 인사를 전하고 있었다. 크포 단톡방에서는 매우 흔한 일이다. 너무 생소해서 모를 법한 문의나 의견에도 명확한 답변과 다른 시각의 코멘트가 달린다. 또한 일반적인 궁금점도 보통 5분 이내에 해결된다. 다양한 분야의 전문가가 모여 있는 크포 단톡방은 개인적 문의를 해결하고 때로는 집단 지성을 발휘하여 문제나 이슈의 의견을 주고받으며 해답을 찾아간다.

필자는 8년간 350여 회를 강의·강연하며 약 7,500명의 수강 크리에이터를 만났다. 항상 빠짐없이 언급한 것이 여러 기관의 지원 사업인데, 특히 SBA 크리에이티브포스를 집중적으로 소개했다. 이때 크포의 최고 혜택으로 언급한 것이 바로 단톡방 커뮤니티 문화이다.

크리에이티브포스는 1인 미디어 크리에이터에게 매우 유용한 지원 사업이라 여겨진다. 평소 참신한 콘텐츠 제작을 지속하고 건강한 채널 운영을 유지하자. 그리고 크포 모집 공고에 주저 없이 도전하자. 필자는 여러분도 크포 멤버가 되어 함께 소통하고 성장하기를 바란다.

4.7

코칭·컨설팅 플랫폼

내 채널과 콘텐츠의 맞춤형 코칭 또는 컨설팅을 희망한다면 일반 기업에서 유료로 제공하는 컨설팅 서비스를 받아볼 수 있다. 유튜브 전문 컨설팅은 개인 프리랜서부터 사업자 기반의 기업까지 다양한 형태로 제공되며, 비용은 1:1 기준 시간당 몇만 원부터 수십만 원까지 이르는 등 천차만별이다. 아래 소개할 곳은 그중 일부일 뿐이다. 혹 이용하려거든 어떤 서비스를 제공하고 장단점은 무엇이 있는지 정도는 참고하고, 신중히 생각한 후 결정해보길 바란다.

라○○ 컨설팅

라○○ 컨설팅 서비스는 유튜브만 전문적으로 컨설팅하는 업체이다. 홈페이지 메인에 '불만족 시 무조건 환불'이라는 마케팅 강수를 두고 있으며, 이는 만족도 자신감에 대한 표현이다. 물론 지푸라기라도 잡는 심정으로 컨설팅을 신청한 유튜버에게 전문가의 컨설팅 체감 효과는 배가 되는 것이 사실인 점을 알아두자.

본 서비스는 기초 개념의 '유튜브 필수 솔루션 영상 강의'를 외부 교육 플랫폼과 연계하여 제공한다. 총 4개의 챕터로 구성되어 있고, VOD 시청 수강료는 30만 원 수준이다. 심화 수준의 '유튜브 1:1 컨설팅'은 컨설턴트와 전화 통화로 제공되며 채널 문제점 진단 및 해결책 제시, 채널 방향 기획, 채널 수익화 모델 제안, 썸네일 수정 및 방향성 제안 등 의뢰자 맞춤 형태로 진행된다. 단, 전화 통화 1시간 컨설팅 기준 99만 원의 높은 비용은 유튜버 관점에서 큰 허들일 수 있다.

▲ 라○○ 컨설팅 서비스 홈페이지 화면

마○○ 컨설팅

마○○ 컨설팅 서비스는 유튜브 영상 제작, 유튜브 운영대행, 광고, 컨설팅, 라이브 스트리밍, 라이브 커머스까지 사업 분야의 스펙트럼이 넓은 편이다. 이는 의뢰자 관점에서 두 가지 시선이 있을 수 있다. 여러 서비스를 복합적으로 제공해서 시너지를 낼 수 있는 업체이거나, 종합광고대행사처럼 여러 서비스 제공으로 인해 전문성 부족에 대해 의심을 하거나이다.

본 서비스는 컨설팅 사업경력이 긴 편에 속하고, 전문적이고 체계적인 서비스를 제공하는 것으로 알려져 있다. 대표 서비스 상품은 '1:1 유튜버 맞춤형 교육 컨설팅'이며 사전 질문지와 유튜브 스튜디오 지표 분석을 기반으로 진행된다. 비용은 30만 원대이며 전화 또는 원격으로 컨설팅한다.

▲ 마○○ 컨설팅 서비스 홈페이지 화면

포유튜브

필자가 직접 컨설팅하는 포유튜브 컨설팅 서비스는 유튜브 초기 셋업, 채널 기획, 채널 성장, 비즈니스 수익화를 전문으로 하는 플랫폼이다.

포유튜브 컨설팅은 기본에 충실한 서비스를 제공한다. 채널과 콘텐츠의 조회수, 썸네일, 제목, 댓글, 영상 구성, 퀄리티 등을 표면적으로 보며 주관적인 컨설팅을 지양하며, 의뢰자의 유튜브 스튜디오를 기반으로 컨설팅한다. 채널과 콘텐츠의 성적표인 유튜브 스튜디오의 분석 탭에 있는 지표와 숫자를 분석하고 통계를 기반으로 해석하여 객관적인 전략과 전술 그리고 큰 방향성을 제시한다.

이렇게 다양한 플랫폼에서 각기 다른 비용과 서비스로 유튜브 컨설팅을 받을 수 있다. 필자도 공동저자 김형우와 함께 더욱 진화된 유튜브 컨설팅 서비스 플랫폼을 연구·설계 중이다. 오픈 플랫폼 형태로 멘토와 멘티를 연결해서 1:1 맞춤 컨설팅을 진행하고, 합리적인 컨설팅 비용과 그에 따른 대가를 지급하는 방식으로 만들 계획이다.

유튜브 전문자격 컨설턴트라서 아주
전문적인 내용을 알기 쉽게
설명해주십니다.

★ ★ ★ ★ ★

그동안 어디에서도, 아무도
얘기해주지 않았던 진짜 정보를
얻어가는 느낌이었습니다.

★ ★ ★ ★ ★

유튜브 고민했던 여러가지 부분들을
아주 시원하게 긁어주신 느낌의
컨설팅!

★ ★ ★ ★ ★

만족도 99% 이상이라서 유튜브
정체로 고민하는 유튜버들에게 딱
좋은 컨설팅이라고 생각합니다.

★ ★ ★ ★ ★

'유튜브 전문가 검증' 바로가기

'컨설팅 성공 케이스' 바로가기

'컨설팅 서비스 상품' 바로가기

'카카오 실시간 상담' 바로가기

▲ 포유튜브 컨설팅 서비스 소개 화면

유튜버 인큐베이팅 프로그램 모아보기

〈한국전파진흥협회(RAPA)〉

1인 미디어 창작자 콘텐츠 제작 지원	**〈지원 조건〉** • 나이, 지역 제한 X • (1개 채널 기준) 개인 혹은 팀 **〈선발 및 활동 기간〉** 예선 60팀 → 1차 선발 40팀 → 최종 4팀 **〈지원 규모 및 혜택〉** • (1차) 40팀에 각각 제작비 지원 (영상 한 편당 최대 250만 원) • (최종) 대상 1팀 300만 원, 우수상 3팀에 각 100만 원 ※ 연 1회 운영 ※ 정보처: SNS나 이메일 구독
오리지널 콘텐츠 제작 지원	**〈지원 조건〉** • '1인 미디어 콘텐츠 창작자' 혹은 '미디어 콘텐츠 창작업 업종코드 등록 사업자' 　(※ 개인이나 법인 사업자는 지원 가능하나, 방송/IPTV 사업자는 　　지원 불가) • 제작 지원금의 20% 이상은 현금으로 자부담 해야 함) • 제작 지원금의 20% 이상은 민간투자(크라우드 펀딩) 유치를 통해 받음) **〈선발 및 활동 기간〉** 10개사 내외로 선발 **〈지원 규모 및 혜택〉** • 총 4.5억 원 • 사업자별 최대 5천만 원 지급 　(※ 지원금은 콘텐츠 기획, 촬영, 편집, 자막, 번역, 더빙 등 순수 콘텐츠 제작 작업 비용에만 　　사용 가능) ※ 최근에는 '크리에이터 미디어 융합 사업화 지원사업'으로 사업 운영 중

〈콘텐츠코리아랩(CKL)〉

한국콘텐츠진흥원(이하 '콘진원')이 운영하는 아이디어 융합팩토리 지원 사업(콘텐츠 스타트업 인큐베이팅)으로, 크게 2가지 분야로 나누어 지원함
- **창작(콘진원 지원)**: 콘텐츠 창작자의 역량 강화를 위한 교육 프로그램 운영
- **창업(콘텐츠코리아랩 지원)**: 창작 콘텐츠를 사업화하는 데 도움

아이디어 융합팩토리 – 크리에이터랩 창작자	**〈지원 프로그램〉** • 입주 및 제작 시설 지원 • 글로벌 진출 지원 • 유통 및 마케팅 지원 • 아이디어 사업화 지원 **〈상세 정보〉** 지원 프로그램마다 지원 대상 및 혜택, 신청 방법 등이 상이. 다음의 링크에 접속해 참조하기를 권장 **[CKL 지원 프로그램 안내 링크]** venture.ckl.or.kr/program/program.do
지역 콘텐츠 코리아랩	서울콘텐츠코리아랩과 같이 공통적으로 역량 강화를 위한 교육 프로그램을 운영하며 시설/장비 대여 지원함 (단, 교육 내용, 시설 및 보유 장비는 지역마다 다를 수 있음) 자세한 사항은 다음의 링크를 접속해 참조하기를 권장 **[지역콘텐츠코리아랩 안내 링크]** 한국콘텐츠진흥원(kocca.kr)에 접속 > 사업안내 > 사업별사이트 > 지역콘텐츠코리아랩 클릭
	〈지역별 지원 프로그램 예시〉 **경기 콘텐츠랩** • 창작 충전소 소프트웨어 교육 • 창작 모꼬지 일상 창작 교육 **인천 콘텐츠랩** • 아이디어 생성/개발/융합 프로그램 **충북 콘텐츠랩** • 아이코마 아카데미 • 플레이콘 아카데미 **광주 콘텐츠랩** • 콘텐츠 스킬업 미디어 융합/뉴미디어 영상/MCN 크리에이터 프로그램 • 콘텐츠 비즈니스 프로그램

〈경기콘텐츠진흥원(GCA)〉

경기도 1인 크리에이터 제작 지원	〈지원 조건〉 • 모집 분야 제한 X • 경기도 거주자, 경기도 소재 학생, 경기도 소재 사업장 대표자 • 운영 채널에 직접 제작하고 업로드한 영상 10개 이상 • 운영 채널의 구독자 수 100명 이상 100,000명 이하 • 개인사업자 등록 (사업자로 지원금을 받고 지출을 증빙하는 방식) • 우수팀으로 최종 선정 시 경기도 소재 사업자로 등록해야 함 〈선발 및 활동 기간〉 예선 75팀 → 중간평가 30팀 → 우수 15팀 〈지원 규모 및 혜택〉 **예선 75팀** • 제작비 지원(영상 한 편당 20만 원) • 교육 프로그램 지원 **중간평가 후 30팀** • 제작비 지원(영상 한 편당 40만 원) • 교육, 컨설팅, 세미나, 스튜디오 공간 지원 **우수 15팀** • 제작비 지원(영상 한 편당 100만 원) • 우수자 특전 프로그램 제공 ※ 매년 3월 모집 공고 ※ 정보처: 경콘진 홈페이지, SNS, 언론 뉴스

〈서울산업진흥원(SBA)〉

크리에이티브 포스 (1인 미디어 창작자 그룹)	〈지원 조건〉 • 나이, 거주지 제한 X • 운영 채널에 직접 제작하고 업로드한 영상 10개 이상 • 마포구 상암동을 베이스로 한 네트워킹, 교육, 콘텐츠 활동이 지속 가능한 1인 미디어 창작자 〈우대 조건〉 • 산업 콘텐츠 특화 크리에이터(기업, 상품, 서울시 정책 홍보) • 만화, 게임, 웹툰, 캐릭터 콘텐츠 산업 특화 크리에이터 • 뉴미디어 플랫폼(블로그, 페이스북, 인스타그램, 틱톡 등)을 활용한 마케팅 유경험 크리에이터 〈선발 및 활동 기간〉 • 분기별로 모집 • 활동 기간은 1년 (단, 활동 우수자는 계속 활동 가능) 〈지원 및 혜택〉 • 크포 단톡방 커뮤니티 참여 가능 • 교육, 멘토링, 컨설팅, 네트워킹 지원 • 기관이 정한 과업을 수행하고 제작비를 받음 기업, 기관의 캠페인 의뢰(홍보 영상 의뢰) → 캠페인 참여 멤버 모집 → 멤버끼리 기획안 경쟁 → 채택된 멤버에게 제작 지원금 지급 (금액은 캠페인마다 다를 수 있음)

Chapter 05

{ 유튜브 영상
콘텐츠 기획 }

▶ ▶❙ 🔊 ● 실시간   ● ▶ 🔲 ▭ ⟦ ⟧

 **Contents**

5.1

내 채널 브랜드 레벨업 하기

5.1.1 초기 채널 성장의 핵심은 채널 이름

우리는 **챕터 3 유튜브 채널 브랜딩 셋업**에서 이미 채널 맞춤 설정을 끝낸 바 있다. 하지만 다시 한번 채널 이름의 설정에 대해 깊이 있게 생각해보길 권장한다.

채널 이름 설정의 중요성

초기 채널 성장에 무엇보다 필요한 요소는 채널의 이름, 즉 브랜드이다. 혹자는 유튜브 채널의 콘텐츠에 일관성과 시청자의 공감을 부르는 특별함이 있다면 채널 이름은 크게 신경 쓸 필요가 없다고 한다. 하지만 좋은 콘텐츠를 가진 채널이라 해도 직관적이고 외우기 쉬운 이름을 가진 채널만큼 시청자에게 빠르게 각인될 수 있을까?

한 번 뇌리에 박힌 브랜드는 쉽사리 지워지지 않으며 우리의 경험과 행동에 영향을 주기도 한다. 예를 들어 전자제품을 구매할 때 우리는 그 제품의 기능이나 가격 등을 따져 고른다. 다만 때로는 제품의 브랜드를 보고 선뜻 구매 결정을 내리기도 한다. 브랜드 이름만 보았을 뿐이지만 이전 구매 경험, 사용 경험, A/S 경험을 떠올리고 이를 통해 구매라는 행동까지 이어진 것이다. 유튜브 채널 이름 역시 이와 같은 원리로 작용한다. 시청자에게 친근감을 주고 직관적인 이름을 가진 채널은 시청자에게 훨씬 더 빠르게 각인되고 검색 및 구독에 영향을 미치게 될 것이다.

채널 이름 설정 시 고려할 점

혹 어릴 적 이름과 성인이 된 후 이름이 다른 주변인이 있다면, 그에게 무심코 어릴 적 이름을 불러본 경험이 있을 것이다. 또는 개명한 이름이 어릴 적 이름과 너무 달라서 모르는 사람이라고 오해한 경험이 있을 수도 있다. 이처럼 한 번 정한 채널명을 변경하게 되면 구독자에게 혼란을 줄 수 있다. **그러므로 채널의 방향을 먼저 인식한 후 채널명을 만들어야 한다.**

혹자는 채널의 이름을 만들 때 채널에 어떤 콘텐츠가 있는지 키워드를 함께 적는 것이 좋다고 한다. 키워드 검색을 통한 구독자 유입에 유리하고 채널의 정체성이 확연히 드러나기 때문이다. 하지만 이 경우에는 콘텐츠의 확장성을 지니기 어렵고 채널명이 길어져서 사람들에게 채널 소개를 하기가 난감하기도 하다. 채널명에 너무 많은 단어를 나열할 이유는 없다.

정리하자면 채널 이름 설정 시 고려할 점은 다음과 같다. 먼저 채널의 방향을 잘 생각해보자. 그리고 나서 채널을 운영하기 시작했다면 그 첫 순서로 나만의 채널 이름과 구독자들에게 소개될 닉네임을 설정하자. 채널 이름과 닉네임에는 구독자에게 친근감을 주고 직관적이며 채널의 콘텐츠 방향성을 담아주는 것이 좋다. 단, 채널명에 너무 많은 단어를 나열하지 않도록 주의하자. 짧고 가독성이 좋아야 구독자에게 쉽게 기억될 수 있다.

채널 이름 짓기 Tip
채널 이름을 만들 때 다음의 방법을 활용해보자.

콘텐츠 주제를 한번에 알 수 있는 키워드 넣기
채널명에 키워드를 넣어주고 콘텐츠와 상세 설명란에 지속적으로 해당 키워드를 넣어주면 해당 키워드 전문 채널이라는 인식이 생겨 검색에 유리해진다.

> **예)**
> - **마케팅**: 수익화, 브랜딩, 프로세스, 기법, 전략, 포트폴리오, 직무, 면접 등
> - **음악**: 음악 듣기, 광고없는 음악, 1시간 노래, 1시간 음악, 1시간 수면 등
> - **블로그**: 수익화, 키워드, 마케팅, 상위노출, 체험단, 기자단 등
> - **자기계발**: 브이로그, 책, 책 추천, 유튜버, 루틴, 마인드셋 등

나만의 이미지를 드러내는 단어 넣기
자신만의 이미지를 드러내는 단어 혹은 자신의 직업을 넣어도 좋다.

> 특별한, 나만의, 화려한, 스토리, TV, 토크, 1분, 드로잉, 뮤직 등
> **예)** 이상한 과자가게, 책읽는 자작나무, 말많은소녀, 1분만

닉네임과 채널명을 통일하기
닉네임과 채널명을 같이 사용하는 경우도 많다.

> **예)** 드로우앤드류, MKTV 김미경TV, 희렌최널, 잡부A, 비제TV

주변에서 흔히 접하는 이름을 생각하기

주변 장소, 간판에 흔히 보이거나 일상에서 자주 접하는 단어들을 추가해보자.

예) 이마트, 잡지, 시계, 주간, 월간, 갓생, 덕후, 스튜디오 등

긴 채널 이름은 압축하기

수능(대학수학능력시험), 카톡(카카오톡), 알못(알지 못하는 사람), 스압(스크롤 압박) 등 일상에서 알게 모르게 줄여 사용하는 말이 있다. 너무 긴 이름은 쓰거나 읽기가 번거롭고 기억하기도 어렵다. 그래서 내가 생각하는 유튜브 채널명이 길어서 고민이라면 짧게 압축해보기를 추천한다. 짧고 생소한 어감의 채널명이 오히려 시청자의 기억에 각인될 수도 있다. 또, 줄인 채널명이 유명해진다면 채널의 콘텐츠 주제를 알 수 있는 키워드를 추가해볼 수도 있다.

예) 세상을 바꾸는 시간 → 세바시 → 세바시 강연

　　　당신이 몰랐던 이야기 → 당몰이

한국어와 영어를 함께 표시하기

외국인들이 클릭할 확률이 높은 콘텐츠를 가진 채널이라면 다음 예를 참조하여 채널명을 고려해보길 바란다. 채널명을 모두 영문으로 번역하여 변경하는 방법도 있지만, 보통 해외보다는 국내 시청자들의 유입이 더 많은 점을 고려해 국문 + 영문 형태로 표기하는 채널들이 많다.

예) 세바시 강연 Sebasi Talk, 푸드킹덤 Food Kingdom, 디글 :Diggle, 희렌최널 Hirenze

그래도 고민이라면 벤치마킹

모방은 창조의 어머니라는 말이 있다. 어떠한 것을 모방하고 재해석하는 과정을 통해 나만의 것을 창조할 수 있다는 뜻이다. 다만 여기서 말하고자 하는 바는 모든 것을 똑같이 베껴서 내 것인양 쓰라는 의미가 아님을 알아주길 바란다.

우선 내가 즐겨 보는 채널의 이름들을 나열해보자. 또, 내가 앞으로 잘할 수 있고 지속 가능성 있는 매사에 관심이 많은 내용을 콘텐츠로 생각해보자. 그리고 어떤 루틴으로 이 채널의 콘텐츠를 채워나갈지 고민한 후 그 이름을 채널명에 추가하면 좋다.

매일, 데일리, 일간, 무조건, 가성비, 모든 것, 방법, 정석 등

예) 데일리플루트, 일간먹방, 유튜브의 정석, 모두의 언니, 직업의 모든 것

채널명 중복 피하는 방법

유튜브에서 검색 필터를 이용해 자신이 원하는 채널명과 중복되는 채널명이 있는지 확인할 수 있다.

■ PC로 확인하는 경우

유튜브 사이트(youtube.com) 접속 후 원하는 검색어를 입력한다. 검색 결과 화면에서 검색창 하단의 필터를 클릭한 뒤 구분 항목에서 채널을 선택한다.

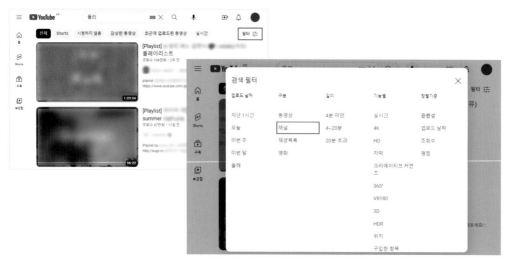

▲ 검색 필터를 이용해 채널명 중복 여부 확인하기 (PC)

■ 모바일로 확인하는 경우

유튜브 앱 접속 후 원하는 검색어를 입력한다. 검색 결과 화면 상단에서 삼점 버튼을 클릭하고 검색 필터를 선택한다. 검색 필터 창이 나오면 구분 항목에서 채널을 선택하고 적용을 클릭한다.

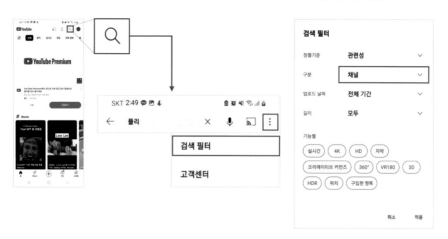

▲ 검색 필터를 이용해 채널명 중복 여부 확인하기 (모바일)

5.1.2 내 채널의 경쟁력을 결정하는 한끗 차이

내 유튜브 채널을 생성하고 콘텐츠를 꾸준히 올려서 조회수와 좋아요, 구독자수가 늘다 보면 채널 정체성의 중요성을 느끼게 된다. 어떤 영상을 보고 들어왔는지 어떤 영상을 보고 내 채널을 구독했는지에 대해 궁금해지고, 타 채널과 구별되는 내 채널만의 개성(브랜드와 정체성)이 필요함을 느끼게 된다. 하지만 안타깝게도 대부분 이 시기를 놓쳐 구독자의 외면을 받기 쉽다.

구독을 달성한 다음에는 알림 설정을 누르게끔 유도하여, 시청자들이 지속적으로 채널을 찾아올 수 있도록 유지하는 것이 중요하다. 그렇다면 시청자들이 내 채널에 대한 기대를 가지고 지속적으로 활동을 하게 만들려면 어떻게 해야 할까?

채널 설정의 중요성

시청자들의 지속적인 유입과 채널 활동을 이끄는 핵심은 채널의 일관성이다. 채널명과 콘텐츠 그리고 채널 설명을 통해 채널의 방향성이 어떤지 알 수 있고, 채널 관리자가 일관성 있는 콘텐츠를 보여줄 수 있음을 충분히 어필되어야 구독자들은 다음을 기약하고 채널 알림 설정을 하게 된다. 유튜브 알고리즘 역시 해당 채널의 콘텐츠가 일관성을 지닐 때 더 많은 시청자에게 노출을 해준다.

채널의 일관성은 어떻게 어필할 수 있을까? 앞서 챕터 3에서 우리는 시청자에게 적극적으로 구독을 유도하는 방법으로써 **채널 맞춤설정**을 알아보았다. 다만 내 채널의 경쟁력을 높이고자 한다면 이것만으로는 다소 부족할 수 있다. 여기서 더 나아가 내 채널의 일관성을 어필하고 맞춤화된 콘텐츠로써 발견될 확률을 높이고자 한다면 다음 내용을 참조하길 바란다.

▲ 유튜브 채널 맞춤설정

채널 대주제 설정하기

어떤 일을 취미로써 즐기는 것과 업으로 삼는 것에는 결정적인 차이가 있다. 그 일이 아무리 좋아도 내가 꾸준히 수행할 수 없다면 실망하고 포기하게 되는 경우가 많다. 많은 이들이 수익을 목표로 시작한 유튜브 채널을 운영하다 실패하는 이유도 이와 같은 맥락이다. 막연하게 좋아하고 잘할 수 있을 것 같다는 생각으로 콘텐츠를 만드는 것과 내가 꾸준히 할 수 있는 주제를 파악하고 콘텐츠를 만드는 것은 다른 일이다.

유튜브 채널 주제를 분류하는 이유는 내가 꾸준히 관심을 가지고 채널을 지속할 수 있는 카테고리를 찾아서 정하고, 그 카테고리의 영상을 꾸준히 업로드함으로써 채널의 일관성을 유지하기 위함이다.

유튜브 채널 주제를 설정하는 방법은 다음과 같다.
PC로 유튜브(youtube.com)에 접속한 후 홈 화면에서 내 채널 프로필 → **유튜브 스튜디오**를 클릭한다.

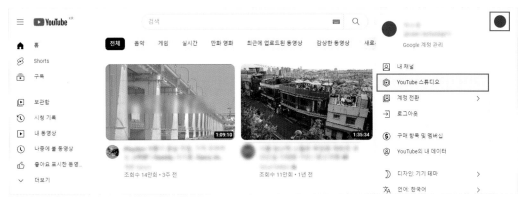

▲ 채널 대주제 설정하기 1

유튜브 스튜디오 좌측 메뉴에서 설정을 클릭하면 **설정** 창이 열린다. 여기서 **업로드 기본 설정 → 고급 설정**을 클릭하고 **카테고리** 메뉴를 눌러보자.

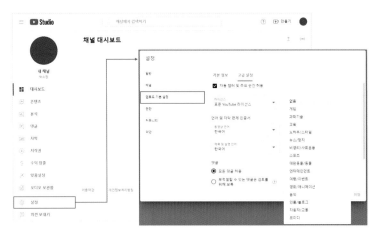

▲ 채널 대주제 설정하기 2

카테고리 메뉴를 열면 유튜브가 정한 콘텐츠 카테고리 목록이 보인다.

게임	비영리/사회운동	영화/애니메이션
과학기술	스포츠	음악
교육	애완동물/동물	인물/블로그
노하우/스타일	엔터테인먼트	자동차/교통
뉴스/정치	여행/이벤트	

위 목록 중에서 내가 자신 있고 꾸준히 밀고 갈 수 있는 카테고리를 골라보자. 내가 지속할 수 있는 것, 시청자들의 관심도, 노출 빈도를 따져보면 아래와 같이 분류할 수 있다.

- 지속 가능성 있는 카테고리 (내가 잘하든 못하든 지속할 수 있는 것)
- 지속 가능성 낮은 카테고리 (시청자들의 관심이 적어 배제할 것)
- 유튜브가 밀어줄 것 같은 카테고리 (실제 노출이 많이 되는 걸 확인한 것)
- 콘텐츠 자신감과 지속 가능성을 지닌 카테고리

필자는 다음과 같이 분류하였다.

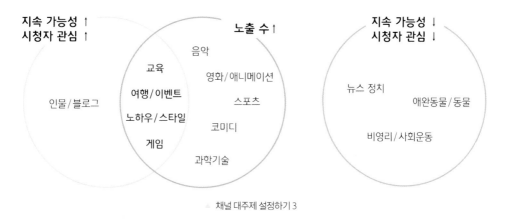

채널 대주제 설정하기 3

카테고리 분류를 마쳤다면 이제 순위를 매겨보는 것도 좋다. 필자의 경우 아무리 생각을 해도 세 가지 카테고리밖에 나오지 않았다.

이처럼 여러분도 자신에게 맞는 카테고리가 무엇인지 분류해보면 내가 나아갈 방향이 정해질 것이다.

콘텐츠 자신감, 지속 가능성 有

1위 – 교육
2위 – 게임
3위 – 여행/이벤트

채널 대주제 설정하기 4

유튜브 인기 콘텐츠 분석하기

이제 시청자들이 어떤 콘텐츠를 시청하는지에 대해 깊이 들여다보자. 유튜브의 **검색 필터**를 사용하여 내가 생각하는 키워드에 관련한 인기 콘텐츠는 무엇인지 확인할 수 있다. 이를 이용해 상위 5개~10개를 추려 영상 내용과 제목, 썸네일은 어떤지 분석해보자.

인기 콘텐츠를 추려내는 방법은 간단하다. 앞서 채널명 중복 여부를 확인할 때처럼 키워드를 검색한 후 검색 필터를 설정하면 된다. 예를 들어 자기계발을 키워드로 하여 이번 주에 업로드된 4분 미만의 영상을 조회수를 기준으로 확인하고 싶다면 다음과 같이 설정하면 된다.

▲ 유튜브 인기 콘텐츠 분석하기 1

> ▶ **알쓸 Tip** _ **검색 필터를 이용한 콘텐츠 분석 시 참고**

1. 내 영상의 방향 결정을 위한 콘텐츠 분석 시에는 조회수를 반드시 체크하자

내가 만들고자 하는 영상의 방향을 정하고자 콘텐츠를 분석할 때는 비슷한 내용을 가진 콘텐츠의 조회수를 체크해봐야 한다. 이미 업로드된 타 유튜버들의 영상이 조회수를 많이 얻지 못했다면 해당 콘텐츠의 파이가 작다는 의미일 수도 있다. 그러므로 영상 조회수가 적어도 1만 이상 나온 영상으로 체크하자. 만약 검색 결과가 올라온 지 오래된 영상뿐이라면 지금도 영상의 조회수가 올라가고 있는지 체크해야 한다. 이럴 때는 업로드 날짜에서 '오늘'을 체크해보면 된다.

2. 영상 길이 미체크 시 롱폼과 숏폼의 구분 없이 조회된다

'합정맛집'이라는 키워드로 하여 이번 주에 업로드된 4~20분짜리 영상을 조회수 기준으로 확인한다고 해보자. 필자가 검색한 결과 1위는 조회수 1.5만 회이고 2위는 조회수 152회였다. 이 상태에서 영상 길이 필터만 없앴더니 해당 키워드 대부분을 쇼츠 영상이 차지하고 있었다. 이처럼 현재 유튜브 검색 필터에는 숏폼 영상(쇼츠)과 롱폼 영상(기존 유튜브 영상)을 구분지어 검색하는 기능이 아직 구현되지 않았다.

- 업로드 날짜: 이번 주
- 구분: 동영상
- 길이: 4~20분
- 정렬 기준: 조회수

- 업로드 날짜: 이번 주
- 구분: 동영상
- 길이: 없음
- 정렬 기준: 조회수

▲ 유튜브 인기 콘텐츠 분석하기 2

나만의 콘텐츠 내용 수집하기

콘텐츠 분석으로 내 영상의 방향을 결정했다면 여러 경로를 통해 내 콘텐츠의 기반이 될 내용을 수집해야 한다. 특히 콘텐츠 내용 수집에 자주 도움을 얻을 수 있는 사이트를 발견했다면 즐겨찾기를 해놓기 바란다.

다음은 콘텐츠 내용을 수집하는 과정을 예시를 통해 보여주고자 한다. 참고하여 여러분만의 콘텐츠 내용을 찾을 때 도움을 얻길 바란다.

[예시] 북튜버 콘텐츠 제작을 위한 내용 수집

'북튜버 콘텐츠를 만들 계획을 세웠다'는 가정하에 다음의 접근 방법들을 생각해볼 수 있다.

▪ 첫째, 교보문고 베스트/스테디셀러 확인

교보문고 홈페이지에서 일간/주간/월간별 베스트셀러를 확인할 수 있다. 도서명을 살펴보아 눈에 자주 띄는 단어가 있다면 그것이 요즘 트렌드라고 생각할 수 있다. 또한 스테디셀러도 확인할 수 있는데, 이를 통해 사람들에게 꾸준히 사랑받는 콘텐츠는 무엇인지 힌트를 얻을 수 있다.

이밖에도 내가 찾은 책의 서평을 토대로 콘텐츠를 제작할 수도 있다. 다만 저작권 문제가 발생할 수 있으니 이 점은 출판사와 미리 협의해두는 편이 좋다. 혹은 북튜브 채널을 준비하면서 출판사로 연락을 취해 미리 확인하는 것도 좋은 방법이다.

▲ 교보문고 온라인 일간 베스트셀러 화면

▪ 둘째, 키워드 검색량 조회 및 분석 사이트 활용

관심 있는 키워드의 영향력을 알고 싶다면 키워드 검색량 조회 및 분석 사이트를 이용해보자. 대표 사이트로는 네이버 검색 키워드 데이터를 분석할 수 있는 블랙키위, 구글 검색 키워드 데이터를 분석할 수 있는 구글 트렌드가 있다.

[블랙키위 링크] blackkiwi.net
[구글 트렌드 링크] trends.google.com

예를 들어 교보문고에서 찾아본 책 제목을 블랙키위에서 검색해보겠다. 월간 검색량과 콘텐츠 발행량 그리고 해당 월 예상 검색량과 콘텐츠 포화 지수가 나온다. 그 밑으로는 연관 키워드, 트렌드 분석 등을 확인할 수 있다. 이 정보들을 참고하여 영상 콘텐츠를 제작해볼 수 있다.

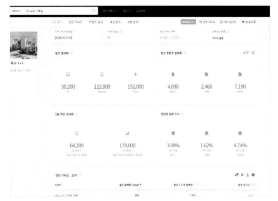

▲ 블랙키위 키워드 검색 화면

또한 블랙키위의 상단 메뉴에서 **모든 서비스 → 트렌드**를 클릭해보면 인기 급상승 키워드를 볼 수 있다. 최신 트렌드 정보를 얻는 데 도움이 되니 매주마다 체크해보기 바란다.

▲ 블랙키위 트렌드 분석 화면

한편 구글 트렌드를 통해서는 시간 흐름에 따른 관심도 변화를 확인할 수 있다. 이번에도 같은 책 제목을 구글 트렌드에서 검색해보겠다. 구글 트렌드에서 **탐색** 메뉴를 클릭 후 검색어를 입력하면 다음과 같이 키워드에 대한 관심도의 추이가 나타난다.

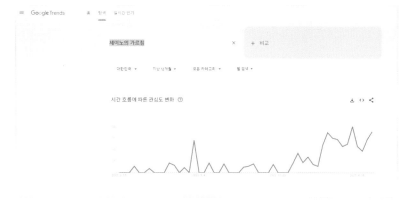

▲ 구글 트렌드 키워드 검색 화면

또한 구글 트렌드는 두 가지 이상의 키워드를 동시에 검색하여 관심도를 상대적으로 비교할 수 있다. 검색어 우측 **+ 비교**를 클릭하고 다른 검색어를 입력하면 다음과 같이 비교 화면이 나온다.

▲ 구글 트렌드 키워드 검색 비교 화면

이밖에도 구글 트렌드는 블랙키워와 같이 인기 급상승 키워드를 확인할 수 있다.

▲ 구글 트렌드 실시간 인기 탭

⬛ 셋째, 정보 제공 사이트 이용

앞서 알려준 유튜브 검색 필터, 키워드 분석 사이트를 통해 콘텐츠의 키워드에 대한 확신이 들었다면 풍성한 콘텐츠 기반이 될 내용을 수집해보자. 유튜버들이 영상 콘텐츠를 만들기 위한 자료를 수집할 때 흔히 이용하는 방법이 사이트 검색이다.

필자는 논문 발췌를 좋아하다 보니 논문을 쉽게 검색하고 찾을 수 있는 학술연구정보서비스(riss.kr)를 애용하는 편이다. 이외에도 오래된 역사나 재미있는 내용들을 찾고 싶다면 위키피디아(ko.wikipedia.org/wiki), 브리태니커 온라인(premium.britannica.co.kr), 나무위키(namu.wiki)를 추천한다. 그리고 최근 이슈를 선점할 수 있도록 포털 사이트의 메인 뉴스 채널을 잘 들여다보기를 바란다.

`Tip` 욕심내서 하나의 영상에 너무 많은 내용을 담는 것은 오히려 시청지속률에 영향을 주므로 권장하지 않는다.

콘텐츠 수집 추천 사이트	특징
학술연구정보서비스 http://www.riss.kr	보다 정확한 논문 정보를 얻을 수 있다
위키피디아 https://ko.wikipedia.org/wiki	홈페이지에 오늘의 역사에 대해 나오며 매일 어제-오늘-내일의 이슈도 확인할 수 있다
브리태니커 온라인 http://premium. britannica.co.kr	공신력 있는 영국의 온라인 백과사전으로 오늘의 인물, 역사 등 읽을거리를 제공한다.
나무위키 https://namu.wiki	홈페이지 우측 최근 변경과 뉴스를 보고 최근 이슈를 선점할 수 있다
이외 포털사이트 뉴스 채널 기사문	포털 사이트에서 메인에 노출된 콘텐츠를 빠르게 영상 콘텐츠화하면 좋다

정보를 수집할 때 가장 주의해야 할 점은 정보의 사실 여부를 정확하게 확인하는 것이다. 구독자의 흥미를 유발하는 정보로 콘텐츠를 만드는 발상도 좋지만, 내용이 사실에 기반하지 않는다면 신뢰감을 주기도 꾸준한 콘텐츠 시청을 보장하기도 어렵다.

또한 정보를 수집하면서 콘텐츠 제목과 내용을 미리 정해보는 것이 좋다. 콘텐츠의 목적과 방향이 아예 없는 상태보다는 좀 더 체계적으로 정보를 수집하게 되기 때문이다. 이를테면 아래와 같은 사항을 함께 생각해보게 된다.

- 수집한 정보는 콘텐츠 주제와 충분한 관련성이 있는지
- 정보에 일관성이 있는지
- 주요 시청자들이 충분히 이해할 수 있을지
- 정보량이 너무 방대하진 않을지
  (하나의 영상에 너무 많은 내용을 담는 것은 시청 지속률에 악영향을 줄 수 있으므로 권장하지 않음)

■ **넷째, 콘텐츠 제작**

주제 혹은 시청자 연령층에 따라 콘텐츠 제작 방법이 조금씩 다를 수 있는데, 보통 일반적으로 다음의 방식으로 영상 콘텐츠를 만든다.

- 애니메이션으로 제작
- PPT 자료를 영상으로 제작
- 줌 강의 녹화 후 영상으로 제작
- 유튜브 라이브 스트리밍 등을 이용해서 콘텐츠 제작

한 영상에 너무 많은 내용을 담는다거나 영상 시간이 너무 길면, 아무리 영상 내용이 좋아도 끝까지 시청하는 사람들이 줄어들기 마련이다. 이럴 땐 오히려 짧은 시리즈 영상으로 나누는 것이 더 좋은 방법이다. 참고로 최근 유튜브는 채널 내 팟캐스트라는 메뉴를 통해 시리즈물을 권장하고 있으니 이 기능을 적극 활용해보길 추천한다.

▲ 유튜브 스튜디오 → 콘텐츠 → 팟캐스트

5.2

유튜브 영상 콘텐츠 기획법

앞서 유튜브를 시작하기 전에 수익화의 목적을 생각하고 계획을 구상해보길 바란다는 이야기를 건넨 바 있다. 그에 이어 이번 절에서는 수익화 유튜버의 영상 콘텐츠 기획법에 관해 이야기하겠다. 좋은 콘텐츠를 만들기 위한 기획, 수익형 유튜버로서 콘텐츠 기획 시 고려해야 할 것, 그리고 콘텐츠 기획에 영감을 주는 것들을 다루니 참고해보고 도움이 되길 바란다.

5.2.1 콘텐츠 기획 기본 다지기

탄탄한 기획을 기반으로 만들어진 영상 콘텐츠는 유튜브 알고리즘을 타고 그 영상이 필요한 사람에게 전달된다. 그리고 홈 화면과 다음 영상을 클릭률과 시청 지속률이 높은 콘텐츠 위주로 채워서 클릭률과 시청 지속률을 높여준다.

다만 유튜브가 채널 성장에 필요한 모든 프로세스를 도맡진 않는다. 클릭률과 시청지속률의 성장을 넘어서 좋아요, 댓글, 구독까지 이어지는 영역은 기획자의 몫이다. 따라서 우리가 가장 신경 써야 할 것은 바로 콘텐츠 기획이다.

클릭을 부르는 제목 및 썸네일 기획

제목과 썸네일의 중요성

제목과 썸네일은 영상의 첫인상과 같다. 제목과 썸네일을 먼저 보고 관심이 생기면 영상을 보게 된다. 마치 첫인상이 좋은 사람에게 호감을 느끼고 그의 말에 귀 기울여 듣게 되듯이 말이다. 특히 썸네일은 영상의 핵심을 한눈에 보여주기 때문에 시청자들의 시청 여부를 가르는 결정적인 요소이기도 하다. 영상 내용이 아무리 좋아도 클릭을 받지 못하면 나의 콘텐츠를 알릴 수 없다. 그러니 시청자들이 내 영상을 한 번이라도 클릭하여 보게 하려면 좋은 첫인상을 남겨야 한다. 따라서 제목과 썸네일은 신중하게 접근할 필요가 있다.

> 📱 **Note _ 썸네일**
> 썸네일(thumbnail)은 한글로 엄지 손톱을 가리키는 단어로, 유튜브와 같은 인터넷 사이트에서는 영상을 대신해서 보여주는 작은 크기의 견본 이미지를 뜻한다. 썸네일을 클릭하면 영상이 재생된다.

제목 및 썸네일 기획 방법

현명하게 만든 제목과 썸네일은 시청자들의 이목을 끌어 클릭을 부르고 조회수를 높인다. 그러한 것들은 어느 한 순간에 영감이 떠오르는 게 아니다. 영상 콘텐츠 기획 단계부터 꾸준히 시청자들이 무엇에 반응하는지 관심을 가지고 충분히 고민하여 나온 결과이다. 그렇다면 제목과 썸네일의 기획은 언제부터, 어떻게 시작해야 할까?

제목을 선정하고 썸네일을 만드는 것은 영상을 찍기 전에 충분한 고민을 한 후 기획 단계에 끝내는 것이 좋다. 왜 그럴까? 영상을 만들기로 결정하고부터 편집을 하기까지 수많은 생각이 만나고 스치면서 다양한 제목과 썸네일 아이디어가 쏟아져 나온다. 그러다 보면 처음 생각한 것보다 더 좋은 아이디어가 나와서 결정을 번복하게 만드는 유혹에 빠질 수도 있다. 물론 더 좋은 아이디어를 반영하여 영상의 퀄리티를 추구하는 건 좋지만, 이로 인해 콘텐츠의 방향과 어긋난다거나 트렌드를 놓치게 되어선 안 된다.

제목 및 썸네일 기획 포인트

클릭을 부르는 제목과 썸네일을 만들기 위한 포인트를 알아보자. 이해를 돕기 위해 도서나 IT 기기 리뷰 콘텐츠를 제작하는 유튜버라 가정하고 예를 들어보겠다.

■ **영상 내용에 대한 궁금증을 유발하는 제목**

ⓔ 하루종일 책만 읽었더니 생긴 일, 책 읽는 사람과 안 읽는 사람의 차이, 왜 책만 보면 졸릴까?

■ **검색에 유리한 키워드를 활용한 제목**

ⓔ 편안하게 책 읽을 때 듣는 음악

■ **관심을 끌만한 특정 이슈나 트렌디한 단어를 활용한 제목**

ⓔ 5분 만에 읽는 트렌드 코리아 20XX

■ **용건만 간단히 짧게 정리한 썸네일**

ⓔ 시청자들이 직관적으로 요점을 알 수 있도록 필요한 정보만 채운 썸네일

직관적으로 요점을 보여주는 썸네일 예시

제목 및 썸네일 트렌드 확인 방법

제목 트렌드는 **유튜브 인기 콘텐츠 분석하기**(p.116), **나만의 콘텐츠 내용 수집하기**(p.117)에서 소개한 유튜브 검색 필터와 인기 콘텐츠 활용, 블랙키워드 구글 트렌드를 이용한 분석을 참조해보길 바란다.

썸네일 트렌드는 유튜브 홈 화면 또는 인기 급상승 탭에서 확인할 수 있다. 유튜브의 홈 화면을 자주 들여다보고 인기 급상승 탭을 체크하며 콘텐츠 기획자로서 내가 만들 제목과 썸네일의 방향을 체크해보길 바란다.

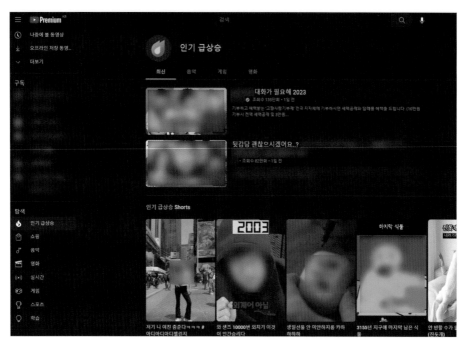

▲ 유튜브 인기급상승 탭

시청 지속률을 좌우하는 영상 기획

좋은 썸네일과 제목으로 내 영상 클릭을 유도했다면, 그 다음은 내 콘텐츠를 처음부터 끝까지 소비하도록 시청자들을 매혹해야 한다. 특히 영상의 첫 1~3초가 콘텐츠 시청 지속률을 좌우한다. 어떻게 해야 시청자들이 내 영상을 계속해서 봐줄까? 지금부터 그 방법들을 알아볼 것이다.

궁금증을 유발하고 해결해주기

시청자들을 매혹하는 영상 내용을 만드는 방법, 그 첫 번째는 궁금증을 유발하고 해결해주는 것이다. 가령 친구들과 수다를 떤다고 해보자. 한 친구가 이렇게 이야기를 시작할 것이다.

"자, 얘기 들어봐~ 내가 재미난 이야기 해줄게~ 내가 어제 어떤 일이 있었냐면..."

기본적으로 친구와의 수다는 연결점이 있다. 주도적으로 이야기를 하는 친구가 있으면 그 옆에서 잘 들어주는 친구가 있고 공감의 추임새를 넣어주는 친구도 있고 듣다가 화제 전환을 하고 싶어서 자기가 주도권을 쥐고 싶어하는 친구도 있다. 이 상황이 머릿속에 잘 그려지는가. 그렇다면 네 친구들을 각각 유튜버와 시청자들에 빗대보겠다.

> **유튜버**: 주도적으로 이야기를 하는 친구 (내 콘텐츠를 업로드하여 시청자들의 반응을 살핌)
>
> **시청자 1**: 이야기를 잘 들어주는 친구 (내 콘텐츠를 자주 보는 시청자)
>
> **시청자 2**: 이야기에 공감의 추임새를 넣어주는 친구 (좋아요, 댓글, 구독, 알림 활동으로 내 콘텐츠에 호감을 표하는 시청자)
>
> **시청자 3**: 이야기를 듣다가 화제 전환을 시도하는 친구 (자신만의 각도로 내 콘텐츠를 보고 생각을 표현하는 시청자. 아이디어성 댓글을 주기도 함)

콘텐츠를 기획할 때는 이 점을 기억하길 바란다. 유튜브 콘텐츠를 제작하는 입장에서 이야기의 주도권을 내가 지니고는 있지만, 만약 나보다 더 재미나게 이야기하는 친구가 있다면 그 친구에게 귀를 기울이기 마련이다. 그렇기 때문에 위와 같은 방법으로 궁금증을 유발하고 해결해주는 것은 무척 중요한 일이다.

궁금증을 유발하는 중요한 요소 중 하나는 말의 맛이다. 말을 하는 사람이 머뭇거리고 횡설수설 한다거나 말이 너무 느리다면? 아무리 좋은 이야기를 해도 콘텐츠 시청을 포기하는 사람들이 많아지게 될 것이다. 내 콘텐츠가 더 많은 사람에게 도달할 수 있도록, 말하기 연습을 통해 콘텐츠의 말맛을 살려보는 것을 추천한다. 그리고 화자의 표정과 제스처에도 의미가 있다. 말을 할 때 이를 적절히 섞어 활용하면 시청자들의 시선을 유도하거나 호기심을 유발하여 내 콘텐츠에 집중하게 만들 수 있다.

예) 포인트 제스처 활용

"이러저러할 때 활용하면 좋은 팁 3가지를 알려드리겠습니다." (정면에서 손가락으로 숫자 3을 표현)

유튜브는 결국 여러 번 보고 재방문하는 영상 채널을 좋아하고 더 많은 시청자에게 영상을 홍보해준다. 그러니 시청자의 눈에 들었을 때 궁금증을 유발하고 바로 해결해주자. 그리고 또 다른 질문을 바로 던져서 시청 지속률을 높여보자.

> ▶ **알쓸 Tip   쇼츠 콘텐츠 기획을 고려하고 있다면?**
>
> 쇼츠(Shorts)가 지닌 강점 중 하나는 질문하자마자 답변하는 빠르고 명쾌한 진행이다. 제목에서 이미 질문을 보고 접속한 시청자들이 빠른 결과를 볼 수 있도록 하는 방식인데, 흐름이 너무나 빠르고 짧다 보니 영상을 끝까지 보게 될 확률이 높고 영상에 달린 댓글을 읽다가 영상을 반복해서 보게 되기도 한다. 최근에는 질문도 없이 바로 답을 하고 또 다른 질문을 하는 등 여러 가지 질문을 쇼츠에 담기도 한다.

쇼츠 콘텐츠 기획력을 키우고자 한다면, 언제 끝날지 모르는 쇼츠 영상 loop 특성을 잘 이해하고 다른 유튜버의 영상을 많이 보면서 감을 익히는 것이 중요하다. 아래에 쇼츠 콘텐츠 기획 시 고려해볼 점을 정리했으니 참고해보길 바란다.

제목과 썸네일	콘텐츠 내용
• 구독과 좋아요, 지속 시청을 할 수 있는 첫 번째 단추 • 제목이나 썸네일에 궁금증을 담아라! • 다음 화면이 궁금하게 하라! • 썸네일 화면의 블러 처리를 통해 해당 화면이 궁금하도록 하라!	• 질문은 짧고 답변은 굵게 하라! • 질문과 동시에 답변을 바로 하는 형식 • 콘텐츠 1개에 2~3개 정도의 Tip을 담는 것도 좋다 • 댓글이 달리면 댓글로 콘텐츠를 만드는 것도 좋다

댓글도 콘텐츠가 된다

영상과 관련된 활동(예: 좋아요, 구독, 댓글)이 활발하게 일어나도록 해보자. 내 채널을 노출하고 새로운 콘텐츠를 기획하는 데 도움이 된다. 특히 주목해볼 것은 댓글 활동이다. 보통 댓글 활동은 팬덤을 모으고 트렌드의 발상이 이루어지는 것이 전부라고만 생각할 수 있으나, 새로운 콘텐츠 기획에 도움을 주기도 하고 하나의 콘텐츠가 되기도 한다. 내 영상에 댓글이 달리면 빠르게 대댓글로 화답하고, 아이디어성 댓글(영상에 대한 피드백이나 새로운 기획 아이템 제공 등)을 발견하면 그 내용을 새로운 영상 콘텐츠로 승화해보는 것도 좋은 방법이다.

초 단위 기획

시청자들을 매혹하는 영상 내용을 만드는 방법, 그 두 번째는 초 단위 기획이다. 앞서 말했듯이 영상 시청의 지속을 좌우하는 것은 초반 3초다. 이게 바로 '초 단위 영상을 기획해야 하는 이유'이다.

> 📋 **Note _ 초 단위 기획이란?**
>
> 초 단위로 영상이 어떻게 흘러갈지 기획하는 것이다. 예를 들면 아래와 같은 식으로 기획을 한다.
>
> "영상 시작과 동시 어떤 장면이 나오고 어떤 오디오가 나오며, 2초 후에는 다른 장면이 나오는데 장면 전환은 어떻게 이루어지고 어떤 음향이 추가될 것인지, 3초에 나온 장면이 움직이며 5초의 장면을 도와주고, 7초의 장면으로 넘어가며 10초의 영상을 암시하고, 11초에는 MC의 등장과 인사, 18초에는 게스트 등장 인사"

영상 콘텐츠를 기획할 때 필자가 가장 강조하는 것 중 하나가 바로 초 단위 기획이다. 여러 사람이 함께 작업했을 때 이건 뭐예요? 저건 뭐예요? 하면서 궁금해하지 않을 정도로, 누가 봐도 이해할 수 있게 하여 커뮤니케이션 실수를 줄이고 기획을 좀 더 촘촘하게 다져주기 때문이다.

> 📋 **Note _ 댓글을 이용한 콘텐츠, 댓글모음집 영상**
>
> 어떤 영상이 화제가 되어 인기를 끌게 되었을 때, 시청자들은 그에 대한 감상이나 다른 사람들이 놓치기 쉬운 디테일을 발견하곤 댓글을 남긴다. 그중에서도 여러 시청자들의 공감을 불러오는 '레전드성 댓글'은 새로운 시청 포인트를 제공하기도 한다. 이러한 댓글만 모아서 편집한 '댓글모음집' 영상을 올려 새로운 화제를 불러올 수도 있다. 이처럼 댓글도 하나의 콘텐츠이자 문화가 될 수 있다는 점을 참고하길 바란다.

영상 콘티를 짤 때 초 단위 기획을 적용한다면 다음과 같이 만들 수 있다.

시간	장면 설명	자막	멘트	음향
00:00:00 ~ 00:00:02	인트로 브랜드 로고 fade in/out	특별한 인터뷰	특별한 인터뷰	배경음악01
00:00:02 ~ 00:00:03	좌측에서 날아온 활동 영상 1	일상에서	일상에서 쉽게 볼 수 없는	효과음01
00:00:03 ~ 00:00:05	우측에서 날아온 활동 영상 2	쉽게 볼 수 없는		효과음02
00:00:05 ~ 00:00:07	페이드 인 활동 영상 3	특별한 유튜버들을 만나는	특별한 유튜버들을 만나는	효과음03
00:00:07 ~ 00:00:10	뿌옇게 페이드인 활동 영상 4	특별한 인터뷰	특별한 인터뷰	효과음04
00:00:10 ~ 00:00:11	브랜드 로그 fade in/out	지금 시작합니다	지금 시작합니다	배경음악 종료
00:00:11 ~ 00:00:14 00:00:14 ~ 00:00:18	정면으로 촬영 측면으로 촬영	MC 김형우	대본에 삽입	배경음악02
00:00:18 ~ 00:00:23 00:00:23 ~ 00:00:30	게스트 촬영(정면) MC/게스트 동시(정면)	게스트 이종석	게스트 대본	

벤치마킹

시청자들을 매혹하는 영상 내용을 만드는 방법, 그 마지막은 벤치마킹이다. 세상에 완벽하게 새로운 것은 없다. 해 아래에 새 것은 없다는 말이 있듯이 세상에는 수많은 콘텐츠가 존재한다. 이전부터 존재한 것을 토대로 새로운 콘텐츠가 등장하기에 기존의 창의에 대해 연구할 필요가 있다.

필자는 카피(copyright)라는 말을 참 자주 한다. 버스를 타거나 지하철을 타고 갈 때 만나게 되는 음성이나 간판 등의 광고를 보면 꼭 메모해놓는 편이다. 당연히 유튜브를 보거나 TV를 보거나 영화를 보거나 예고편을 보거나 할 때 조금이라도 와닿는 부분이 있다면 무조건 메모하고, 책을 읽거나 설교를 듣거나 강의를 듣게 되면 당연히 메모를 한다. 이는 모든 실행의 기본이 되며 창의력의 기반이 된다.

내가 무엇을 잘 할 수 있는지 그리고 사람들이 어떤 콘텐츠를 보고 싶어하는지를 생각하고 그 교집합을 찾는다면 분명 좋은 콘텐츠 기획을 할 수 있을 것이다. 다양한 수익화 콘텐츠를 제작할 때 꼭 시청하면 좋을 영상이 태국 광고이다. 유튜브에 '태국 광고'라고 검색을 해서 다양한 광고 영상을 시청해보길 바란다. 광고 영상의 신세계를 만나게 될 것이고 한국 광고 레전드라고 검색을 하면 유튜브에서만 볼 수 있었던 새로운 장르의 광고 영상을 통해 재미와 감동을 느낄 수 있을 것이다.

▶ **알쓸 Tip** _ 벤치마킹을 통해 아이디어를 레벨업하자

기존 콘텐츠의 결과만을 바라보고 새로운 콘텐츠의 기획을 시도하지 않길 바란다. 기존 콘텐츠가 어떻게 기획된 것인지 그 과정을 분석해보지 않고는 알맹이 없는 기획이 되고, 기존 콘텐츠를 그대로 카피하여 사용할 경우에는 저작권 문제로도 이어질 수 있다.

5.2.2 수익화 콘텐츠 기획 시 꼭 고려해야 할 것들

나와 비슷한 채널 분석하기

수익화 콘텐츠 기획의 기본은 수익화를 성공한 사람들의 콘텐츠 기획의 면모를 들여다보고 실패한 사람들의 실패 요인을 분석하는 것이다. 분석의 기준은 나와 비슷한 구독자수, 조회수를 가진 동일 카테고리 채널이다. 내 채널 카테고리를 검색한 후 유튜브 검색 필터를 이용해 '구분:동영상', '정렬 기준: 조회수'로 설정하고 나와 비슷한 채널의 제목과 썸네일을 수집, 연구하기를 추천한다.

한 가지 팁을 추가로 전달하자면 타인의 영상 분석 후 기획서를 작성해보라. 다양한 기획을 하고 싶다면 잘 된 영상을 보면서 초 단위 기획서를 자세히 작성해보길 권장한다(p.126 초 단위 기획 참조). 누구든 와서 기획서를 보고 촬영·편집을 할 수 있도록 말이다.

이 방법으로 유튜브에서 최초라는 수식어를 갖고 있는 사람들을 따라하라는 것이 아니다. 그들은 이미 범접하기 힘든 경지에 있어서 이제 막 유튜버를 시작하는 일반인들과는 너무나 다르다. 또, 연예인이라고 해도 유튜브를 시작했다고 모든 사람이 알아봐주지는 않기에 이들을 따라하기를 추천하지 않는다. 그보다는 벤치마킹을 적극 활용하여 나만의 콘텐츠를 제작하는 것이 중요함을 인지하길 바란다.

▶ **알쓸 Tip** _ 나만의 전문분야가 있을 때, 새로운 수익화의 길이 열린다

유명인들을 따라하지 않아도 나만의 무기를 갈고 닦아 수익형 유튜버로서 성공할 수 있다. 필자의 경험을 조금 이야기하자면, 필자가 유튜브를 시작했을 때는 유튜브로 수익화에 대한 생각을 하는 사람이 거의 없었다(당시 필자는 유튜브로 수익화를 생각하지 않았다). 2011년 9월 유튜브 영상을 최초로 업로드했고, 현재는 1천여 개의 영상을 업로드하며 여러 경로를 통해 수익화를 얻게 되었다. 하지만 독보적이었던 내 콘텐츠도 내가 정한 카테고리도 이제는 수많은 유튜버들이 뒤따르고 있고 심지어 나보다 빠르게 성장한 유튜버까지 나타났다. 이유가 무엇인지 알고 있지만 나는 그들이 성장한 방법을 선택하지 않았다. 그 이유는 카테고리의 변화 때문이었다.

내 채널의 주요 분야인 플루트 교육은 타겟 규모가 아주 작다. 그럼에도 1만 명이라는 구독자를 보유하고 있다는 것은 나에게는 아주 중요한 의미를 가진다. 그리고 이는 상위 카테고리인 플루트 음악 분야에서 1만 명 구독자를 보유하는 것과는 분명한 차이가 있다. 나는 유튜브를 시작할 때부터 이 점을 유념하고 있다. (언제가 될지는 모르겠으나 음악 카테고리로 파이를 키우거나 타 분야로 변경을 시도해야 할 때도 올 수 있다고 생각한다. 현재는 플루트 음악 분야의 글로벌 채널의 구독자수가 40만 명이 넘은 것을 확인하긴 했으나, 타 분야에 비하면 워낙 규모가 작은 주제라서 또 다른 방법을 모색하는 편이 낫다고 생각하고 있다.)

내 채널은 급성장한 채널과 달리 천천히 성장하며 시청자들과 단단한 교류를 쌓았다. 플루트 교육이라는 작은 카테고리 안에서 활동하고 있기 때문에 영상으로 수익을 얻는 것보다는 오프라인 교육이나 합주, 기업과의 콜라보를 통해 얻는 수익이 훨씬 이득이 된다.

필자는 연예인도 아니고 대단한 플루티스트도 아니다. 하지만 그럼에도 필자의 채널이 살아남을 수 있는 이유는 전문성과 신뢰도 덕분이라고 생각한다. 99년부터 현재까지 플루트 커뮤니티를 운영해왔으며 플루트 교육 유튜버로서는 10년 이상 꾸준하게 활동했다. 이러한 경험은 필자의 유튜브에서 중요한 무기로써 작용하고 있다.

꾸준히 자주 업로드하기

방금 소개한 방법으로 필자는 타 유튜버의 채널과 영상을 분석하며 깨달은 바가 있다. 꾸준하게 영상을 올리는 채널이 그렇지 않은 채널보다 더 쉽게 노출된다는 것이다. 그래서 필자는 채널의 영상 콘텐츠 업로드를 매일 하기로 결심하고, 데일리 콘텐츠를 만들어 올렸다. 그 결과 유튜브 알고리즘을 통해 채널 성장을 이뤘고 채널의 방향 또한 꽉 잡을 수 있게 되었다.

결국 내가 원하는 것을 하든 남이 원하는 것을 하든 꾸준하게 하는 게 중요하다(특히 '남이 원하는 것'은 수익과 연결 짓기 가장 쉬우므로 수익형 유튜버라면 여기에 좀 더 촉각을 곤두세울 필요가 있다). 물론 끝까지 꾸준함을 유지하는 것은 어려운 일이다. 하지만 이 점을 인지하고 주제 설정과 내용 수집 측면을 잘 고려해서 나의 전문성을 유튜브 콘텐츠에 잘 녹인다면 좋은 성과를 거둘 수 있으리라 생각한다.

그럼 영상 콘텐츠 업로드 일정 기획을 어떻게 하면 좋을지 감을 잡아보자. 먼저 다음의 예를 보겠다.

영상 콘텐츠 일정 A	영상 콘텐츠 일정 B
매일 밤 10시	매주 월요일 오후 8시

A 일정을 지속하다 B 일정으로 갈아타게 될 경우 영상이 쉽게 노출되지 않는다. 영상에 매우 공을 들였다 할지라도 말이다. 또한 운 좋게 노출되었다 하더라도 영상의 시청 지속률이 오르지 않으면 사장되어버린다. 이는 모두 필자가 영상 분석을 하면서 깨달은 사실이다. 꾸준한 상승의 결과를 얻었던 유튜버로서, 필자는 영상 콘텐츠 일정을 잡을 때 매일은 어렵더라도 매주 2회에서 3회 영상 업로드 시점을 만들기를 추천한다.

영상 업로드를 자주 소화하기 어렵다면 쇼츠 영상을 고려해보는 것도 하나의 방법이다. 쇼츠 영상은 길이가 짧아 매일 하나씩 업로드하는 데 부담이 적다. 주 5~7회 이상 꾸준히 업로드하여 조회수 및 구독자수 증가를 노려볼 만하다.

쇼츠 영상 콘텐츠 일정	롱폼 영상 콘텐츠 일정
매일 오전 9시 or 매일 밤 10시	매주 월요일/수요일/금요일 오후 8시
매주 5~7회 이상 업로드 (권장)	주 2~3회 정한 시간 업로드

▶ **알쓸 Tip**　**업로드 일정 기획은 무엇보다 꾸준함이 중요하다**

얼핏 들으면 당연한 얘기같지만 업로드 일정 기획은 정말 꾸준함 없이는 지키기 어렵다. 여러분이 마음먹기에 달린 문제라는 것이다. 그래서 여러분에게 실행 동기를 부여할 수 있도록 필자의 경험담을 들려주고자 한다.

그래서 나는 채널의 영상 콘텐츠 업로드 시기를 매일로 설정했는데 이는 누가 시키지도 알려주지도 않았던 알고리즘 속으로 들어가는 첫 번째 역할을 했다. 바로 데일리플루트365라는 플루트 교육 영상을 매일 찍어 올린 것인데 2018년 1월 1일부터 매일 3분 레슨 영상을 올리기 시작했다. 매일 레슨 영상을 올리니까 검색으로 들어오는 시청자가 늘었고 구독자수도 증가하는 것이 보였다. 또, 눈에 띄게 영상 조회수가 늘어났고 좋아요와 댓글도 꾸준히 증가했다. 유의미한 결과는 이뿐만이 아니었다. 필자가 상임 지휘자로 활동하고 있는 서울리더스플루트오케스트라의 단원이 꾸준히 증가한 것이다. 2019년 70여 명이던 단원(유료 수강생)이 정기 연주회에서는 120명을 넘었으며 2020년 1월 150명이 되었다. 이때 필자는 유튜브의 역할과 영향력을 크게 실감하고 앞으로의 채널 방향을 어떻게 잡아야 할지 알 수 있게 되었다.

이렇게 필자는 영상 콘텐츠 업로드 일정을 기획하여 시작한 작은 변화가 유튜브 알고리즘을 타고 일상의 변화까지 가져오는 경험을 맛보았다. 물론 유튜브 알고리즘이란 녀석이 하는 일과 내가 하는 일이 쿵짝이 잘 맞아 떨어진 결과겠지만, 꾸준함 없이는 결코 이룰 수 없는 일이다. 여러분도 꾸준함을 유지하여 유튜브와 좋은 합을 이루고 필자와 같은 경험을 해봤으면 좋겠다. 여러분이 가진 고정관념을 깨고 여러분의 세계를 한층 더 넓히는 교훈을 줄 것이다.

이슈 선점하기

누구나 다 아는 키워드 이슈를 선점하라! 과거에는 없었던 특별한 이슈 혹은 매월 14일마다 있는 기념일처럼 우리가 다 아는 날들을 노려서 나만의 콘텐츠를 만들어보자.

▶ **알쓸 Tip**　**이슈 콘텐츠 기획 시 도움이 되는 꿀팁**

이슈를 선점한 콘텐츠를 기획하고자 할 땐 마케팅 캘린더를 활용해 일정을 미리 체크하고 기획서를 만들어두자. 마케팅 캘린더는 마케팅 관련 이슈를 모은 캘린더인데, 이슈나 기념일 혹은 행사 일정을 한눈에 확인할 수 있어 유용하다.

마케팅 캘린더는 마케팅 플랫폼 기업 혹은 커뮤니티 등(예: 아이보스, 나스미디어)을 통해 매년 제공된다. 찾기 어렵다면 네이버카페에서 팀크리에이터 카페 > 자료실을 참조하자.

채널의 성격에 맞는 콘텐츠 기획

당연하지만 잘 지켜지지 않는 이것, 바로 채널의 성격과 어긋나는 콘텐츠의 무분별한 제작이다. 남들 다하니까 먹방을 하고 브이로그를 해보았더니 점차 노출수가 적어지고 클릭률과 시청 지속률도 하락하였다. 그리고 구독자도 한둘씩 빠져나갔다. 실제 기획에서 가장 중요한 포인트는 주제 선정인데 카테고리를 잘 정했는데 카테고리가 계속 왔다 갔다 하며 흔들리는 상태라면 아직은 수익과 가까워지기는 어렵다. 오히려 채널의 성장을 저해하고 가로막는 역할을 할 수 있기 때문에 너무 차원이 다른 영상의 콘텐츠 기획은 피하는 것이 좋다. 대신 채널의 성격과 연결 지을 수 있는 모든 것은 가능하고 해볼만하다.

5.2.3 콘텐츠 기획에 영감을 주는 것들

텍스트로만 만드는 영상 콘텐츠

텍스트로만 만들어도 조회수가 올라간다고? 당연한 이야기! 음향 오디오에 신경 좀 쓰면 꽤 괜찮은 콘텐츠가 나올 수 있다. 예를 들어 제철 과일 소개 영상이나 건강에 대한 영상을 올릴 때 영상이 굳이 필요 없다고 생각된다면 텍스트와 이미지 파일 정도가 나올 수 있도록 영상 콘텐츠를 제작해보길 권장한다.

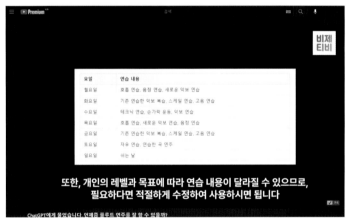

△ 텍스트로만 만든 콘텐츠

이런 콘텐츠들은 흔히 검색하는 이야기들에 초점을 맞추기 때문에 블로그에 올린 글을 그대로 복사/붙여넣기 하는 경우도 생기겠지만 그래도 괜찮다. 대신 콘텐츠를 만들 때 사용한 대본, 텍스트는 상세 설명에 고스란히 남겨놓자. 절반만! 나머지는 또 다른 Tip을 작성해서 블로그로 유입을 해보라. 꽤 괜찮은 유입이 생길 것이다.

참고로 요즘은 텍스트만 입력하면 무료로 음성으로 변환해주는 좋은 사이트들이 많다. 관련 정보는 챕터 7에서 공개하겠다.

트렌드 키워드 탐색

인기 있는 키워드를 알면 나만의 콘텐츠에 해당 키워드를 녹이거나 콘텐츠 제목이나 내용에 활용하여 시청자들의 주목을 끌 수 있다. 다음 쪽에 소개하는 곳은 트렌드 키워드를 탐색하거나 소셜 미디어 동향을 살펴보는 데 도움이 되는 사이트이다. 참고해보길 바란다.

블랙키위 (blackkiwi.net)

빅데이터 기반의 키워드 분석 플랫폼이다. 블랙키워의 키워드 분석을 통해 콘텐츠 유입률과 조회수를 늘릴 수 있고, 인기 키워드를 탐색해 내가 원하는 콘텐츠에 키워드를 녹여서 세상에 없던 콘텐츠를 만들어볼 수 있다.

▲ 블랙키위 메인 화면

키워드 인사이트 (keyword-insight.com)

네이버 기반의 키워드 검색 툴이다. 검색 키워드별로 한눈에 확인이 가능하고 편리하다. 로그인한 상태에서 검색을 하면 이전 검색 키워드에 대한 정보가 저장되어서 좋다.

▲ 키워드 인사이트 메인 화면

웨이이즈포스트 (whereispost.com)

네이버 데이터랩을 기반으로 만들어진 사이트로, 블로그 기반의 홍보를 중점적으로 하는 유튜버라면 알아두면 편하다.

내가 궁금한 키워드를 검색할 때 매우 빠르고 깔끔하게 분석이 되어 나온다. 좌측 중간 키워드마스터를 클릭하고 검색하면 된다. 해당 검색어의 블로그 순위를 클릭하면 네이버에서 순위 높은 글들이 나온다.

▲ 웨어이즈포스트 메인 화면

시그널 (signal.bz)

네이버 검색 기반의 실시간 검색어를 확인할 수 있
는 사이트이다.

▲ 시그널 메인 화면

네이버 데이터랩 (datalab.naver.com)

말하지 않아도 알만한 쇼핑 인사이트 사이트이다.
네이버의 검색 키워드를 볼 때 가장 정확하게 나온
다. 쇼핑 분야별 클릭 추이와 분야별 검색어 현황을
확인해볼 수 있다.

▲ 네이버 데이터랩 메인 화면

네이버 데이터랩에서 검색어는 일간/주간/월간 단위로 검색해볼 수 있으며 **검색어 통계 자세히 보기**를 누
르면 기기별/성별/연령별로 키워드 검색어 통계를 조회할 수 있다.

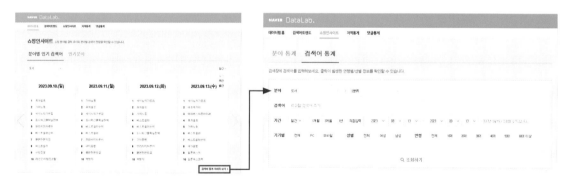

▲ (좌) 네이버 데이터랩 도서 분야 인기 검색어 / (우) 쇼핑인사이트 검색어 통계

구글 트렌드 (trends.google.com)

구글을 통한 국내 혹은 전 세계 검색 트렌드를 볼
수 있다.

▲ 구글 트렌드 메인 화면

카카오 데이터트렌드 (datatrend.kakao.com)

다음과 카카오톡을 통한 검색 트렌드를 볼 수 있다.

▲ 카카오 데이터트렌드 메인 화면

인터넷트렌드 (internettrend.co.kr)

분야별로 국내 검색 트렌드를 한눈에 볼 수 있는 사
이트이다. 어느 검색 사이트에서 어떤 카테고리를
검색하고 있는지를 알 수 있다.

▲ 인터넷트렌드 메인 화면

소셜 블레이드 (socialblade.com)

소셜 블레이드는 유튜브, 페이스북, 인스타그램, 틱톡 등의 사용자 순위를 알 수 있는 사이트로 전 세계 소셜 미디어 동향을 살펴볼 수 있다.

▲ 소셜 블레이드 메인 화면

녹스 인플루언서 (kr.noxinfluencer.com)

녹스 인플루언서는 인플루언서 데이터 분석 및 맞춤형 마케팅 서비스를 하는 사이트다. 내가 원하는 콘텐츠 키워드를 어떤 인플루언서가 유튜브, 틱톡, 인스타그램에서 제작했으며 그 조회수와 반응은 어땠는지 알 수 있다.

▲ 녹스 인플루언서 메인 화면

AI를 활용한 콘텐츠 기획

AI 콘텐츠 생성 플랫폼을 활용하여 콘텐츠를 빠르게 생성할 수도 있다. 콘텐츠 기획에 활용하는 대표적인 AI 플랫폼으로는 챗GPT와 뤼튼이 있고, 일부 AI 기능을 도입해 콘텐츠 생산에 도움을 플랫폼으로는 리무브, 미리캔버스, 클로바더빙 등이 있다.

생산성 있는 콘텐츠 제작에 관심이 있는 분이라면 궁금해 할 것 같아, AI 콘텐츠 생성 플랫폼을 쓰임별로 간단히 정리해보았다(다음 쪽 참조). 참고하되 콘텐츠 제작에 가장 기본이 되는 도구들(트렌드 탐색 사이트)을 잊지 말기 바란다. 생성 AI 플랫폼은 챕터 7에서 좀 더 자세하게 소개할 것이니 지금은 앞서 소개한 사이트들을 이용하는 데 익숙해지길 바란다.

<텍스트>

인공지능 챗봇에게 질문하여 다음을 수행할 수 있음

- 영상 콘텐츠 주제 추천 받기
- 영상 제목 아이디어 얻기
- 영상 스크립트 초고 작성 등

텍스트 관련 AI 서비스

1. 챗GPT(ChatGPT)

   chat.openai.com

2. 웍스AI

   native.me/chat

<이미지>

이미지의 내용, 스타일, 조건 등을 단어나 짧은 문구 형식으로 작성하여 이미지를 생성하거나 참고 이미지를 주고 그와 비슷한 이미지를 새롭게 생성할 수 있음

- 영상 콘텐츠에 들어갈 이미지 생성

이미지 관련 서비스

1. 미드저니(Midjourney)

   midjourney.com

2. 달리(DALL-E)

   labs.openai.com

<텍스트 + 이미지>

인공지능 챗봇에게 질문하여 텍스트 혹은 이미지를 생성할 수 있음

관련 서비스

1. 챗GPT Plus (유료 버전)

   chat.openai.com

2. 뤼튼

   wrtn.ai

<참고>

팀크리에이터 카페에는 더 많은 AI 서비스 관련 정보가 꾸준히 업데이트되고 있다. 그리고 팀크리에이터 카페에서 책 구매 인증을 하면 AI 관련 특별 전자책을 받아볼 수 있다.

5.3

영상 콘텐츠와 플랫폼 확장

5.3.1 유튜브 영상 콘텐츠의 특성 이해하기

영상 콘텐츠를 탄탄하게 기획하려면 해당 콘텐츠의 특성을 잘 이해할 필요가 있다. 유튜브의 숏폼(쇼츠) 및 롱폼(일반) 영상 콘텐츠의 특징, 주의점 등을 알아보자.

쇼츠 영상의 특성

쇼츠는 유튜브의 숏폼 영상 콘텐츠로 1분 미만의 세로 혹은 정사각형의 영상이다. 유튜브가 권장하는 콘텐츠라 일반 영상보다 알고리즘을 타고 쉽게 노출되는 편이다. 그리고 영상 길이가 짧다 보니 콘텐츠 소비가 빠르고 시청 지속률이 높다.

쇼츠는 크게 **15초 영상** 혹은 **60초 영상**으로 나눌 수 있는데, 두 종류의 영상을 고르게 만들고 업로드함으로써 쇼츠 채널을 생성하는 것도 좋은 방법이다. 쇼츠는 영상 길이가 짧은 만큼 확실한 정보를 담아야 하며, 초반 7~8초가 쇼츠 영상 시청 여부를 좌우한다. 단시간에 시청자들의 마음을 사로잡지 못하면 빠르게 넘겨질 가능성이 높다. 따라서 쇼츠 영상에는 탄탄한 기획이 뒷받침되어야 한다.

> ▶ 알쓸 Tip   **쇼츠 영상 업로드 시 주의점**
> 타 플랫폼의 로고가 있는 영상은 기본적으로 수익화에서 제외되고 노출량도 감소하게 되기 때문에 주의해야 한다.

롱폼 영상의 특성

유튜브는 1분 이상의 영상을 롱폼 영상으로 분류한다. 카테고리별로 적정한 영상 길이는 다를 수 있으나 스타트 유튜버라면 영상 길이를 되도록 짧게 하기를 권장한다(2~3분이 적당). 영상의 길이가 짧으면 클릭률이 높아지고 시청 지속률이 높아지기 때문이다.

시청 시간이 짧은 콘텐츠가 빠르게 인기를 얻는 이유를 한번 생각해보자. 시청자들의 관심을 끄는 주제로 영상 클릭을 유도했다면 그 다음은 매력적인 콘텐츠로 시청을 유지하도록 만들어야 한다. 그렇다면 '좋은 퀼리티로 한 영상을 길게 만들어서 내 채널의 영상의 총 시청 시간을 늘리면 채널 성장에 도움이 되지 않을까' 하고 생각하는 분이 있을 것 같다. 하지만 시청자들이 한 영상에 집중할 수 있는 시간은 그리 길지 않기에, 영상 길이가 길면 그만큼 시청 지속률을 높이기 어려워진다. 고정적인 수익을 만드는 콘텐츠, 두터운 팬덤층이 없는 경우라면 긴 영상 하나보단 짧은 영상을 시리즈 형태로 여러 개 올리는 편이 부담이 적다.

5.3.2   다양한 플랫폼과 연동하기

메타버스와 연동하는 유튜버들의 활동, 유튜버스

메타버스는 meta와 universe의 합성어이지만 필자는 유튜버스의 이야기를 하려고 한다. 유튜버스는 youtuber's라는 표현도 가능하지만 youtu-vers라고 표현하고자 한다. 유튜브를 하면서 얼마나 가상 세계의 영역 속에 살아가야 할지 고민을 많이 했다. 이러한 고민의 근간은 많은 MZ세대들은 트위터나 페이스북 등의 기성 SNS를 사용하지 않는 추세의 흐름에 있다.

계정이 있다고 해도 비공개로 바꾸거나 계정을 삭제하는 사람들까지 생겨나고 있다. 반면 메타버스 세계를 들여다보면 게더타운, 로블록스 등의 PC 메타버스와 제페토, 이프랜드, 플레이투게더 등의 메타버스는 앞으로의 세상을 미리 보여주는 느낌이다. 이런 종류의 가상세계만 있는 것은 아니다.

아이폰 유저들과 초대장을 지닌 사람들만 가입시키며 인기를 끌었던 클럽하우스와 카카오가 만들었던 음, 그리고 흐름드살롱까지 오디오 기반의 가상세계다. 또, 검색 기반의 서비스는 구글, 네이버, 다음, 빙, 네이트 등이고 영상 서비스는 유튜브, 페이스북, 트위터, 인스타그램, 틱톡, 네이버TV 등이 있는데 이제 앞으로는 더 넓은 의미의 가상 세계가 생성되고 활용될 것이다. 각 SNS에서 닉네임은 통일하는 편이 좋고 앞서 이야기한 멀티 링크 페이지를 활용해서 자신을 알리면 좋다.

그럼 이제 우리가 앞으로 연동해야 할 부분을 미리 고려하고 콘텐츠 기획을 하는 것이 중요한데, 유튜브를 메인으로 하다가도 틱톡에서 뜨는 경우, 페이스북에서 뜨는 경우를 보게 되기 때문에 실제 어디까지 연동 할 것이냐에 따라 영상 기획을 해놓는 것이 중요하다고 할 수 있겠다. 각 플랫폼에서 영상을 어떤 방법으로 촬영·편집 해서 올리는 것이 좋은지에 대한 정보가 중요한 이유다. (이 부분은 영상 편집 어플과 프로그램에서 집중적으로 이야기한다.)

그리고 유튜브와 메타버스를 연동한다면 가장 쉬운 방법이 이프랜드를 통해서 크리에이터로 활동하는 방법인데 유튜브 영상을 틀어주면서 유튜브를 강의한다든가 본인 유튜브 채널의 사람들이 들어와서 강의를 듣거나 볼 수 있도록 연동하는 것을 추천한다.

메타버스 이프랜드(ifland)는 자신이 방을 만들고 방안에 본인이 보여주고 싶은 영상이나 PDF 파일 등을 공유하며 대화나 강의, 음악 감상을 할 수 있다는 장점이 있기 때문에 필자와 같이 교육쪽의 콘텐츠를 하는 사람들이 수익화하기 좋다. 이제 콘텐츠 기획부터 메타버스와의 연결을 고려해보도록 하자.

메타버스	PC – 로블록스, 게더타운, 더샌드박스, 포트나이트, 마인크래프트 스마트폰 – 제페토, 이프랜드, 플레이투게더
유튜버스	메타버스와 유튜브 채널과 연동하기

메타버스 제페토와 이프랜드에서도 수익화를 할 수 있는 부분이 점차 확대되고 있기에 유튜브와 메타버스를 병행하며 수익화에 힘쓰면 좋다. 이들 메타버스에서는 자신이 만든 옷이나 신발 등을 판매할 수 있는 수익화 부분이 점차적으로 늘어날 것이기 때문에 메타버스에서의 수익화를 알려주는 유튜버가 되는 것도 추천할만한 부분이다.

또 다른 방향의 콘텐츠를 예시로 들면, 메타버스에서 강의를 한다는 전제하에 일정 부분만을 녹화하여 편집 후 주기적으로 숏폼 형태로 업로드하면 퍼스널 브랜딩이 되고 주기적으로 콘텐츠를 발행할 수 있기 때문에 바쁜 크리에이터들에게 좋은 방법이 될 것이다. 메타버스 활동을 굳이 노출시킬 이유가 없다면 예쁜 배경화면 혹은 본인의 사진을 넣고 그 위에 자막을 띄워서 강의하면 더욱 신뢰도 높은 콘텐츠로 여겨질 것이다.

실시간 라이브 스트리밍

라이브 스트리밍은 시청자와 같은 시간대를 함께 하기에 생동감이 있고, 깊은 교류를 할 수 있으며 공감대를 형성하기 쉽다. 그래서 꾸준한 라이브 스트리밍은 팬덤 형성에 도움이 된다.

또한 라이브 스트리밍을 통해 시청자에게 좋은 경험을 주면 그만큼 시청자들의 유튜브 체류 시간이 늘어나고 더 많은 참여를 기대할 수 있어 수익 증대에도 영향을 준다. 유튜브가 라이브 스트리밍을 권장하는 이유도 이러한 점 때문이다.

라이브 스트리밍은 루틴을 만들어 구독자들과 함께하면 좋다(Q&A 형식으로 진행하는 것을 추천한다). 라이브를 잘 활용하면 실시간 채팅이나 댓글을 통해 즉흥적으로 새로운 영상 콘텐츠 아이디어를 얻는다거나 예기치 못한 부분에서 하이라이트 영상을 뽑아낼 수도 있다.

라이브 스트리밍 영상은 녹화 및 저장을 한 후 쭉 모아두자. 채널에 지난 라이브 영상을 쭉 모아서 업로드하기 위해서다(다음 쪽 알쓸 Tip을 참조). 예를 들어 유튜브로 라이브 스트리밍을 하는 경우, 방송 종료한 뒤 라이브 영상을 일반 영상으로 전환해서 채널에 업로드할 수 있다.

1. 지난 라이브 영상은 제2채널에 업로드하기

본 채널에서 라이브 스트리밍이 끝나면 비공개로 전환하고, 제2채널(채널명 예: OOO 풀영상, 긴OOO)을 만들어서 라이브만 모아두는 것이 좋다. 본 채널의 성장을 저해할 수도 있기 때문이다. 라이브 영상은 영상 시간이 길어 시청자들이 영상을 끝까지 볼 가능성이 낮고 조회수가 적다. 유튜브에서 채널 노출이 유리한 조건❗을 생각해보면, 라이브 영상은 내 채널 콘텐츠의 평균 조회수와 시청 지속률을 떨어트리기 때문에 채널 성장에 좋지 않은 영향을 준다.

2. 함께하는 라이브 스트리밍

서로의 채널에 도움이 될만한 유튜버와 만났다면 콜라보를 기획하자. 양 채널의 강점을 소개하는 콘텐츠를 제작할 수 있고 함께 하는 라이브 스트리밍도 기획할 수 있다.

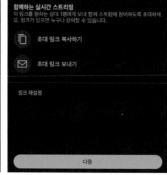

▲ 함께하는 라이브 스트리밍

라이브 커머스

꾸준한 라이브 스트리밍을 통해 팬덤이 형성되었다면 쇼핑 기능을 이용해보자. 이 기능을 활용해서 수익화를 기대해볼 수 있다.

▲ 유튜브 '쇼핑' 메뉴 화면

❗ 평균 조회수가 높고 시청 지속률이 좋아야 알고리즘을 타고 노출이 될 가능성이 높다.

△ 라이브 커머스 예시

카페24 가입을 통해 쇼핑몰을 생성하면 유튜브 채널 내 스토어 개설이 가능하고, 유튜브 라이브 방송을 통해 실시간 상품 판매를 할 수 있는 기능이 생성된다.

[카페24 사이트 링크] cafe24.com

△ 카페24 메인 화면

이외에도 마플샵, 베리굿즈 등의 쇼핑몰을 이용해 유튜브 쇼핑 기능을 활성화해볼 수도 있다. 이를 활용해 나만의 라이브커머스도 진행해보고 굿즈를 만들어 판매해보자.

[마플샵 사이트 링크] marpple.shop/kr

△ 마플샵 메인 화면

[베리굿즈 사이트 링크] verrygoodz.com

△ 베리굿즈 메인 화면

5.4

아이디어 벤치마킹 해외 유튜브 채널

유튜버로서 꾸준한 활동하는 외국의 유튜버들을 보고 생각지 못한 부분에서 인사이트를 얻을 수 도 있다. 그래서 영상 콘텐츠 기획에 영감을 주는 해외 유튜브 채널들을 몇 가지 소개하고자 한다. 다만 그들의 기획력이나 영상 내용을 모조리 가져와서 그대로 사용한다면 저작권법에 문제가 될 수 있으니 어디까지나 아이디어를 얻기 위한 통로로써 활용하길 권장한다.

5.4.1 상상을 현실로 만드는 해외 유튜버들

<Miggy Smallz> 채널 (youtube.com/@MiggySmallzYT)

〈Miggy Smallz〉는 K팝 아티스트들이 음악을 강제로 콜라보하는(좀 더 정확하게 표현하자면 매시업이 적절하 겠다) 해외 유튜브 채널로 알려졌다. 대표 콘텐츠로 블랙핑크와 BTS의 음악을 콜라보한 영상이 있는데, 음 악을 이어붙인 느낌이 아닌 새로운 음악의 탄생을 지켜보는 느낌이다.

이 채널의 음악을 처음 접했을 때 정말 신기해서 주변인들에게 공유했던 기억이 난다. 우선 콘텐츠 기획력 에 놀랐고, 원곡과는 사뭇 다른 분위기 때문인지 귀를 쫑긋 하고 듣게 만드는 마력이 있다(그리고 필자는 이 채널을 통해 처음으로 매시업이라는 단어를 접하게 되었다). 이 채널은 인스타그램, 트위터를 통해 협업의 기회 를 얻고 있으며 독일 베를린에 본사를 두고 있는 음악 스트리밍 서비스 업체 사운드클라우드(SoundCloud) 를 통해 매시업 음원에 대한 수익을 창출하고 있다.🄴

<Vsauce> 채널 (youtube.com/@Vsauce)

〈Vsauce〉 채널은 2010년 여름에 마이클 스티븐스가 만들었다고 한다. 인스타그램과 트위터, 페이스북 을 통해 적극적으로 소통하며 홈페이지를 통해 굿즈 상품을 판매하고 있다. 다양한 채널을 활용하여 수익 의 확장성을 보여주는 이 채널을 보면 요즘 쇼츠 영상을 올려야 하는 이유에 대해 다시 한번 깨닫게 된다. 쇼츠 영상은 자주 올라오는 한편, 2022년 11월 이후로 롱폼 영상이 올라오지 않는 것을 보면 쇼츠가 유튜 브의 트렌드임을 증명해주는 듯하다.

🄴 매시업(Mash-up)이란 기존 곡들을 섞어서 완전히 새로운 곡을 만드는 것을 말한다. 리믹스 음원과 비교하자면 리믹스는 편곡, 매시업은 믹싱에 가깝다.

이 채널은 다양한 주제를 다루며 총 조회수는 무려 37억 뷰에 달한다. 무엇이 이 채널을 그토록 성장하게 했을까? 궁금하다면 이 채널의 영상을 직접 보기를 추천한다. 좋은 영상 퀄리티를 가진 데다 내용에 깊이도 있어 영상을 보다 보면 자연스레 구독과 전체 알림 설정에 손이 갈 것이다. 다양한 이야기를 재미있게 풀어가는 채널을 만들고 싶다면 이 채널을 참고하기 바란다. 우리가 실생활에서 궁금하지만 몰랐던 이야기 혹은 궁금하지 않음에도 클릭할 수밖에 없게 만드는 제목과 썸네일을 보여주어 시간을 순삭하게 만든다.

5.4.2 라이브 영상을 평생 한다면?

필자는 20대에 방송국을 운영해보고 싶다는 생각을 한 적이 있다. 그때만 해도 라이브 방송이라면 원앰프라는 PC 프로그램을 통해 인터넷 라디오 방송을 하는 것이 전부였던 시기다. 하지만 현재는 라이브 방송이라고 하면 워낙 다양한 플랫폼이 등장해서 스마트폰만 가지고 있어도 마음만 먹으면 바로 라이브 방송을 할 수 있는 시대에 살고 있다. 그렇다면 라이브 영상을 한 번도 끊지 않고 방송하는 것도 가능하지 않을까? 이런 생각을 그대로 실천한 방송사가 있다.

<中天電視> 채널 (youtube.com/@CtiTv)

디오비스튜디오 오제욱 대표가 쓴 논문 '예술 창작자의 유튜브 수익 모델에 관한 연구'을 보면 유튜브 채널 <中天電視> 대만 방송국 채널을 소개하는 내용이 있다. 이 채널은 2017년부터 2021년 4월까지 한 번도 끊지 않고 평생 라이브 방송을 표방하여 진행했으나 잠시 매일 라이브 스트리밍으로 변경, 이후 2023년 3월 31일부터는 다시 끊이지 않는 라이브 방송을 지속하고 있다. 사실 평생 라이브 스트리밍을 할 수 있도록 서버를 빌려주는 사이트가 존재하기 때문에 콘텐츠가 있다는 가정하에 월정액을 지출하면 누구나 가능한 일이다.

<Explore Africa> 채널 (youtube.com/@ExploreAfrica)

이 채널은 18개의 영상을 실시간으로 보여주는데 각기 다른 자연과 동물들, 생태계를 관찰할 수 있다. 아프리카의 야생성을 있는 그대로 보여주는 것을 지향하며 아프리카 케냐에서 알래스카 카트마이 강변까지 그리고 그 사이 모든 곳을 실시간 안내한다고 한다. 한 채널에서 2개 이상의 실시간 영상을 송출할 수 있다는 것을 알게 해준 채널이었다. 분명 누군가에게는 멀티 라이브 스트리밍은 솔깃한 제안이 될 수 있다. 하지만 그만큼 PC의 성능도 따라줘야 하고 콘텐츠가 지속되야 하기 때문에 잘 판단하여야 한다.

라이브 스트리밍에 대한 기획 아이디어는 방송국이나 음악 채널들이 가장 접근이 쉽기 때문에 일반인들은 하지 못할 거라는 생각이 지배적이지만 매일 정해진 시간에 2시간 이상의 라이브를 해보는 것도 추천할 수 있다. 라이브 스트리밍을 하면 유튜브 메인 좌측 구독 메뉴에서 상단에 뜨게 되기 때문에 그만큼 채널 노출이 보장되게 되고 유튜브 메인에서도 라이브 스트리밍 채널을 그만큼 메인에 많이 노출해주기 때문에 활용해보는 것을 추천하며 기획 시에 참고하기 바란다.

> **Point** 꾸준한 라이브 스트리밍 영상 송출은 구독자들에게 노출될 확률이 높아지며 팬덤 형성에 도움이 되며, 내 채널과 비슷한 채널을 구독하고 있는 시청자들에게 노출되어 그들의 유입을 유도하는 기회로 사용될 수 있다.

<The Good life Radio x Sensual Musique> 채널 (youtube.com/@TheGoodLiferadio)

17개의 영상으로 약 80만 명의 구독자를 모은 채널이다. 그리고 2020년 3월 28일 시작된 스트리밍부터 2023년 11월에 시작된 영상까지 현재 4개의 라이브 스트리밍이 진행 중이다. 이 채널은 센슈얼 뮤지크의 두 번째 공식 채널로써 유튜브는 물론 글로벌 음악 앱 스포티파이(Spotify)를 통해 음원의 수익을 얻고 있다. 현재 채널의 총 조회수는 2억 회를 넘어서고 있다.

5.4.3 이슈 사냥꾼이 되어볼까? 최근 관심사에 대해 나만의 스토리로 풀어볼까?

모두 알다시피 5월은 가정의달이다. 그렇다면 많은 사람들이 4월부터 5월에 있는 각각의 기념일을 위한 콘텐츠를 제작할 수 있게 된다. 그리고 매월 14일은 어떠한 날이라고 해서 사랑하는 사람에게 무언가를 사주면서 고백하는 날이다. 아마 마케팅 달력을 들여다보면 내가 알고 있는 것보다 훨씬 더 많은 기념일들이 작성되어 있을 것이다. 이처럼 기념일 혹은 뉴스에 집중되고 있는 어떠한 사회적 이슈들을 자신만의 특별한 시선으로 풀어서 콘텐츠화한다면 어떨까?

<Vox> 채널 (youtube.com/@Vox)

vox media에서 운영하는 유튜브 채널이다. 이 채널은 기존 뉴스와 달리 다양한 컨셉의 다큐멘터리를 혼합하여 세계적 이슈들을 모아 전달한다. 무려 1,190만 명의 구독자들이 어떤 주제를 던지고 깊이 있게 연구하여 발표하는 영상 콘텐츠를 기다리고 있다. 다양한 사람들이 한 콘텐츠에 출연하고 다양한 관점에서 궁금증을 해결하는 재미있는 콘텐츠를 제작한다.

5.4.4 나만의 전문성을 갖고 채널을 운영해보자!

<Peter McKinnon> 채널 (youtube.com/@PeterMcKinnon)

이 채널은 촬영 구도와 화면의 전환이 매우 트렌디하고 빠른 점이 특징이다. 영상 촬영에 대한 아이디어를 얻기 좋고 '영상 편집이란 무엇일까?'에 대한 해답을 제시해준다. 화면의 전개를 보면 몇 편을 연속으로 보더라도 시간 가는 줄 모르게 되는 채널이다. 참고로 이 채널의 크리에이터는 인스타그램과 트위터에서 이 채널과 또 다른 느낌으로 소통을 하고 있는 찐 인플루언서다.

\<Melissa.Flutes\> 채널 (youtube.com/@MissMelflute)

플루트 연주자 채널로는 가장 많은 구독자를 지녔다. 주로 팝송을 연주하고 가끔 K팝을 연주하기도 한다. 재생목록을 보면 플루트 레슨에 대한 영상도 있지만 시장 규모를 보면 팝커버 영상이 해답이라는 생각이 든다. 많은 구독자를 모으길 원한다면 세계로 뻗어나갈 수 있는 음악을 커버하는 편이 빠르다는 결론이다.

\<The Flute Channel\> 채널 (youtube.com/@flutechannel)

플루트 연주자 채널 중 레슨으로 가장 많은 구독자를 보유하고 있다. 채널에는 다양한 플루트 연주 방법이 올라와 있고 클래식·팝송·영화음악에 이르기까지 다양한 커버음악을 올리고 있다. 이는 〈Melissa.Flutes〉 채널을 통해 알 수 있었듯이 플루트 레슨은 시장 규모 자체가 작기 때문에 커버음악 영상을 통해 구독자를 늘리는 방법을 선택하고 있다고 보여진다.

또한 이 채널은 별도의 홈페이지에 플루트 악보를 담은 PDF 파일과 레슨 영상을 올려 추가적으로 수익을 얻고 있다. 다양한 수익 모델을 만들고자 한다면 참고해보길 바란다.🏴

5.4.5 넘사벽! 이들의 완벽을 따라갈 수 있을까?

1등 유튜버를 어떻게 따라갈까? 결론부터 말하자면 불가능하다. 하지만 분명 괜찮은 아이디어는 얻을 수 있을 것이다.

\<MrBeast\> 채널 (youtube.com/@MrBeast)

유튜브에서 가장 많은 구독자를 보유 중인 미국의 유튜버다. 외국 유튜버를 알아볼 때 이 유튜버를 빼놓는다면 분명 아직 유튜브의 세계를 잘 모르는 것이다. 분명 외국 유튜버인데 한국말을 하는 게 신기하다면, 유튜브에 더빙 기능이 있다는 걸 모르기 때문일 것이다. 우리나라에서는 MrBeast 채널의 주인공 지미를 남도형 성우가 담당하고 있다. 기부 콘텐츠로 유명한 MrBeast는 넷플릭스 드라마 오징어게임이 전 세계 1위라는 히트를 치고 있을 때 현실판 오징어게임을 진행하며 더 많은 팬덤을 확보했으며 현재 그 콘텐츠는 5.7억 뷰라는 경이로운 조회수를 기록 중이다.

인도의 음악 채널 T-Series가 1위를 기록하고 있지만, 인도 채널임을 볼 때 구독자수 대비 113.5%의 영상

🏴 이와 같은 사이트는 쇼피파이(shopify.com)를 통해 제작 가능하며 다양한 유튜버들이 수익화를 하고 있는 사이트다.

평균 조회수를 기록 중인 Mr.Beast 가 전 세계 1위라는 건 유튜버들이 공감할만한 이야기다. 최근 쿠키, 젤리, 초콜릿 등의 다양한 과자를 판매하기 시작했는데 국내에서도 구매대행을 통해 만나볼 수 있으며, 윤리적인 수확을 실천하는 농장에서 공정하고 평등하게 생산하는 초콜릿, 과자임을 명시하고 있다. 노예가 없다는 다소 자극적인 문구로 타사 초콜릿을 겨냥, 비판하고 나선 것이다. 이처럼 유튜버의 사회적 역할은 방대해졌으며 많은 구독자들이 이를 지지하고 있는 것을 확인할 수 있다. 수익은 덤이다.

<김프로 KIMPRO> 채널 (youtube.com/@kimpro828)

이쯤 되면 해외 채널로 오해를 받을 정도로 엄청난 인기를 얻는 국내 채널이다. 3,230만 명의 구독자를 보유 중이며 총 조회수 32억 회, 월간 조회수는 약 13억 회라는 경이로운 기록을 보유하고 있다. 현실 남매의 꿀잼 콘텐츠를 주류로 하여 틱톡에서 주로 활동했지만 유튜브가 쇼츠를 수익화하기 시작하면서는 다양한 콘텐츠를 동시에 업로드하고 있다.

실제 콘텐츠가 틱톡 감성을 지니고 있다는 의견이 있으나 짧은 영상에 녹여 만든 콘텐츠가 대세이기에 때를 잘 만난 채널이라는 생각이 든다. 하지만 글로벌로 진출할 수 있었던 이유는 언어보다 화면의 구도, 전환과 기획력이었다는 생각이 든다.

<Ellie Thumann> 채널 (youtube.com/@EllieThumannn)

끝으로 〈Ellie Thumann〉 채널을 들여다보면서 유튜버의 꿈을 꿔보기를 바란다. Ellie Thumann는 2014년부터 이 채널과 인스타그램에서 두각을 보이며 인플루언서의 삶을 살게 된다. 유튜버로 활동해오다가 2019년에는 모델 활동을 시작하게 되고 현재는 유튜버이자 모델로 살아가고 있는 20대 초반의 유튜버다.

화면의 전환은 가히 상상초월, 빠른 전환과 다양한 화면 덕분에 시간 가는 줄 모르고 한편을 뚝딱 보게 된다. 이 유튜버의 영상을 보면 초 단위 기획의 중요성을 알게 된다.

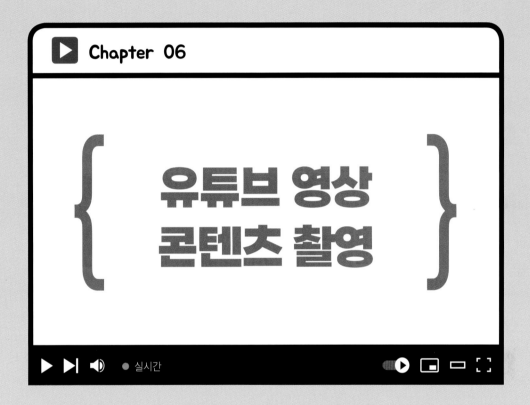

Chapter 06

{ 유튜브 영상
콘텐츠 촬영 }

▶ ▶❙ 🔊   ● 실시간   ◐ ▣ ▭ [ ]

▶▶▶ **Contents**

촬영 장비를 고르기 전에 알아둘 것

촬영 장비는 영상 콘텐츠의 화질, 음질, 색감 등을 결정짓는다. 좋은 영상 퀄리티를 얻고자 한다면 그에 걸맞은 장비를 갖추는 것이 필수라고 볼 수 있다. 다만 유튜브를 이제 막 시작하는 여러분에게 가장 필요한 것은 장비의 질이 아니라 영상의 질이다. 좋은 장비로 영상 퀄리티를 올리는 것보단 기획의 밀도를 높여 좋은 콘텐츠를 만드는 것이 더 중요하다는 것이다. 따라서 처음부터 비싼 장비를 고집할 필요는 없다.❗

촬영 장비에 대한 이해 없이는 촬영 장비를 고르긴 어렵다. 그래서 이 절에서는 어느 채널에든 두루 쓰이는 대표적인 촬영 장비를 소개하고 그 종류와 쓰임에 대해 정리하였다. 또, 촬영 장비를 고를 때 고려할 점과 주의점도 담았으니 참고해보길 바란다.

6.1.1 촬영 장비에 대한 간단 소개 (feat.기본 촬영 장비 3인방)

촬영 장비의 종류는 실로 다양하다. 장비마다 쓰임이 있고 사용 방법이 제각기 달라서 상당히 복잡하게 느껴질 것이다. 하지만 모든 장비가 어느 영상에든 쓰이는 것은 아니며 어느 영상에든 기본적으로 쓰이는 장비는 따로 있다. 그러니 어렵게 생각하지 말고 우선 세 가지만 확실하게 알아두자. 그 세 가지가 무엇이냐면 바로 카메라, 마이크, 조명이다.

카메라

영상 촬영에 사용하는 카메라의 종류는 실로 다양하다. 우리 일상에 빠질 수 없는 스마트폰부터 시작해 웹캠, 캠코더, DSLR, 미러리스, 액션캠 등이 있다. 저마다의 특성과 용도를 가졌기에 이를 잘 이해하고 콘텐츠의 특성에 따라 적합한 카메라를 고를 줄 알아야 한다.

처음은 스마트폰으로 시작하자

영상 콘텐츠를 만드려면 카메라부터 사야 할 것 같지만 사실 카메라는 스마트폰만으로도 충분히 제 역할을 할 수 있다. 그리고 처음부터 영상 콘텐츠에 욕심을 부리는 것보단 다양한 환경을 접해보며 많이 찍어보

❗ 영상 제작 경험이 쌓이다 보면 장비를 고르는 안목을 자연스럽게 체득하고, 필요한 장비가 늘어나게 될 테니 좋은 장비는 그때 가서 고민해봐도 늦지 않다.

는 것이 더 중요하다. 촬영 경험을 해봐야 카메라를 다루는 데 익숙해지며 내가 원하는 구도를 어떻게 잡을지, 내 콘텐츠에는 어떤 카메라의 특성이 잘 맞을지 등을 알게 된다(카메라 구매는 이때부터 해도 된다). 그러므로 처음에는 따로 카메라를 구매하지 말고 편하게 스마트폰으로 시작하길 추천한다.

스마트폰 이외의 카메라를 따로 가지고 있다면?

▣ 웹캠

아무리 최신 버전의 노트북이어도 내장 웹캠은 화질이 영 좋지 않기에 콘텐츠 제작에는 큰 무리가 있다. PC와 USB로 연결하는 외장형 웹캠은 FHD에서 4K까지 지원한다. 유튜버들이 선호하는 브랜드로는 로지텍이 있으며 5~10만 원대 FHD 화질의 웹캠, 20만 원대 4K 화질의 웹캠, 피사체를 따라 움직이는 트래킹 기능이 있는 40만 원대 웹캠까지 다양한 라인업이 있다. PC나 노트북 고정형으로 사용하기에 제한적이라는 단점이 있으며, 다양한 카테고리의 채널은 라이브 스트리밍용으로, 게임 카테고리 채널은 작은 PIP 화면 전용 캠으로 사용하기에 적합하다.

▣ 캠코더

영상에 특화된 카메라이다. 물론 대부분의 캠코더는 사진 촬영 기능도 제공하지만 태생 자체가 영상을 촬영하기 위해 만들어진 카메라이다. 렌즈 교환식이 아닌 본체와 렌즈가 일체형이라 고가의 렌즈를 추가로 구매할 필요가 없다. 하지만 그만큼 캠코더 자체 가격은 꽤 높은 편이다. 소니 일반 캠코더의 경우 쓸만한 모델은 최소 100만 원대에서 2~300만 원대까지 가야 한다. 캠코더는 유튜버가 촬영하기에 매우 편한 카메라이다. 조작도 쉽고 일부 미러리스에 비해 발열 문제가 덜해서 장시간 촬영도 가능하다.

▣ DSLR과 미러리스

1인 미디어 콘텐츠 유행 초기에 등장한 고퀄리티 영상은 대부분 DSLR로 촬영한 영상이었다. 캐논 5D MARK2(일명 오두막) 등은 유튜버의 드림 카메라였고 바디+렌즈만 해도 수백만 원에 달할 정도로 비쌌다. 요즘은 무겁고 부담스러운 DSLR의 단점을 보완한 미러리스 카메라를 압도적으로 선호하는 추세다. 미러리스도 렌즈 교환식이며 단렌즈, 줌렌즈, 망원렌즈, 광각렌즈 등 다양한 렌즈를 활용해가며 영상 콘텐츠의 표현력을 극대화할 수 있다는 장점이 있다. 최근 유명 브랜드 중 대표 모델의 발열 이슈가 있어서 많은 논란이 있으며 점차 개선된 모델을 내놓고 있으나 발열 이슈는 또다시 불거질 것으로 예상된다. 유튜버 커뮤니티나 DOF LOOK(도프룩) 카페 등에서 이슈나 뉴스를 확인하고 꼼꼼히 비교해봐서 구비하기를 권한다. 미러리스 대표 브랜드는 소니, 캐논, 파나소닉이며 이 중 필자가 선호하는 브랜드는 파나소닉 루믹스이다. 마이크로포서드 렌즈군이며 소니와 캐논 대비 극상의 가성비를 자랑한다. 루믹스의 단 하나의 오점이었던 AF(오토포커스) 기능도 최근 S5 MARK2를 출시하며 크게 개선된 것으로 알려진다. 가격은 2/3 정도로 낮지만 스펙에서는 압도적인 성능을 보여준다.

▣ 액션캠

액션캠은 바이크 라이더, 자전거 라이더, 스노우보더, 수상스키어 등 익스트림 스포츠 업계에서 촬영의 편의성을 위해 만들어진 카메라이다. '작은 크기에 방수에 강한 고화질 카메라'라는 특수한 니즈에 의해 액션캠이 탄생했고, '1인칭 시점을 보다 넓게 보여줄 것'이라는 니즈로 렌즈 기본 화각 자체가 광각화되어 출시됐다. 광각이라 유튜버가 보는 시점이 넓고 크게 보여지며, 셀프캠 촬영 시 팔을 쭉 뻗거나 셀카봉 등에 거치하지 않고도 본인 얼굴은 물론 뒷배경까지 모두 보이는 화각을 자랑한다. 현재는 기본, 망원, 광각을 모두 커버하는 스마트폰 카메라의 발전으로 시장에서 애매하게 포지셔닝된 추세다. 대표적인 브랜드로는 고프로와 소니가 있다. 이외에는 DJI 오즈모 포켓이 있는데, 이는 액션캠처럼 작지만 손으로 잡을 수 있는 핸드헬드 타입이고 3축 짐벌 기능으로 스테빌라이징 촬영(걸을 때 흔들림 없이 촬영)이 가능하다.

마이크

좋은 음질의 생생한 현장의 소리를 전달하고 싶을 때, 현장음은 전달하지 않고 목소리만을 전달하고 싶을 때 각각 다른 마이크를 선택해야 한다. 이처럼 사용 환경, 수음력, 콘텐츠 성격 등 다양한 요소를 함께 고려해야 하기에 마이크는 선택 조건이 까다로운 편이다. 또, 특성이 다양하여 마이크의 종류를 구분하는 기준도 각양각색이다.

수음 장치에 따라 구분: 콘덴서 마이크 VS 다이나믹 마이크

마이크에는 수음 장치█가 내장되었는데, 수음 장치의 종류에 따라 마이크의 종류를 콘덴서 마이크와 다이나믹 마이크로 나눌 수 있다.

▪ 콘덴서 마이크

콘덴서 마이크는 쉽게 말해서 전기를 공급해줘야 하는 마이크다. 고음질을 구현하는 것이 특징이며 수음력이 좋다. 수음력이 좋다는 것은 섬세한 소리를 잘 잡아낼 수 있다는 건데, 이를 달리 말하자면 작은 주변음도 잘 잡아내기에 노이즈나 울림이 잦은 환경에서는 사용하기 어렵다는 의미가 된다. 그래서 콘덴서 마이크는 조용한 환경에서 사용해야 하며 악기나 노래 등의 녹음을 할 때 사용하면 적절하다. 보통의 콘덴서 마이크는 전용 단자를 통해 PC나 카메라 장비에 연결하여 사용한다. 이런 번거로움을 줄이고 싶다면 USB 케이블로 연결하는 콘덴서 마이크도 있으니 참고하길 바란다.

▪ 다이나믹 마이크

다이나믹 마이크는 자가발전이 가능한 장치가 내장되어서 전기가 필요하지 않으며 내구성이 좋다. 다만 콘덴서 마이크에 비해 볼륨이 작고, 수음력이 약하기 때문에 섬세한 소리를 잡기 어려운 데다 일정 각도 내에서만 수음이 가능하다. 콘덴서 마이크에 비해 성능이 나쁜 것처럼 보이지만, 사실 다이나믹 마이크는 쓰기 나름이다. 수음력이 약한 점을 이용해 원하는 소리만 수음할 수 있고 주변 소음이나 울림의 영향을 덜 받을 수 있다. 그리고 하울링에도 강하다는 장점이 있다. 주변음 걱정 없이 내 목소리만 깔끔하게 담아내고자 할 때 유용하다.

█ 수음이란 소리로 된 신호를 받는다는 의미로, 방송·음향 업계에선 마이크로 녹음한다는 말보다 수음한다는 표현을 많이 쓴다.

수음 범위에 따라 구분: 지향성 마이크

지향성 마이크란 특정 방향에서 들려오는 좁은 각도의 소리만 선택적으로 수음할 수 있도록 만들어진 기다란 모양의 마이크를 말한다. 내가 원하는 소리만 선명하게 잡을 수 있어 ASMR과 같이 소리가 중요한 콘텐츠에 사용하기 적절하다.

사용 환경에 따라 구분: 실내 VS 야외

▪ 실내 촬영 마이크

촬영 환경이 실내일 경우 무엇보다 중요한 것은 실내 소음 컨디션이다. 우리 모두가 방음 처리가 된 스튜디오에서 촬영하는 것이 아니라 대부분 집에서 촬영하기에 소음 컨디션은 매우 중요하다. 아무리 좋은 고성능 마이크여도 소음 컨디션이 안 좋은 환경을 100% 커버할 수 없기 때문이다. 실내 소음을 줄일 수 있는 몇 가지 팁을 알려주겠다. 마이크는 가급적 화자(말을 하는 사람)의 음원에 최대한 근접하는 것이 좋다. 그리고 에어컨 등 가동 소음이 큰 기기들은 전원을 끄고 촬영하는 것을 추천한다.

실내 촬영 시 마이크는 스마트폰 촬영 시 스마트폰 내장 마이크, 외장 마이크가 있으며 콘덴서 마이크, 유선 핀마이크, 무선 핀마이크 등이 있다. 촬영기기와 음원이 가깝다면 내장 마이크로도 충분히 수음이 가능하다. 이 방식이 만족스럽지 않을 경우 외장 마이크를 사용하며, 샷건 형태의 콘덴서 마이크를 스마트폰과 연결하여 사용할 수 있다(마이크 단자 3극을 스마트폰 단자 4극으로 변환해주는 젠더를 이용하면 되며, 온/오프라인 어디든 쉽고 저렴하게 구매 가능). 3극 4극 젠더 케이블로 스마트폰과 콘덴서 마이크, 무선 핀마이크(라발리에 마이크), 유선 핀마이크를 연결할 수 있다. 스마트폰 외 미러리스, 액션캠 등 모든 촬영기기에도 동일하게 마이크를 연결해서 사용해보자.

▪ 실외 촬영 마이크

촬영 환경이 실외인 경우 촬영 난이도는 급격하게 올라간다. 실외 촬영은 바람 한 점 없이 좋은 날에도 얼마든지 태풍급의 바람이 불 수 있다는 가정하에 마이크 장비를 챙겨 나가야 한다. 그리고 실외 촬영에 가장 큰 영향을 주는 것은 바람이기에 윈드 실드는(마이크를 보호하는 솜 형태) 필수다.

브이로그 형식의 셀프캠으로 실외 촬영하는 경우 마이크는 유선 또는 무선 이어폰을 추천한다. 스마트폰 살 때 번들로 제공되는 이어폰이어도 무방하다. 카메라는 내가 보는 시점과 나를 비추는 시점으로 녹화되고, 내 귀에 체결한 유선, 무선 마이크가 음원과 초근접하여 수음하기 때문에 수월하게 촬영이 가능하다. 반면에 셀프캠이 아닌 누군가를 찍는 촬영 형식인 경우 얘기는 크게 달라진다. '누군가'를 출연자라고 가정하고 본인이 촬영PD 역할일 때는 촬영기기에 외장 마이크로 샷건형 콘덴서 마이크, 붐형 콘덴서 마이크를 연결해 최대한 출연자의 음원에 가깝게 촬영해야 한다. 바람 외 잡음이 많이 발생하는 환경(많은 사람들이 모여들었거나 소음이 큰 장소)일 경우 출연자 옷깃에 꽂는 형태인 라발리에 마이크(무선 핀마이크)를 사용하는 것이 좋다. 무선 핀마이크는 카메라와 연결하는 수신기, 출연자가 지니고 있는 송신기 이렇게 한 세트로 이뤄진다. 출연자가 말하는 오디오 소스의 송신기가 카메라와 연결된 수신기로 보내주는 방식이다. 주요 브랜드로는 소니가 있는데 건전지 먹는 하마이고 한 세트당 약 80~100만 원 정도로 고가라서 부담스러운 편이다. 최근에는 리튬 배터리가 내장된 20~30만 원대 저가형 무선 핀마이크도 많이 출시되고 있으며 가성비 좋은 장비로 알려져 많은 유튜버가 선호하는 추세다.

조명

장비가 있다고 모든 것이 해결되는 건 아니다. 조명이 잘 받쳐주면 영상의 분위기를 살리고, 유튜버의 얼굴을 더 예쁘고 밝게 보이도록 하여 영상 퀄리티를 올릴 수 있다.

조명도 모양과 크기에 따라 쓰임이 다르다. 이밖에도 밝기, 색온도, 방향과 각도, 눈부심 등이 제각각 달라서 사용 환경을 잘 고려해서 선택하는 것이 좋다.

조명의 위치에 따라 구분: 3점 조명(키라이트, 필라이트, 백라이트)

3점 조명(Three point lighting)은 전통적인 미디어 촬영 방식이며, 현재까지도 기본 중 기본으로 활용하는 조명 설정법이다. 3개의 조명을 유튜버 앞에 나란히 두는 경우 너무 많이 빛이 들어와서 피사체가 하얗게 보일 수도 있다. 3점 조명은 3개의 조명을 '나'를 기준으로 11시(앞 좌), 13시(앞 우), 19시(뒤 좌) 방향에 두는 것이다. 3개의 조명은 각자의 역할이 있다.

키라이트는 가장 메인이 되는 조명으로 보통 13시 방향에 위치시키며, 피사체를 가장 부각시키는 역할을 한다. 우리 유튜버가 셀프 촬영을 할 경우 자신 있는 얼굴 방향(좌우)으로 11시 또는 13시 방향에 키라이트를 두면 된다.

필라이트는 부각이 약한 키라이트 반대 방향에 위치시킨다. 키라이트가 비춘 방향에는 당연히 강하게 노출되는 반면, 반대 방향은 노출이 없는 상황이 연출된다. 이 경우 극적인 대비가 나타나 다소 어색한 느낌을 줄 수 있다. 이를 방지하기 위해 필라이트로 노출이 없는 부분을 약하게 채워준다. 그러면 키라이트가 비춘 부분과의 차이가 최소화되어 부드럽고 자연스러운 화면을 보여줄 수 있다.

백라이트는 내 뒷편 19시 방향에 위치시킨다. 앞에 키라이트와 필라이트만 있는 경우 입체감을 표현할 수 없다. 백라이트를 사용하면 내 왼쪽 어깨 부분에 음영이 생기며 나(피사체)와 배경이 분리되어 풍부한 입체감을 표현해주는 역할을 한다.

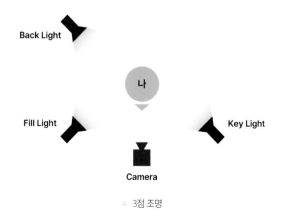

▲ 3점 조명

대표적인 촬영 조명 종류

■ LED 조명

가장 무난하게 사용할 수 있는 조명이다. 일반적으로 유튜버는 광량이 강한 조명을 선호하는 편이며 광량이 높을수록 좋은 것이 사실이다. 조명의 광량은 한마디로 정리하면 과유불급이다. 광량이 부족하면 카메라의 ISO, 셔터스피드, 조리개 등을 조절해서 밝게 해야 하는데, 이때 화질 저하가 일어날 수 있다. 육안으로 봤을 때 어두운 환경인데 카메라에게 인위적으로 밝게 찍으라고 명령한다면 카메라는 과부하가 걸리며 화질 저하 등의 현상이 발생한다. 반면 광량이 높은 경우 카메라는 부담이 없다. ISO 등을 조절하여 적정 노출값을 찾아서 촬영하면 된다. 즉 조명은 부족한 빛을 더해주는 역할을 한다. 빛이 많으면 광량을 낮추기 수월하지만, 빛이 적으면 없는 빛을 만들어야 하기에 만족스럽지 못한 결과물이 나올 수밖에 없다. 다만 광량이 높다 못해 과도한 경우 카메라 한계치 수준의 설정값으로 조정해봐도 과다 노출된다면 조명은 없느니만 못하다. 그래서 조명은 추가하는 것도 중요하지만 빼는 것도 중요하다고 말하는 것이다.

LED 조명은 높은 광량에 저전력이며 오랜 수명이 장점이다. 필자도 근 10년 전에 산 LED 조명을 아직까지도 사용 중이며 LED 램프 단 1개도 나간 게 없을 정도이다. LED 조명은 고가의 유명 브랜드보다는 30~50만 원 선의 중형 LED 조명을 권한다. 조명 선택 시 색온도(화이트, 옐로우) 조절이 가능한지, 광량 조절이 가능한지를 따져 구비하면 된다.

■ LED 지속광 조명

앞서 설명한 LED 조명은 작은 LED 램프가 수십~수백 개 박힌 조명이고, 지속광 조명은 큰 LED 램프가 단일로 박힌 형태의 조명이다. 외관으로 보면 소프트박스가 덮여 있는 것이 일반적이다. 단일 LED 램프의 광량은 매우 강력하기에 빛을 부드럽게 해주는 소프트박스를 함께 체결하여 사용한다.

30~50만 원선의 LED 조명이 부담스럽다면, 10만 원 내외의 LED 지속광 조명을 선택하는 것을 권한다. 한 세트에 LED 조명+소프트박스+조명 스탠드까지 함께 패키지로 판매하는 것이 일반적이며 합리적인 금액으로 구매할 수 있다는 장점이 있다.

6.1.2 촬영 장비 선택에 관한 조언

카메라를 고르기 전에 고려할 것들

어지간하면 스마트폰이 좋다

요즘 스마트폰들은 화질이 꽤 좋은 편이고, 촬영 기능에 다소 제한은 있지만 실내/야외 제한 없이 자유롭게 촬영할 수 있다. 촬영한 영상은 스마트폰 편집 앱을 이용해서 쓱쓱 편집하기도 좋다. 카메라 사용에 익숙하지 않다면 스마트폰을 이용하는 것이 훨씬 낫다.

카메라 스펙 따질 때 확인할 사항들

카메라는 유튜버의 메인 촬영기기이다. 카메라의 스펙을 따지는 것은 사실 비전문가인 우리 유튜버들에게는 오버스러운 행동일 수 있다. 실제로 다수의 유튜버는 카메라의 기능을 50%에도 못 미치게 활용하는 편이다. 그렇다면 카메라를 어떤 순서로 선택해야 할까?

2~3년 이내 출시된 대부분의 카메라는 4K 화질, 수천 만 화소, 60프레임 촬영 등 주요 스펙이 대동소이하다. 따라서 내 주요 콘텐츠의 성향을 바로 아는 것이 우선이다. 주제, 소재, 형식, 콘셉트 등의 여러 요소에 맞는 체급의 카메라를 선택해야 한다. 집에서 특정 주제를 리뷰하는 유튜버라면 가벼운 체급의 카메라를 선택하고, 특정 공정과 만들어진 결과물(제품 등)을 디테일하게 보여줘야 하는 유튜버라면 중급 수준의 카메라를 선택하는 식이어야 한다. 여행 브이로그 유튜버라면 여행 명소, 풍경 등을 넓은 화각으로 보여주고, 셀프캠도 촬영할 수 있도록 광각 렌즈군이 풍부한 바디를 선택해야 한다. 물론 지금 언급한 것은 단순한 예시일 뿐이다.

선택 순서를 정리하자면 아래와 같다.

> 내 콘텐츠에 맞는 카메라 체급 정하기(보급형, 중급, 고급) → 해당 체급에 속한 카메라 모델들을 브랜드별로 비교
> + 호환 렌즈군의 다양성 확인 → 가용 예산 범위 안에서 적당한 카메라 선택

렌즈 교환식 카메라는 브랜드와 렌즈 호환성을 따져보자

미러리스나 DSLR 카메라를 선택할 때는 브랜드와 렌즈 호환성에 대해 잘 물어보면서 구매하길 추천한다. 같은 브랜드일지라도 렌즈가 호환되지 않는 기종도 있기 때문이다. 그때 돼서 당황하지 말고 꼼꼼하게 확인하고 구매하길 바란다.

마이크와 조명은 전문가의 도움을 받아 고르자

시청 지속률을 높이기 위한 촬영 장비 고르기로는 아마 마이크와 조명이 가장 중요할 것이다. 카메라를 빠트린 이유는 요새 웬만한 스마트폰들은 화질이 꽤 좋아서 카메라를 잘 다루지 못한다면 오히려 스마트폰이 훨씬 좋고 편집할 때도 편리하기 때문이다.

마이크는 특히 신경 써서 구매해야 한다. 다른 촬영 장비에 비해 특성이 까다롭지만 잘 고르면 영상의 질을 효과적으로 높일 수 있기 때문이다. 마이크와 오디오 장비를 구매할 땐 전문가의 도움을 받기를 추천하며, 만약 장비 구매가 어렵다면 팀크리에이터 카페를 카페를 통해서 도움을 얻을 수도 있다(팀크리에이터 카페는 6.2절 마지막에서 소개하니 참고). 조명 또한 구입 시 가능한 촬영지에 대한 정보를 전문가에게 제공하고 구매할 것을 추천한다.

카더라 통신이나 협찬품에 속지 말자

별 생각 없이 카더라 통신이나 수십, 수백 만 구독자를 가진 유튜버들의 말을 믿고 분수에 맞지 않는 장비를 구매하는 경우가 있는데, 이는 어느 측면으로 보아도 손해가 될 가능성이 높다. 이와 관련해서 필자가 실제로 겪은 일을 예로 들어보겠다. 다양한 소식통의 말만 듣고 필자는 플루트 교육 콘텐츠 촬영을 목적으로 다음과 같은 장비들을 마련하게 되었다.

마이크	조명
• AKG C414XL II • 인프라소닉 UFO PRO X 블랙 에디션 • DEITY D4 DUO DEITY V-Mic D4 Mini • BY-WM8 Pro-K2 UHF Dual • BOYA BY-DM200	• 룩스패드 43 (4EA) • 링 조명 (1EA) • 백라이트 조명 (1EA) • 작은 면조명 (2EA) • 배경을 신비롭게 비춰주는 색조명 (3EA) • 사진관에서 사용하는 커다란 형광등 조명

딱 봐도 마이크와 조명이 많은 것을 볼 수 있을 것이다. 특히 조명이 필요 이상으로 많은데, 그 이유는 플루트 교육 유튜버로서 때때로 라이브를 진행하면서 조명 욕심이 부쩍 늘어난 탓이다. 심지어 위 표에 따로 정리하진 않았지만 캠코더와 카메라도 몇 대 보유하고 있다. 지금은 사용하기 어려운 오래된 모델에 이르기까지 비용을 합치면 2천만 원은 족히 넘을 것이다. 플루트 교육 콘텐츠를 얼마나 멋지게 찍어보려고 욕심을 냈는지 알만한 금액일 것이다. 하지만 결국은 대부분 스마트폰으로 촬영하고 편집하여 콘텐츠를 업로드하였다. 카메라에 비해 촬영과 편집이 훨씬 편리하기 때문이다.

내 상황에 맞추면서 소소하게 시작해보자

필자의 선배 유튜버들은 카메라부터 마이크 조명에 이르기까지 수많은 장비를 가졌는데, 그중 유독 애착을 보이는 장비가 있다. 아마 자신의 브랜딩을 위한 도구로 사용된 특별한 장비일 것이다. 이를 선택하기까지 상당히 깊은 고민이 있었으리라 생각한다.

하지만 마이크로 유튜버들의 형편은 그렇게 넉넉하지 않다. 금전을 쏟아내더라도 실제 수익과는 아직 꽤 거리감이 있기 때문에 투자를 하든 안 하든 고민이 많을 것이다. 한때 필자가 이런 저런 사람들의 말만 듣고 구입한 장비만 해도 1천만 원을 육박하는데, 이 장비들을 지금 중고로 내놓는다고 한들 200만 원 정도도 못 받지 않겠나 싶다(2년 전 구매한 장비들만 체크한 거라 생각하면 감가상각은 굉장히 쎈 편이다).

그리고 저렴하다고 아무거나 사다 보면 오히려 더 많은 돈이 들어가게 된다. 화면감 좋고 엄청난 구독자와 조회수를 자랑하는 유튜버들을 따라하려 하지 말고 내 상황에 따라 소소히 시작하는 것도 한 가지 방법이 될 듯하다.

6.2

촬영 장비 고르기

기본 촬영 장비 3인방을 알아보면서 촬영 장비의 종류에 따라 쓰임이 다르다는 것을 알게 되었을 것이다. 그렇다면 내 채널 촬영 장비는 어떻게 골라야 할까? 먼저 내 채널 카테고리를 정해야 한다. 그래야 카테고리마다 맞춤 장비를 추릴 수 있기 때문이다. 이번 절에서는 각각 다른 카테고리를 가진 채널 예시를 준비했다. 채널별 맞춤 장비 추천을 참고하여 여러분의 콘텐츠에 필요한 장비를 현명하게 구매할 수 있길 바란다.

당신은 어떤 유튜버인가요?

내가 어떤 유튜버가 되기로 결심했는지, 콘텐츠 기획을 하면서 정한 내 카테고리는 무엇이었는지 떠올려 보자. 나에게 필요한 모든 장비는 이에 따라 결정된다.

'플루트 교육'을 예로 들자면 관련 콘텐츠로 플루트 연주 녹음, 플루트 강의, 라이브(토크·인터뷰)를 생각해 볼 수 있다. 그렇다면 위 콘텐츠 촬영을 위해 필요한 장비는 무엇이 있을까? 각 콘텐츠의 특징을 떠올려보 면 아래와 같이 정리할 수 있다.

- 실내 촬영이 주로 이뤄지는 편
- 선명한 연주 녹음을 위해서는 지향성 마이크를 고려할 것
- 카메라 구입이 크게 필요하지는 않은 편. 주로 스마트폰이나 노트북 내장캠을 이용
- 고정 촬영을 위해 삼각대나 짐벌을 고려할 것
- 밝기가 고르고 눈부심이 적은 기본 조명이 필요

6.2.1 채널별 맞춤 장비 추천

브이로그 채널

브이로그는 야외 촬영을 하는 경우가 많지만 집에서 촬영할 일도 간혹 있다. 특별한 장비로 영상미를 담는 것보단 휴대 가능한 장비를 이용해 어느 상황에든 유연하게 촬영할 수 있는 것이 좋다.

카메라

스마트폰 카메라를 사용하기를 추천한다. 화면의 색감이나 밝기 조절에 크게 신경 쓰지 않아도 되기 때문에 스마트폰이 초보자들에게 좋을 수밖에 없다. 스마트폰으로 시작하다가 콘텐츠 제작에 어느 정도 익숙해지면 카메라를 구입하는 것이 바람직하며, 휴대성을 고려해 미러리스 카메라를 추천한다.

짐벌 혹은 셀카봉

기종에 따라서는 셀카봉이 스마트폰의 무게를 감당하기 어려울 수 있다. 그래서 셀카봉은 익숙한 사람에게만 추천하고 싶다. 그리고 촬영 범위를 넓게 쓰고자 한다면 짐벌을 사용하기를 추천한다. 아무거나 혹해서 사지 말고 정말 그 제품을 사용하는 사람이 추천하는 제품을 구매하자. 짐벌마다 제공하는 기능과 사용법이 다르니 이 점을 미리 확인해보는 것도 좋다. 필자 또한 남들이 좋다고 하는 짐벌을 구매하고 전혀 활용해보지 못하고 중고로 판매한 적도 있다. 장비를 고를 땐 신중을 기하기를 바란다.

> Tip　본래 짐벌(gimbal)은 카메라로 촬영할 때 흔들림을 최소화하는 목적으로 사용하였지만 요즘은 스마트폰용 짐벌이 따로 있다. 셀카봉처럼 스마트폰을 고정하고 축을 회전시켜서 다양한 촬영 각도를 세팅할 수 있다.

삼각대

스마트폰이든 카메라든 고정해서 촬영을 해야 한다면 당연히 그에 맞는 삼각대가 필요하다. 요즘 생각보다 튼튼한 경량 삼각대들도 많이 출시되고 있는데 그 이유는 무거운 삼각대를 들고 다니기 어려운 여성 크리에이터들을 겨냥한 것으로 보인다.

어떤 콘텐츠를 하든 삼각대는 두루두루 쓰이니 하나쯤은 갖추고 있으면 좋다. 삼각대를 구매할 때는 가격보다는 내구성을 따져보길 바란다(참고로 필자는 가격을 생각하고 1~2만 원대의 삼각대를 구입 후 스마트폰의 액정을 깨트릴 뻔한 적이 있다).

마이크

웬만하면 무선 마이크를 추천한다. 오디오가 깨끗하다는 장점과 뭔가 유튜버로서 갖춘 느낌이 들어서 좋다. 다만 건전지가 자주 닳는 편이니 건전지를 넉넉하게 구매해놓고 필요한 만큼 가지고 다니는 편이 좋다. 만약 충전용 무선 마이크를 구매하고 싶다면 구매 후기를 꼼꼼히 살펴보는 것을 권장한다.

조명

돌아다니면서 사용할 작은 조명이 있으면 좋다. 그리고 링 조명은 꼭 갖고 있자. 일명 뷰티 조명이라고도 불리는데 얼굴의 톤을 올려주고 잡티도 없애는 신박한 발명품(?)이 따로 없다. 다만 조명빨을 잘 받으려면 각도 연구가 나름 필요하다. 어렵더라도 이것은 자신의 몫임을 잊지 말자.

스마트폰 홀더 슈 마운트

아무리 가벼운 장비라 하더라도 스마트폰에 마이크와 조명까지 모든 것을 들고 다니며 촬영하기는 번거롭다. 그런데 이것들을 한 몸처럼 연결해서 들 수 있다면 어떨까? 카메라에 장착할 수 있는 액세서리로 슈 마운트라는 것이 있다. 카메라에 마이크와 조명을 장착할 수 있도록 하는 확장 브래킷이다. 이처럼 **스마트폰도 홀더에 장착하는 슈 마운트**가 따로 있다. **스마트폰 홀더 콜드슈 마운트 혹은 스마트폰 홀더 핫슈 마운트** 등으로 검색하면 구매할 수 있다.

먹방 채널

먹방은 브이로그와 비슷한 점이 많지만 다양한 각도의 영상이 필요한 점, 집에서 촬영할 일이 많은 점에서 촬영 방식에 차이가 있다. 그래서 사용하는 촬영 장비도 다르다.

먹방을 라이브 스트리밍으로만 진행하는 경우에는 촬영 환경에 따라 사용하는 프로그램이나 어플도 다르다. PC를 이용한다면 보통 PC 화면을 캡처하여 방송하거나 녹화용 프로그램(OBS Studio나 Xsplit Broadcaster)을 통하여 콘텐츠를 제작한다. 한편, 스마트폰을 이용한다면 유튜브에서 직접 라이브 스트리밍을 하기도 하고 프리즘 라이브 스튜디오(PRISM Live Studio)라는 어플을 이용하기도 한다.

> ▶ **알쓸 Tip** **라이브 스트리밍용 프로그램 이용 시 참고**
>
> 프리즘 라이브 스튜디오(PRISM Live Studio)는 사용법이 아주 직관적이라 바로 사용하는 데 무리가 없어보인다. 다만 OBS Studio나 Xsplit Broadcaster 프로그램은 초보자가 바로 사용하기는 어려울 수 있으니 전문적인 교육을 받거나 블로그, 유튜브를 통해서 학습하기를 추천한다.

카메라

PC로 라이브 진행할 경우에는 웹캠을 활용하는 것이 편하다. 여러 개를 연결해서 화면의 전환을 줄 수 있는데 지루할 틈 없는 화면 전환에 묘미가 있다. 웹캠은 4K 지원되는 것으로 확인 후 구매하는 것이 좋겠다.

카메라로 장시간 라이브 촬영을 진행하려 한다면 카메라 배터리가 걱정될 것이다. 이럴 때 더미 배터리를 이용하면 배터리 걱정을 한 방에 날려줄 것이다. 다만 카메라 기종마다 쓸 수 있는 것이 다르니 인터넷에서 카메라 모델명과 함께 더미 배터리라고 검색해서 찾아보길 바란다.

삼각대

PC 라이브의 경우 삼각대는 웹캠을 세워두는 용도로 스마트폰 홀더 혹은 웹캠과 삼각대를 연결할 수 있는 1/4 inch 구멍이 필요할 수 있다. 음식을 자세히 보여주기 위한 인서트용 웹캠에는 미니 삼각대를 이용할 수도 있다.

마이크

지향성 마이크로도 충분하다. 만약 PC로 하고 있을 경우에는 웹캠에 내장된 마이크를 그대로 사용하는 경우도 있다. 오디오에 민감한 시청자들을 위해 마이크를 구입하는 것도 고려해보자. 특히 먹방을 하면서 ASMR을 동시에 하려는 사람이 있다면 ASMR용 마이크를 검색해서 구매하길 바란다.

조명

음식 혹은 장소에 따라 적절한 색의 조명을 사용하여 음식이 맛있어 보이게 만드는 것이 포인트이다. 얼굴은 물론이고 음식까지 아름답게 비출 수 있는 링 조명과 면 조명 등을 추천한다. 면 조명은 부드러운 빛을 내는 조명으로 눈이 부시지 않는다는 장점이 있다.

> ▶ 알쓸 Tip ― **조명을 고를 땐 색온도를 따져보자**
>
> 조명은 주로 원하는 분위기에 따라 색을 연출하는 목적으로 쓰인다. 그래서 보통 조명을 고를 땐 색온도를 신경 쓰게 된다. 먹방 채널의 경우 하얀빛이나 노란빛을 띄는 은은한 조명으로 색온도가 6000K 미만인 제품을 고르길 추천한다. 6000K는 한낮의 자연광에 가까우며 그 이상으로 색온도가 올라가면 푸른빛을 띠어 차가운 분위기를 만든다. 반면 6000K 아래로는 색온도가 내려갈수록 노란빛을 띠어 따뜻한 분위기를 만든다.

넓은 데스크와 그릇

먹방을 보면 여러 음식을 보기 좋게 담아 한곳에 푸짐하게 올려놓고 우리의 시각을 자극한다. 음식의 배치를 넘어 연출을 좌우하는 면에서 책상과 그릇은 먹방 채널의 감초와도 같다. 많은 음식을 한 화면에 담아야 하다 보니 먹방에 사용하는 책상은 보통 책상보다 넓은 것을 선호하는 편이다. 그리고 높이 조절이 가능한 보조 테이블을 이용하기도 하는데, 먹을 때 음식이 튀지 않게 하고 인서트용 장면을 따는 데 부담을 줄이는 역할을 한다. 물론 책상 중에는 높이 조절이 가능한 모델도 있지만 처음부터 먹방을 위해 구매하는 것은 부담이 있으니 추천하진 않는다.

> Tip │ 정기적 대관을 통해서 콘텐츠를 촬영하고자 한다면 주방처럼 꾸며놓은 먹방, 요리 채널용 스튜디오도 있으니 유튜버 촬영 스튜디오를 검색하여 활용해보기 바란다.

PC

당연히 라이브를 위해서는 PC가 필요하다. 노트북이 아닌 데스크탑이 좋고, 가능하면 조립 PC로 맞출 것을 추천한다. 방송용 조립 PC를 검색하여 견적을 따져보고 현재 어도비 프리미어 프로(Adobe Premiere Pro)의 시스템 요구사항에서 4K 기준, 한 단계 이상의 스펙을 가진 PC를 구입하는 게 좋다.

어도비 프리미어 프로의 시스템 요구사항 확인하기

어도비 도움말 센터(helpx.adobe.com/kr) 접속 → 검색창에서 **프리미어 프로** 입력 → **Adobe Premiere Pro 시스템 요구사항 도움말** 클릭

▲ 어도비 프리미어 프로 시스템 요구 사항

화질이 좋은 캠을 하고 있어도 인터넷 속도가 느리게 되면 화질이 낮아진다. 그래서 인터넷 속도는 500메가 이상으로 맞추고, 1기가를 사용할 수 있는 지역이라면 1기가로 맞추는 것을 추천한다. 라이브에 특화된 유튜버라면 원활한 라이트 스트리밍을 위해 1기가 이상을 추천한다.

또한 공유기를 사용한다면 공유기의 지원 속도를 인터넷 속도에 맞춰야 한다. 예를 들어 인터넷 속도는 1기가인데 공유기의 최대로 지원하는 유선 속도가 500Mbps라면, 컴퓨터와 공유기를 연결했을 때 인터넷 속도는 500메가로 제한되어 버린다.

스위처

스위처(switcher)는 다중 카메라 촬영을 위해 사용되는 장비다. 편집 없이 다양한 화면 전환 효과를 적용할 수 있고 라이브 촬영 시 화면 스위처를 사용하면서 다양한 각도의 화면을 제공할 수 있어서 좋다. 사용법은 아주 직관적이라서 초보자도 쉽게 화면의 전환을 줄 수 있다. 4K 스위처를 검색하여 구매하면 된다.

인터뷰·토크·강의 채널

이 채널들의 생명은 오디오(Audio)다. 정확한 발음과 또렷한 목소리를 전달할 수 있도록 음향에 신경 써야 한다. 라이브의 경우 팟캐스트급의 음향 믹서기를 지니고 있으면 끊김 없이 깔끔한 음향을 전달하면서도 배터리 걱정 없는 방송을 할 수 있을 것이다.

카메라

인터뷰·토크·강의 채널 역시 PC로 라이브 진행한다면 웹캠을 활용하는 것이 편하다. 필요에 따라서는 여러 대의 웹캠을 활용해서 생동감을 선사해줄 수도 있다. 웹캠을 구매할 때는 4K 지원 여부를 확인하자.

방송용 음향 장비 (믹서기 + 마이크)

녹음용 장비의 처음은 스마트폰으로 시작해도 나쁘지 않다. 스마트폰 자체로도 꽤 괜찮은 소리를 녹음할 수 있다. 혹은 지향성 마이크를 사용해보는 것도 좋다. 좁은 공간에서의 인터뷰를 담을 때 방음에 문제만 발생하지 않는다면 충분히 자신의 역할을 할 수 있기 때문이다. 만약 마이크가 불필요하게 느껴진다면 현장 방음에 신경 써보자.

혹 방송 송출용 믹서기를 갖고 있다면 다양한 음향 송출이 가능하다(PC에서도 믹서 기능을 사용하는 방법이 있기는 하지만 깔끔함이 덜하다). 인터뷰는 깔끔한 목소리 전달이 매우 중요하기 때문에 이러한 음향기기를 갖고 있다면 훨씬 좋을 것이다.

조명

인터뷰 종류에 따른 다양한 조명을 사용할 수 있다. 혼자 출연해서 IT 강의를 하거나 토크를 하는 경우에는 조명에 신비감을 더해주기 위해 RGB LED를 사용하기도 한다. 삼점 조명을 이용하여 인물을 돋보이게 할 수 있다. 키라이트, 필라이트, 백라이트의 위치를 연구하고 인물이 예쁘게 화면에 담길 수 있도록 돕는 기본 조명이라고 보면 된다. 뷰티 조명을 활용하려면 은박지와 비슷한 반사판을 활용하면 되고, 빛 반사를 통해 피부를 더 좋게 보여줄 수 있다는 장점이 있다.

넓은 데스크

보통 깔끔한 화이트 데스크를 선호한다. 안정감 있는 화면이 나올 수 있고 더 전문적으로 보인다는 장점이 있다. 그리고 사소한 팁을 얹자면, 데스크에 노트북이 보여진다면 뭔가 더 있어보인다. 노트북 하나 놓았을 뿐인데 왠지 모를 비즈니스적인 느낌을 풍길 수 있고 겸사겸사 대본을 확인하는 용도로 많이들 이용한다. 최근에는 전동 데스크도 많이 활용하고 있다.

스위처

PC 화면과 카메라 혹은 웹캠을 연결하여 다양한 각도에서 현장감 있게 녹화 및 송출할 수 있는 장점이 있다. 강의 화면을 촬영해야 하는 경우에는 화상 회의 프로그램 줌(Zoom)을 활용하여 녹화하고 콘텐츠화하면 좋다.

자동차 채널

자동차를 소개하는 채널의 경우 본인이 촬영하고 본인이 출연하는 경우는 드물다. 이유는 촬영 자체에 신경 써야 할 부분이 다르기 때문이다. 본인이 출연하지 않는 자동차 화면만 존재하는 영상은 뭔가 딱딱해보일 수 있는 것이다. 이런 고민을 한 방에 없애는 방법은 본인은 따로 등장하는 것이다.

본인이 자동차를 찍으며 하나하나 설명한 영상에 화면만 따오고 현장 촬영을 하며 준비해둔 대본을 통해 본인 모습과 음성은 줌 강의를 하듯 우측 하단 작은 화면으로 크로마키를 실행한 후 덧입히는 방식을 추천한다. 그러면 자동차도 소개하면서 본인 얼굴도 알릴 수 있어 좋다.

참고로 대부분의 라이브 방송을 하는 유튜버들이 크로마키를 통해 자료를 함께 보여주면서 진행하고 있다. 이 정도의 자료로는 장비에 대한 궁금증이 사라지지 않았다 싶다면 네이버 카페 팀크리에이터에 가입해서 선배 유튜버들에게 컨설팅을 받기를 권장한다.

돈 버는 크리에이터 지금이 기회다 - 팀크리에이터

6.3
기본 촬영 전략

6.3.1 촬영에 대한 이해

촬영에 대한 이해 없이 내 마음대로 촬영을 하다 보면, 자신에게 익숙한 촬영 방법이 올바른 것이라 생각하고 변화 없는 화면을 고집하며 현실에 안주하게 될 것이다. 필자는 촬영을 올바르게 이해하고자 정말 많은 촬영 강의를 듣고 따라해봤다. 지금까지 경험상 유튜버들의 시선을 고려하면서 제대로 따라 배울 수 있는 촬영 강의를 해주는 사람 역시 유튜버였다. 필자가 촬영을 공부할 당시 이런 강의를 해주는 사람은 대부분 외국 유튜버였다. 언어 장벽 때문에 이들의 영상을 어떻게 이해하라는 건가 하는 생각이 들 수도 있다. 그러나 우리가 배우려는 것은 언어가 아니라 표현이다. 그들의 시선과 몸짓은 어떻고, 화면 분위기는 어떻게 전환하는지, 어떤 타이밍에 음향을 넣는지 등을 주목하라는 것이다.

촬영에 대한 이해를 높이는 가장 쉬운 방법은 역시 직접 따라하며 배우는 것이다. 그 시작으로 대박이 난 영상을 따라해보길 바란다. 물론 대박이 난 영상들은 촬영 장비도 좋고 어마어마한 구독자 수를 가진 유튜버일 가능성이 높다. 하지만 앞서 벤치마킹의 중요성을 여러 번 언급했듯이, 잘된 기획을 모방하고 실행에 옮겨보는 것만큼 스스로 실력을 빠르게 향상시키는 방법은 없다.

'이 화면이 좋은 화면같이 보이는 이유는 뭘까'라는 의문으로 시작해, 그 유튜버가 촬영을 하면서 고려해봤을 요소(자막, 음향 등)로는 무엇이 있을지 고민하고 연구해보기를 권한다. 이 과정을 반복하다 보면 촬영 현장에서 단순히 잘 찍는 것만 생각하는 것에서 더 나아가 편집에 유리한 촬영 방법은 무엇일지, 후반 작업(후작업)까지 내다볼 줄 아는 눈이 길러질 것이다. 이런 감각은 촬영을 폭넓게 이해하는 데도 도움을 주리라 생각한다.

- **자막**: 자막을 이렇게 넣으니까 보기 편하구나. 촬영할 때 이걸 생각하고 일부러 이런 앵글로 잡은 건가?
- **음향**: 배경 잡음이 들리는데 마이크 소리가 묻히지 않고 또렷하게 들리네. 마이크 소리를 따로 녹음한 거 같은데, 다음에 야외 촬영할 때 참고해볼까?
- **카메라**: 촬영 각도를 이렇게 주면 이런 연출도 되는구나.
- **카메라**: 움직이는 물체에 집중할 때는 카메라를 정지해야 잘 찍히는구나.
- **조명**: 이 위치에 조명을 사용하니까 입체감이 사네?
  (이외에도 화면의 진행과 촬영 각도, 피사체를 어떻게 두고 촬영하는지 등을 꼼꼼히 메모)

촬영 다음으로 이뤄지는 후반 작업(편집 등의 작업)을 후작업이라 한다. 촬영과 후작업은 하나의 결과물을 만들기 위해 이어지는 과정이다. 두 가지를 따로 여기지 말고 함께 생각해야 처음부터 끝까지 일관성 있는 방향으로 영상을 만들 수 있다.

유튜브를 너무 쉽게 시작하고 촬영 편집도 뚝딱 끝냈는데 누군가에게 보여주다 보면 왠지 부끄러워질 때가 온다는 것이 문제였다면? 지금이라도 늦지 않았다. 공부하자. 예를 들어 브이로그나 여행 유튜버라면 화면에 생동감이나 박진감을 더해주면 좋을 것 같다. 이러한 감각을 더하기 위해 화면의 진행이 어떻게 달라지고 어떤 방법으로 화면을 전환하는지 연구해보기를 추천한다.

6.3.2 예시로 이해하는 기본 촬영 전략

▒ **촬영 기획 예시문**

1. 좌측에서 등장한 피사체의 움직임을 함께 따라가면서 클로즈업한다.
2. 빠르게 움직이는 주인공의 춤사위를 중심에 두기 위해 함께 움직임을 지닌다.
3. 주인공이 스포츠음료를 마시는 장면에 목 넘김을 표현하기 위해 목을 클로즈업 한다.

6.3.3 알아두면 쓸모 있는 소소한 촬영 팁

촬영 시 모니터링은 필수

촬영 시 모니터링은 필수다. 필자는 매우 중요한 콘텐츠를 촬영하면서 마이크 수음이 되지 않아서 재촬영을 해야 했던 기억을 갖고 있는데 여분의 잭을 소지하고 있어야 하는 이유다.

스마트폰 촬영 팁 및 주의점

수직 및 수평 잡기

기본 카메라 앱의 설정에서 수직/수평 안내선 (혹은 격자) 기능을 켜보자. 안정적인 구도를 잡기 좋다.

촬영 비율

스마트폰을 가로로 든 상태에서 비율은 9:16으로 맞춰 영상을 촬영하는 것이 바람직하다. 비율을 1:1이나 혹은 Full로 맞추면 더 크게 나오지 않을까라고 생각할 수도 있는데 사실 그렇지 않다. 9:16은 PC 모니터와 TV 화면에 최적화된 비율이다. 그런데 이 비율을 벗어나면 스마트폰의 비율을 따라가게 된다(스마트폰의 세로 비율이 9:16 화면보다 약간 더 길다). 이 경우 가로나 세로에 빈 공간이 남아서 9:16처럼 화면에 꽉 차지 않고 오히려 더 작게 보인다.

해상도 설정

FHD 이상으로 설정하기를 권장한다. 프리미엄 스마트폰은 4K(UHD), 8K까지도 지원하는데 8K 촬영은 권장하진 않는다. 해상도가 높을수록 밀도 있는 영상미를 보여줄 수는 있지만 그만큼 배터리 소모가 심하고 촬영 파일 용량도 커진다. 스마트폰의 저장 용량을 잘 고려해보고, 고해상도 선택으로 발열이 심해진다면 잠시 열을 식힌 후에 촬영을 진행하는 것이 좋다.

촬영하기 전에 렌즈 닦기

손에 들고 다닐 일이 많다 보니 렌즈에 지문이 자주 묻게 된다. 이것이 카메라 화질을 떨어트리는 주범이기도 하다. 지문을 닦을 땐 안경닦이처럼 건조하고 부드러운 재질의 면을 이용하는 것이 좋다. 대충 옷이나 티슈도 쓱쓱 닦으면 카메라 렌즈에 스크래치를 낼 수 있기 때문이다.

영상 촬영 하면서 사진 찍기

영상을 촬영하는 중에 카메라 버튼을 누르면 영상 촬영을 멈추지 않고도 사진을 찍을 수 있다. 촬영 도중에 마음에 드는 구도가 나오거나 썸네일로 쓸만한 상황이 있다면 써먹어보자.

아이디어 벤치마킹 국내 유튜브 채널

영상 콘텐츠를 기획, 촬영을 하고 나면 유튜버들의 촬영 구도에 대한 이해도가 높아질 것이다. 특히 촬영 기획에서 다양한 촬영 방법들을 고려해보고 실제 촬영에 적용해봤다면 보기만 한 것보다 더 큰 깨달음을 얻었을 것이다. 하지만 그럼에도 뭔가 아쉬움이 들고 새로운 촬영 방법에 대한 갈망이 생길 수 있다. 그렇다면 좀 더 다양한 카테고리의 채널들을 보며 화면에 대한 분석 및 연구를 할 필요가 있다.

다음의 채널들을 참고하여 다양한 실전 기획을 해보길 추천한다.

<푸드킹덤 Food Kingdom> 채널 (youtube.com/@Food-Kingdom)

한국의 푸드 대표 채널인 〈푸드킹덤 Food Kingdom〉은 TV에서나 볼 수 있었던 대규모 식품공장의 식품 생산·제조 과정을 가감 없이 전달하며 대한민국의 푸드를 전 세계에 전하고 있다. 최근에는 해외 푸드를 소개하며 더욱 인기를 끌고 있으며 영상을 보면 내비게이션에 해당 영상에 소개된 식품공장 또는 식당을 한 번 찍어 보게 되는 마법과 같은 채널이다. 조금만 가까워도 당일 방문을 하게 되는 마법의 영상 콘텐츠가 꾸준히 올라온다.

일반인들은 생각하기 힘든 촬영 구도를 생각해내며, 프로세스 촬영 시 10시간 가량의 촬영을 여러 대의 카메라와 카메라맨의 투입으로 이루어내고 있다. 푸드킹덤의 커뮤니티 능력은 유튜브 커뮤니티 탭과 인스타그램 활용도를 보면 알 수 있고, 다양한 구독자 이벤트를 진행하며 댓글에 대해서도 활발하게 소통하고 있다.

<훈타민 Hoontamin> 채널 (youtube.com/@hoontamin)

〈훈타민 Hoontamin〉은 한국에 있는 외국 음식 소개 채널로 국내 여행 브이로그가 가끔 올라오는 채널이다. 본래 외국 뮤직비디오 영상 리액션 영상으로 인기를 끌었던 유튜버이고 현재는 국내외 음식을 소개하는 영상을 주로 업로드하고 있다. 콘텐츠 기획이 웬만한 방송국 수준이라 영상을 보는 내내 함께 여행을 하는 느낌이 드는 영상 채널이다. 최근에는 외국 여행 콘텐츠를 업로드하며 상승세에 있는 유튜버이다. 맛집 탐방부터 여행지의 동선까지 모조리 완벽에 가깝게 기획하고 실행하는 유튜버이며 필자와 함께 협업한 콘텐츠가 여러 개 올라와 있다.

<원샷한솔OneshotHansol> 채널 (youtube.com/@OneshotHansol)

〈원샷한솔OneshotHansol〉은 2022년 방영된 드라마 '이상한 변호사 우영우'로 인해 장애인에 대한 인식이 개선되면서 인기 수직상승한 채널이다. 원샷한솔은 후천적인 장애로 인해 13년 차 시각장애인이 되었지만 레버 시신경병증으로 눈 모양이 비장애인과 똑같아서 아직도 오해를 받고 있다는 유튜버이다. 장애인이라고는 느껴지지 않는 쾌활한 성격으로 무척이나 많은 사랑을 받고 있는 한국의 유튜버이다. 현재는 주로 사회실험 콘텐츠를 업로드하고 있는데 다양한 유명인들이 해당 채널에 출연하여 장애인에 대한 편견을 깨는 영상을 업로드하는 데 일조하고 있다. 구독자 10만 명이 되면 신청 가능한 실버버튼을 원샷한솔 또한 받았는데, 시각 장애인이기 때문에 점자로 된 실버 버튼을 요청했다고 하며 세계 최초로 수령했다고 한다.

<디바제시카DeevaJessica> 채널 (youtube.com/@deevajessica)

〈디바제시카DeevaJessica〉는 미스터리 사건에 대해 이야기하는 채널이며 매주 금요일마다 '금요사건파일'이라는 라이브 스트리밍을 진행한다. 현재까지 230만 명의 구독자와 11억 뷰 이상의 조회수를 기록하고 있다.

화면 좌측에 다양한 사진 자료를 올려야 하기 때문에 화면 우측에 스토리텔러가 위치하며 좌측의 자료 화면을 보면서 그 패턴을 이해한다면 콘텐츠 기획에 도움이 될 것이다. 현재 디바제시카 채널에는 디바달리아, 디바메이가 함께 활약을 하고 있다.

<Jasmine Choi 최나경> 채널 (youtube.com/@JasmineChoi)

〈Jasmine Choi 최나경〉은 현재 오스트리아에 거주 중인 플루티스트 최나경의 채널이다. 신시내티 심포니 부수석 시절 한국의 SBS TV 프로그램 스타킹에 출연하면서 대중들에게 알려졌다. 이후 수많은 방송국, 음악 잡지, 여성 잡지사들의 인터뷰를 진행하며 음악가로서는 물론이고 유튜버로도 엄청난 활약을 보여주고 있다. 현재는 한국과 외국에서 다양한 교본과 악보집을 출판하여 전문 음악가로 크게 성공한 유튜버의 모습을 보여주고 있으며, 쇼츠 영상을 통해 누구나 접근할 수 있는 재미있는 플루트 세계로 인도하고 있다.

<SIA 영상공작소> 채널 (youtube.com/@siasiasia)

〈SIA 영상공작소〉는 네이버 인플루언서이자 IT 테크 영상 크리에이터인 시아시아의 채널이다. 이 채널은 네이버 포스트와 블로그에서 큰 성공을 거둔 후 유튜브로 플랫폼을 확장하여 유명세를 타고 성장했는데, 영상 촬영과 편집 기술을 보면 하나하나 들여다보다 시간 가는 줄 모르게 된다.

<주당 김자케> 채널 (youtube.com/@gimjake)

〈주당 김자케〉는 방송국에서도 탐낼만한 맛집탐방 유튜브 채널로, 말맛이 매우 좋은 김자케의 특별한 입담과 더불어 맛있는 음식을 먹는 재미가 있다. 촬영의 진행과 각도는 물론이고 내레이션의 방법, 효과음까지 방송국에서 콜이 와도 이상하지 않을만한 기획과 콘텐츠를 자랑하고 있다. 주로 노포(오래된 점포)를 찾아다니며 한국의 맛과 유쾌한 술자리의 즐거움을 전하는 채널이다. 주당김자케 채널은 연관검색어에 대해 아주 잘 아는 전문가라고 볼 수 있는데 해당 채널을 검색하면 바로 뒤에는 지역명이 뜬다. 김자케라는 닉네임으로 브랜딩이 아주 잘 된 케이스라고 볼 수 있으며, 쇼핑몰을 별도로 운영하고 있는데 채널명에 맞게 다양한 주류는 물론 이밖에도 식품, 뷰티 상품을 판매 중이다.

<재미난 과학> 채널 (youtube.com/@funny-science)

〈재미난 과학〉 채널은 세탁기 영상으로 떡상한 채널로 쉽게 접할 수 있는 과학 이야기를 담은 채널이다. 시궁창보다 더러운 세탁기 청소 한 방에 끝내는 방법, 세탁기 문을 열어두면 생기는 놀라운 일에 대해서 재미있게 풀어 설명했다. 이 채널에는 인덕션, 식기세척기, 드럼세탁기, 무쇠냄비, 로봇청소기 등 주부들을 대상으로 하는 특별한 리뷰 영상과 제품 비교 영상들이 가득하다.

<살림톡> 채널 (youtube.com/@salimtalk)

살림에 대한 상식을 다이소 등의 아이템과 같이 소개하는 유튜버로 인스타그램에도 똑같이 업로드하고 있다. 누구나 필요하지만 잘 몰랐던 생활 상식들은 〈살림톡〉 채널이 알려준다. 한 영상을 보고 나면 너무 짧아서 다른 영상까지 들여다보게 되는 마법의 채널이다.

<랭킹스쿨> 채널 (youtube.com/@rankingschool1)

전혀 궁금하지 않았던 내용을 궁금하게 하는 썸네일을 만들어 클릭하게 만드는 마법과 같은 유튜브 채널 랭킹스쿨의 영상은 영순위라는 애칭을 지닌 구독자들이 애정하는 채널임에 틀림이 없다. 트렌드를 잘 아는 기획자의 꾸준한 랭킹 영상 업로드는 구독과 좋아요를 부른다. 한 번 보면 빠져들어 밤이 깊었다는 것을 깨닫지 못할 수도 있는 채널이다.

다양한 콘텐츠 기획과 화면 진행에 대해 관심을 갖고 자신의 채널에도 도입해볼 만하다.

<1분미만> 채널 (youtube.com/@1under)

〈1분미만〉 채널은 우리가 모르고 지나치기 쉬운 생활 정보를 1분 미만의 영상으로 알려주는 콘텐츠로 시작하였다. 현재는 2분이 넘는 영상도 자주 업로드되지만, 시간 가는 줄 모르고 여러 영상을 클릭하게 만드는 신박한 채널이다. 무려 198만 명의 구독자를 보유 중인 채널로 다양한 정보를 빠르게 전달한다. 썸네일도 그리 신경 쓰지 않는 느낌인데 어떻게 대박 났을까? 그것은 바로 영상 콘텐츠 기획에 있다. 촬영하는 콘셉트나 씬의 변화, 음향에 대해서도 자세히 체크해보자. 내레이션도 빠져들기 딱 좋은 목소리를 지녔다.

<인생을 바꾸는 지혜> 채널 (youtube.com/@5minute_wisdomm)

〈인생을 바꾸는 지혜〉는 10만 구독자를 달성한 채널인데, 특이한 점은 채널의 모든 영상을 AI 목소리로 더빙하고 있다는 것이다. 이 채널은 '5분 지혜'라는 이름으로 채널의 브랜딩을 하고 시작했으나 현재는 30분이 넘는 영상이 많아졌다.

사실 채널이 성장하다 보면 이렇게 영상의 길이를 늘이는 것에 대해 고민하게 되는 시점이 온다. 하지만 필자의 경험으로 볼 때 짧은 영상에 익숙한 구독자들에게 긴 영상을 제공하는 것은 유튜버의 욕심일 뿐이다. 아무리 좋은 콘텐츠라도 노출과 시청 지속률이 떨어지는 것을 경험하게 되기 때문에 이 부분은 참고하기 바란다.

<떠나자!영맨> 채널 (youtube.com@YoungMan_Trip)

다양한 맛집과 핫플레이스를 평정하고 있는 〈떠나자!영맨〉 채널은 기분 좋은 영상 콘텐츠를 통해 직접 여행을 다녀온 느낌이 들게 하는 마법의 영상 편집 기술을 지닌 채널이다. 빠른 화면 전환이 중요하다는 생각이 들고 유튜버의 표정이 참 중요하다는 생각이 든다. 여행을 사랑하는 남자 영맨의 여행은 다양한 화면 전환과 내레이션을 본받을 만하다.

<오늘무해 프라우허> 채널 (youtube.com/@frauheo)

프라우허는 사람의 심리를 너무나 잘 간파한다. 너무 좋은 채널이다. 솔직히 영상 하나만 봐도 구독을 누르게 되고 채널에 자주 찾을 수 밖에 없다. 얼굴이 가끔 나오고 주로 뒷모습 또는 피사체를 클로즈업한다. 이 채널의 장점을 꼽자면, 일단 말맛이 정말 좋다. 더빙의 효과도 있으나 대본을 잘 쓰기 때문일 것이다. 이 채널은 환경에 대한 생각과 집안 살림의 생각을 나누는데, 누구나 쉽게 공감할 수 있는 요소로 인해 상당한 수익을 얻고 있을 것으로 생각된다.

<센트위키 Beauty> 채널 (youtube.com/@scentbeauty)

어렵고 낯설게 느껴지는 향수를 초보자도 쉽게 이해하고 연상할 수 있도록 설명하면서 전문가의 지식도 꼼꼼히 전달하는 센트위키는 향수 영상 대백과사전을 목표로 세상의 모든 향을 리뷰하는 채널이다. 고퀄리티의 영상은 기본이며, ASMR로도 손색 없는 목소리를 가져 영상에 더 집중하게 만든다.

<더프레젠트> 채널 (youtube.com/@thepresent_somi)

물건이 아니라 공간의 용도의 가치를 찾는 채널이다. 온라인 코칭으로 수납 정리 홈스타일링 인테리어 코칭을 진행하고 있으며 이 채널은 AI(인공지능)의 교육 자료로도 계약되어 사용되고 있다. 정리를 넘어 가구 구성원의 발달 주기에 맞게 공간을 다시 편집하는 과정을 콘텐츠에서 만날 수 있다. 공간과 물건을 넘어 사용자의 삶을 정리하는 삶과 사람, 공간의 가치를 더하는 채널이다.

\<묘통령 Cat President> 채널 (youtube.com/@CatP1)

1인 영상 크리에이터인 〈묘통령〉 채널의 강점은 취재력이 돋보이는 현장성 있는 촬영 스킬이다. 채널 콘텐츠 영상으로도 올려진 영상 중에는 극장 개봉 다큐멘터리 영화 공동 촬영감독 1편, 극장 개봉 예정작 1편이 있을 정도이다. 휴머니즘과 감동 그리고 현장감 가득한 날것 그대로의 반려동물 콘텐츠를 원한다면 이 채널을 추천한다.

\<마청플, 마이청약드림플레이스> 채널 (youtube.com/@myplace4307)

부동산과 아파트 청약을 도와주는 채널 〈마청플〉은 서울/경기/인천 지역에서 나오는 아파트 청약지를 분석, 현재 시장 분위기와 동향, 전략까지 다루는 등 자신만의 노하우와 전문성을 펼쳐 부동산 전략가로 인정 받고 있다. 부동산으로 실패하지 않고 싶다면 꼭 챙겨봐야 할 채널이다.

\<꾸꾸까까> 채널 (youtube.com/@kkkkfather)

국내 유일, 한복 입고 산책하는 미어캣을 볼 수 있는 유튜버 〈꾸꾸까까〉 채널에서는 사람만 보면 일단 키스부터 갈기고 보는 애교 만점 미어캣 켈로그와 집사만 보면 목욕 의자에 들어가 숨는 겁쟁이 동생 오레오, 그리고 그들의 똥을 치우는 똥치우개 집사가 출연한다. 〈동물농장〉, 〈애니멀시그널〉, 〈냥이와 멍이〉 등 동물 프로그램에도 출연하는 등 다양한 활동을 하고 있으며 사고뭉치 아이들의 영상을 보고 있으면 근심 걱정 내려놓고 아빠 미소를 짓게 된다.

\<복원왕 Restoration King> 채널 (youtube.com/@rkk)

우리에겐 과거지만 그들에겐 현재였다. 무채색 세상에 살던 그들을 현실의 컬러 세상으로 소환한 유튜버가 있다. 〈복원왕〉은 과거의 사진인 동시에 시대와 부대끼며 사는 우리의 영상들 흑백사진을 컬러로 복원하는 과정을 보여주는 신기한 채널이다. '오래되고 빛바랜 사진을 그때 사람들이 보았을 색으로 복원하면 어떨까?'라는 호기심으로 흑백사진을 컬러로 복원하기 시작했다고 한다. 색을 입혀 새롭게 탄생한 '컬러' 사진 속에는 지금은 찾아보기 힘든 물건, 건물, 교통수단, 의상, 직업에 이르는 다양한 우리의 역사와 문화를 선명하게 볼 수 있다. 시간이 정지된 채 박제된 흑백사진에선 느낄 수 없던 사람 냄새가 나는 이야기를 다루는 채널이다.

\<사심방송 : 사람들의 심리> 채널 (youtube.com/@privatepsychology)

다양한 사람들의 심리를 다루는 유튜브 채널 〈사심방송〉은 화제의 영화, 드라마, 예능 속 인물 혹은 캐릭터를 분석하여 사람 심리를 이해하는 흥미로운 방송이다. 주로 다양한 심리 전문가들과 함께하는 인터뷰 콘텐츠를 진행하며 인간관계, 연애, 소통에 대한 고민 상담 등 우리 삶에 아주 밀접하고 유익한 정보를 주는 채널이다

\<김씨네 재봉틀 kim's sewing\> 채널 (youtube.com/@Kimsewing)

불과 1년 전에는 3천 명이었던 구독자가 어느새 40만 명을 향하고 있다. 이 채널은 재봉틀과 함께 무언가 만들어가는 것에 소소한 행복을 느끼며 그 행복을 나누기 위해 콘텐츠를 제작하는 채널이다. DIY라는 키워드를 통해 접속한 시청자들이 구독과 알림 설정까지 누르게 된 이유는 무엇일까? 아마도 누구나 쉽게 무언가 만들어 가며 행복한 세상을 만들기를 바라는 유튜버 김씨네 재봉틀의 마음이 전해졌기 때문이라고 생각된다.

\<그리새\> 채널 (youtube.com/@ArtGRS)

우연히 행복해지다(우연한 기법으로 탄생하는 그림에 행복을 느끼는 것)라는 표어가 인상적인 그림 채널이다. 미술 보조제나 도구를 이용해 누구나 그림을 그릴 수 있도록 쉽게 알려주며 서양화 작가의 노하우와 팁이 가득하다. 색 만들기와 탄생화 그리기 등 그림 콘텐츠를 기반으로 하며 다양한 그림 기법 및 전시, 작가의 이야기가 담겨 그림으로 행복과 힐링을 전한다.

Chapter 07

{ 유튜브 영상
콘텐츠 편집 }

▶ ▶❘ 🔊 ● 실시간

◐ ▣ ▭ ⌞⌝

▶▶▶ **Contents**

편집이 늦어지는 이유는 무엇일까?

7.1.1 편집 전 해야 할 일

편집 전 해야 할 일은 당연히 꼼꼼하게 기획서를 들여다보는 것이다. 그리고 필요한 자료를 수집하고 촬영물을 체크하며 편집을 해나간다. 최근 트렌드를 보면 숏폼의 전성시대라고 해도 과언은 아니다. 하지만 숏폼 영상이라고 해서 영상 편집이 마냥 쉬운 것은 아니다. 오히려 더 어려울 때도 많다. 짧기 때문에 포인트가 없거나 지루하면 더욱 안 되고, 생동감 있게 그려내면서 박진감을 더해줘야 하기 때문에 편집 시 장면 전환과 음향 효과를 더욱 신경 써야 한다. 물론 기획 당시에는 생각하지 못했던 화면 전환이나 음향 효과를 사용하게 될 수도 있다. 편집을 하다 보면 아이디어는 점점 발전할 테니 말이다.

그리고 **썸네일과 제목을 다시 한번 체크해볼 필요가 있다.** 썸네일과 제목은 영상의 첫인상이라 하였다. 영상 내용의 핵심을 한눈에 보여줌으로써 시청 여부를 가른다. 또, 이와 더불어 확인해야 할 것이 있는데 바로 **저작권**이다. 특히 편집 전 모아놓은 수많은 영상과 오디오, 폰트 중에서 저작권에 대한 문제가 발생할 수 있는 점은 없는지 충분히 확인해야 한다. 좋은 음악과 예쁜 폰트를 무료로 푼다 해서 함부로 가져다 쓰지 않도록 주의하자. 유튜브에서 무료로 제공하는 음원 이외에는 의심해볼 필요가 있고, 폰트는 이용 가능한 영역이 제각각 다르고 이용 기한이 갑자기 만료되는 경우도 있으니 이용 조건을 잘 체크하기 바란다. 저작권에 대한 걱정이 많다면 폰트 사이트에서 월정액을 내고 유료 버전을 사용하는 게 가장 안전하다.

7.1.2 편집 작업이 지연되는 이유는 무엇일까?

이렇게 할지 저렇게 할지 고민이 머릿속을 맴돌아서 편집 작업에 진전이 없다면 그 원인은 기획에 있다. 기획부터 촬영, 편집 작업은 한 몸처럼 따라간다. 쉽게 말하자면 기획은 콘텐츠 제작의 뼈대를 세우는 기초 공사이며, 기획이 바로 서야 모든 작업도 제대로 설 수 있다. 그렇지 못하면 모든 것이 잇따라 허물어지기 마련이다. 그리고 단순히 생각만 하는 것과 직접 실행하는 것은 많이 다르다. 언제든 예기치 못할 변수가 생길 수 있고, 그에 대한 대비가 없으면 상황에 휩쓸리기 마련이다. 따라서 시간을 가지고 충분히 기획하여 콘텐츠의 기본 구성을 반드시 갖추어야 한다.

7.1.3 콘텐츠의 기본 구성을 탄탄히 잡는 3가지 기획 양식

콘텐츠의 기본 구성을 탄탄히 잡으려면 어떤 준비가 필요할까? 보통 기획서를 떠올리겠지만 콘텐츠의 주제, 성격 등에 따라 필요한 양식이 다를 수 있다. 필자는 콘텐츠 기획에 관련해 보통 세 가지 문서를 작성하는데, 혹 편집에서 막힌 경험이 있다면 아래의 작성 예시를 확인 후 자신만의 좋은 기획서를 만들어보길 바란다.

> **Point** 다음의 기획 양식은 단순히 나를 위해 작성하는 것이 아니라, 콘텐츠 제작에 얽힌 이해관계자와 커뮤니케이션을 하는 데 필요한 수단이 될 수 있다. 그러므로 누가 봐도 이해할 수 있도록 작성하는 것이 중요하다고 생각한다.

시나리오 기획서

콘텐츠 기본 구성을 탄탄히 잡는 첫 번째 기획 양식은 시나리오 기획서이다. 아래는 필자가 임의로 작성한 시나리오 기획서 초안이다.

콘텐츠명 / 카테고리	유튜브의 정석 / 교육
제목 (가제)	유튜버로 성공하기 + 2023 유튜브 영상 콘텐츠 잘 만드는 법
썸네일 이미지(초안)	
콘텐츠 방식 (나만의 차별점)	인터뷰 방식 / 빠른 영상 인터뷰 전개로 지루할 틈 없게 함
참고 영상 유사한 영상 링크	https://youtu.be/XXXXXXXXXXX
촬영 장소 / 촬영 장비 출연자 명단	7층 파트너스 스페이스
	Sony 6400A / SONY A7S3 / Sony 무선 마이크 / 삼각대 2개 / 조명 3개
	이종석, 김형우 출연

채널 분석표

두 번째 기획 양식은 내가 닮고 싶은 채널을 분석하는 표다. 평소 다른 채널의 콘텐츠를 보면서 인상 깊은 점이 있었다면, 스크랩만 하지 말고 채널과 영상을 뜯어 보고 다음과 같이 기록을 해보자. 이 과정에서 여러분은 다른 채널의 기획은 어떻게 이루어진 것일지 생각하고 내 콘텐츠 기획에 적용할 수 있는 점은 무엇일지 힌트를 얻을 수 있을 것이다.

채널명	○○구조대
주소	https://www.youtube.com/XXXXXXXXXXX
구독자 수	xxx만 명
인기 영상 (조회수 순위)	
채널 특징 영상 특징	이해를 돕는 이미지와 표를 제시하여 영상을 제작함 선명한 목소리와 빠른 전개로 지루할 틈 없음
적용할 점	1. 썸네일 제목의 통일성이 마음에 들었음 2. 빠른 전개를 위해 초 단위 기획의 중요성을 깨달음 3. 목소리 녹음 후 목소리 편집으로 지루할 틈 없는 영상 제작에 도전 4. 이미지만으로도 애니메이션과 같은 영상의 느낌을 줄 수 있음을 깨달음

촬영 후기

마지막 기획 양식은 촬영 후기다. 후기치고는 다소 건조한 느낌이 드는 양식이지만 중요한 건 이를 통한 체계적인 콘텐츠 관리 및 셀프 피드백이다. 촬영 후기를 통해 촬영 당시 어떤 생각을 했는지도 알 수 있지만, 촬영하며 놓친 부분도 보완할 수 있고 기획한 대로 방향이 잘 유지되는지도 점검할 수 있다.

촬영/편집 일정	2024년 2월 20일 오후 4시~6시 (촬영)	2024년 2월 22일 오후 5시 (편집 완료)
업로드 일정	2024년 2월 23일 오전 9시 업로드	
동시 업로드 플랫폼	유튜브 / 네이버TV / 틱톡 / 페이스북 / 인스타그램 / 트위터	
수익화 플랫폼	네이버 블로그 / 티스토리 블로그 / 카카오뷰 발행	
느낀 점	컷 편집 시간이 생각보다 많이 들어갔음 초 단위 기획 후 초 단위 촬영이 좀 더 정확해야겠다는 생각이 들었음 2번 카메라에서 오디오 수음이 전혀 되지 않아서 영상의 싱크를 맞추기가 어려웠음 다음 촬영 전까지 오디오 잭을 교체해야겠음	

알쓸 Tip **탄탄한 콘텐츠 기획 및 관리의 중요성**

촬영 후기 작성 예를 보면, 수익 유튜버로서 관리하는 동시 업로드 플랫폼과 수익화 플랫폼이 생각보다 많다고 느꼈을 것이다. 그리고 한 번의 실수가 다음 단계에 영향을 주어 작업 지연 문제로 이어질 수 있음을 알게 되었을 것이다(참고로 필자는 오디오 수음 문제를 계기로 촬영 전 장비 점검의 중요성을 알게 되었다).

여러분도 콘텐츠 제작 경험을 쌓다 보면 예기치 못한 문제를 종종 만나게 될 것이다. 기획과 구성을 탄탄하게 하는 것, 그리고 번거롭더라도 체계적인 관리를 통해 실수를 줄이는 것이 얼마나 중요한지 몸소 알게 될 것이다.

그리고 콘텐츠 기획 시 영상의 특성과 영상 플랫폼별 특징도 고려하길 바란다(5.3.1에서 쇼츠 영상과 롱폼 영상의 특성을 다뤘다). 영상 플랫폼마다 업로드 가능한 영상의 조건(영상 길이, 영상 화면 비율 등)이 다르기 때문이다. 아래 정보를 참고해보자.

	플랫폼별 영상 업로드 방법 및 특징
유튜브	• **가로 영상**: 영상 길이가 1분 이상의 영상 콘텐츠를 제작할 때 사용 • **세로 영상**: 주로 1분 미만의 쇼츠 영상을 말하며 1분 이상의 영상도 제작 가능하며 1만 이상의 구독자를 보유하고 있다면 스토리 영상으로 업로드 가능 (세로 영상 또는 정사각형 영상)
네이버TV	• **가로 영상**: 영상의 길이와 관계 없이 업로드 • **세로 영상**: 네이버모먼트에 업로드 (블로그에 해당)
틱톡	• **가로 영상**: 업로드 시 세로 영상으로 바뀜 (위아래 빈 공간을 채워서 업로드됨) • **세로 영상**: 그대로 업로드하거나 위아래 제목이나 내용을 넣어 업로드
페이스북	• **가로 영상**: 영상의 길이와 관계없이 업로드 • **세로 영상**: 스토리 영상으로 업로드 (※인스타그램과 연동 가능)
인스타그램	가로, 세로 상관없이 릴스로 인식되어 업로드됨 (※ 페이스북과 연동 가능) 별도 사진과 업로드 가능한 장점이 있는 플랫폼
X (구 트위터)	가로, 세로 상관없이 업로드되며 영상과 별도로 사진을 업로드할 수도 있음 단, 타 수익 모델과 대비했을 때 수익 배분 조건, 방식 등이 국내 환경에 적용하기 까다로워서 수익 모델로는 권장하지 않음

콘텐츠 편집을 위한 도구 및 서비스

7.2.1 기본 영상 편집 프로그램 및 앱

영상 편집

추천 **블로** (vllo.io/?lang=ko)

스마트폰용 어플에서 가장 좋은 영상 편집기이다.
평생 버전이 가장 저렴하기 때문만은 아니다. 자주
업데이트되면서 사용자의 편의를 도와준다.

[앱 다운로드 QR 코드]

구글 플레이

앱 스토어

▲ 블로 홈페이지 메인 화면

추천 **키네마스터** (kinemaster.com/ko)

키네마스터는 스마트폰 영상 편집 앱 중 가장 많은
사용자를 보유하고 있다. 다양한 템플릿과 효과를
이용해 퀄리티 있는 편집을 할 수 있다. 초보자 입
장에서는 다루기 약간 어려울 수 있으나 편집기를
다뤄본 사람들이라면 키네마스터에 적응하는 편
이 낫다고 본다.

[앱 다운로드 QR 코드]

구글 플레이

앱 스토어

▲ 키네마스터 홈페이지 메인 화면

캡컷 (capcut.com/ko-kr/)

캡컷(CapCut)은 틱톡 편집 앱으로 알려진 무료 편집 앱이다. 영상 편집 기능은 기본으로 제공하며, 유저들이 직접 만든 다양한 템플릿(음향 및 편집 효과가 들어간 틀)을 이용해 요즘 유행하는 콘텐츠를 손쉽게 만들어낼 수 있다. 캡컷은 스마트폰 앱과 PC에서 사용 가능하며 서로 연동할 수 있고, 직관적인 인터페이스를 가져 누구나 쉽고 빠르게 편집할 수 있다.

▲ 캡컷 홈페이지 메인 화면

Tip 캡컷에서 인기가 많은 템플릿은 숏폼 콘텐츠 트렌드에도 영향을 주기도 한다(예: 박자 편집, 슬로우 모션).

[앱 다운로드 QR 코드]

구글 플레이

앱 스토어

다빈치 리졸브 (blackmagicdesign.com/kr/products/davinciresolve)

다빈치 리졸브(DaVinci Resolve)는 편집은 물론 색 보정, 모션 그래픽, 오디오 등의 후반 편집에 강한 영상편집 프로그램이다. 윈도우/맥OS 지원이 가능하며 무료로 사용할 수 있다는 것이 장점이다.

▲ 다빈치 리졸브 홈페이지 화면

비타 (vday.io)

비타(VITA)는 직관적인 편집 구조를 가진 영상 편집 앱이다. 생동감 있고 풍부한 영상 효과, 다양한 폰트와 스티커 등을 제공해 스마트폰으로도 전문적인 느낌의 영상, 인스타 감성의 영상을 만들 수 있다. 또한 음악이나 효과음을 자유자재로 넣을 수 있고, 콜라주처럼 영상 위에 또 다른 영상이나 사진을 덧대어 신선한 느낌을 연출하는 것도 할 수 있다.

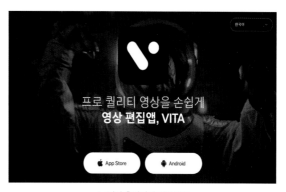

▲ 비타 홈페이지 메인 화면

[앱 다운로드 QR 코드]

구글 플레이

앱 스토어

비디오쇼 (videoshowapp.com)

비디오쇼(VideoShow)는 원클릭 영상 제작 기능이 있는 영상 편집 앱으로, 스마트폰으로 만든 영상이라고 믿어지지 않는 수준의 템플릿을 두루 활용해 볼 수 있다. 다양한 기능을 활용하여 좋은 아이디어를 얻을 수 있다.

▲ 비디오쇼 홈페이지 메인 화면

[앱 다운로드 QR 코드]

구글 플레이

앱 스토어

비디오립 (videoleapapp.com/)

비디오립(Videoleap)은 고퀄리티 동영상을 빠르게 만들어주는 영상 편집 앱이다. 유료 서비스인 점은 아쉽지만 사용하기 좋은 앱임에는 틀림없다.

▲ 비디오립 홈페이지 메인 화면

[앱 다운로드 QR 코드]

구글 플레이

앱 스토어

영상·그래픽 종합 서비스

어도비 크리에이티브 클라우드 (adobe.com/kr/creativecloud.html)

크리에이터라면 모를 리 없는 어도비의 다양한 프로그램을 사용해보면 어떨까? 클라우드 기반의 솔루션인 어도비 크리에이티브 클라우드(Adobe Creative Cloud)는 멤버십 구독 시 포토샵은 물론, 일러스트레이터, 프리미어 프로 등 영상·그래픽 분야에 이용 가능한 프로그램을 다양하게 제공한다. 이 서비스는 유료로 제공하는데 평생 구매 버전이 없고 월 구독료가 비싼 편이다.

> **Tip** 블랙프라이데이를 노려서 할인된 가격으로 구매하거나 결제 후 플랜 취소를 이용해 할인 혜택을 받을 수 있다.

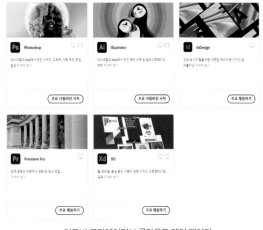

▲ 어도비 크리에이티브 클라우드 메인 페이지

자막 편집

뱁믹스 (vapshion.com/vapshion3/download.php)

영상 용도에 맞는 요즘 자막 디자인을 고민하고 있다면, 혹은 국내 유명 예능 자막을 따라하고 싶다면 뱁믹스를 추천한다. 뱁믹스는 자막 작업에 특화된 영상 편집 프로그램으로, 다양한 자막 템플릿을 제공하고 간편한 편집 기능을 가졌다. 다만 연 구독 비용이 비싼 편이라 초보 유튜버에게는 부담이 클 수 있다. 처음에는 무료 자막을 이용하고, 자막샵에 올라온 자막 스타일을 살펴보면서 트렌드를 알아가는 것이 좋다. 그러다 영상 편집에 익숙해지고 내 콘텐츠를 꾸준히 가꿔 전문 유튜버로서 활동할 것이라면 구매해보길 권장한다.▐

▲ 뱁션 홈페이지를 통해 뱁믹스로 들어갈 수 있다

▐ 차후 음성을 텍스트로 변환하는 기술을 활용해 자막을 생성하는 서비스도 소개할 것이다. 자막 생성 서비스를 이용해보고 싶다면 참고해두길 바란다.

7.2.2 영상 소스 제공 서비스

좋은 영상이 나오기 위해서는 좋은 정보력이 뒷받침되어야만 한다. 유료 버전의 사이트를 결제하면서도 좋은 이미지와 영상을 얻지 못하는 사람들이 있는데 이는 사이트별로 다양한 이미지와 영상을 제공하고 있기 때문이다. 결국 편집을 하다 보면 밋밋한 화면에 입체감을 더하는 이미지나 영상을 넣고 싶어지는데 그때를 대비하여 미리 유·무료 사이트를 즐겨찾기 해두자.

먼저 소개한 편집 프로그램에서는 기본적으로 이미지나 영상 무료 음악, 효과음, 폰트 등을 제공한다. 하지만 유료 버전은 그보다 더 많은 것을 제공하니 자신의 상황을 고려해서 구매해보는 것도 좋다(혹 유료 버전 중에 영구 소장이 가능한 것이 있다면 그 버전을 구매할 것을 추천한다. 다만 요즘 추세가 영구 소장 버전이 사라지고 월/연 단위 결제로 바뀌고 있어 아쉬움이 남는다).

종합 소스 제공

공유마당 (gongu.copyright.or.kr)

한국저작권위원회 관리하에 운영되는 저작물 공유 사이트로 저작권이 만료된 저작물 외에도 공공 저작물, 저작권자가 기증한 저작물을 일정한 조건 하에 자유롭게 이용할 수 있다. 이미지, 영상, 음악, 어문, 무료 폰트 등을 제공한다.

▲ 공유마당 홈페이지 화면

구글 이미지 검색 (google.com/imghp)

검색한 키워드에 관련한 이미지를 찾거나 내가 가진 이미지와 유사한 이미지를 찾아낼 때 유용하게 쓸 수 있다. 다만 아무 이미지나 가져다 쓸 수는 없으므로 라이선스를 꼼꼼하게 확인해보고 사용하도록 하자.

▲ 구글 이미지 검색 메인 화면

구글 이미지 검색을 해보면 검색 창 하단에 '도구' 탭이 있다. 도구를 클릭하고 **사용권**을 누르면 두 가지 라이선스가 보인다. **크리에이티브 커먼즈 라이선스**와 **상업 및 기타 라이선스**로 나뉘는데 이 점을 꼭 체크하여 주의해야 한다.

▲ 구글 이미지 검색의 검색 화면

📋 **Note** _ **이미지 저작권(라이선스)**

크리에이티브 커먼즈 라이선스(CCL)는 저작권자의 저작물을 사용할 수 있는 권한을 받는 방식이다. 보통은 저작권자를 반드시 표시해야 한다거나 이미지 변형 불가, 비영리 목적으로만 사용 가능 등의 조건이 따른다. 혹은 저작권이 소멸되었거나 저작권을 보호하지 않는 이유로 자유롭게 이용이 가능한 저작물(퍼블릭 도메인)도 있다.

상업 및 기타 라이선스는 CCL 이외의 라이선스를 보유한 경우로, 이미지나 영상 소스를 제공하는 사이트에서 무료로 혹은 연간 구독 따위의 유료 결제를 통해 이미지 사용 권한을 얻는 방식이다. 저마다 사용 조건이 다를 수 있으니 이용하고자 하는 사이트의 라이선스 안내문을 잘 확인해봐야 한다. (예: 반드시 이미지를 어느 정도 이상 가공하여 사용할 것, 사이트명을 반드시 표시할 것, 이미지를 인쇄할 경우 몇 회까지만 사용 가능 등)

▶ **알쓸 Tip** _ **구글 렌즈를 이용한 이미지 검색**

크롬 브라우저를 사용한다면 구글 이미지 검색 페이지로 이동할 필요 없이 웹에서 즉석으로 이미지 검색을 할 수 있다. 웹 서핑을 하다 내가 검색하고 싶은 이미지가 보인다면 **해당 이미지를 마우스 우클릭 → Google로 이미지 검색**을 클릭해보자. 그러면 브라우저 오른쪽에 구글 렌즈 창이 열리며 해당 이미지 혹은 일부 요소와 관련한 이미지를 찾아볼 수 있다이

픽사베이 (pixabay.com)

픽사베이(pixabay)는 이미지뿐만 아니라 비디오, 음악, 음향 효과까지 다운로드할 수 있는 사이트다. 각종 소스는 무료 혹은 유료로 제공하는데 유료로 얻어야 하는 부분이 훨씬 많다.

▲ 픽사베이 홈페이지 화면

셔터스톡 (shutterstock.com/ko/)

셔터스톡은(shutterstock)은 이미지는 물론이고 동영상, 음악 그리고 템플릿에 이르기까지 다양한 자료를 얻을 수 있다. 매주 새로운 이미지를 이메일로 서비스해주는 메일링 서비스도 있다.

▲ 셔터스톡 홈페이지 화면

펙셀스 (pexels.com/ko-kr/)

펙셀스(Pexels)는 감각 있는 무료 사진과 동영상을 만날 수 있는 좋은 사이트이다.

▲ 펙셀스 홈페이지 화면

프리픽 (freepik.com/)

프리픽(freepik)은 아이콘, 일러스트, 사진 등 무료로 얻을 수 있는 이미지가 많은 사이트다. 이미지는 ai 파일과 eps, psd 파일 등으로 제공하는데 특히 포토샵을 할 줄 아는 사람이라면 유용할 것이다.

▲ 프리픽 홈페이지 화면

올프리이미지 (allfreeimages.net/)

올프리이미지(Allfreeimage)는 다양한 이미지들을 만나볼 수 있는 사이트이다. 들여다볼 만하다.

▲ 올프리이미지 홈페이지 화면

고퀄리티 이미지 혹은 영상 제공

언스플래시 (unsplash.com/ko)

언스플래시(Unsplash)에는 고해상도 이미지가 많다. 다채로운 키워드를 제공함으로써 다양한 느낌의 무료 이미지를 만나볼 수 있다.

> **Tip** 언스플래시에서 제공하는 이미지는 눈에 띌 정도로 편집, 가공하여야 사용할 수 있다. 아래 링크를 참조해보길 바란다.
> https://unsplash.com/ko/라이선스

▲ 언스플래시 홈페이지 화면

비디보 (videvo.net/)

비디보(videvo)에는 꽤 좋은 영상이 많다. 키워드 분류도 깔끔해서 영감을 얻거나 실제 영상 편집에 활용하기에 좋다.

▲ 비디보 홈페이지 화면

마즈와이 (mazwai.com/)

마즈와이(Mazwai)는 좋은 퀄리티를 가진 무료 비
디오 클립을 제공하는 사이트이다. 영상미를 추구
하는 채널에 사용하면 좋을 듯하다.

▲ 마즈와이 홈페이지 화면

음원 및 효과음 제공

사운드클라우드 (soundcloud.com/)

사운드클라우드는 2008년부터 서비스된 오래된
음원 사이트로, 방대한 음원을 자랑한다. 음원 서
비스는 물론이고 커뮤니티 기능까지 갖추었다. 음
악에 대한 전문적이고 다양한 회원들이 활동하고
있어 가능한 포럼과 팁 전달까지 무수한 혜택을 얻
을 수 있다.

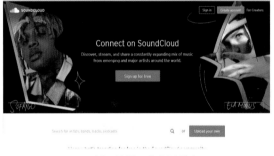

▲ 사운드클라우드 홈페이지 화면

아트리스트 (artlist.io/)

아트리스트(Artlist)는 사용자에게 하여금 영감을
주는 수많은 음악이 존재한다. 타 유튜버와 달리
유료로 배경음악을 사용하고 싶다면 가입하자.

Tip 지인 중 아는 사람이 있다면 링크를 타고 들어가서
결제하자. 그러면 2개월이 연장된다.

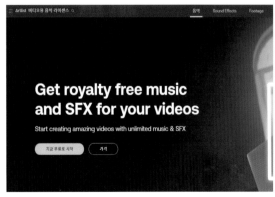

▲ 아트리스트 홈페이지 화면

BGM 팩토리 (bgmfactory.com/)

BGM 팩토리는 국내 예능 방송매체에서 자주 사용하는 음원을 저렴하게 제공한다.

▲ BGM 팩토리 홈페이지 화면

뮤팟 (mewpot.com/)

뮤팟은 매주 새로운 BGM을 합리적인 비용으로 제공하는 사이트다. 좋은 음악이 많다.

▲ 뮤팟 홈페이지 화면

옥타브 (octavv.com/)

한국의 아티스트들이 모여서 만든 저작권 없는 음악 사이트다. 이용료가 있지만 타 사이트 대비 매우 저렴하고 **영구적 사용이 가능**하다(타 사이트는 대부분 구독 중에만 음악을 이용할 수 있다).

▲ 옥타브 홈페이지 화면

유튜브 오디오 라이브러리

유튜브가 제공하는 오디오 라이브러리도 있다. 내 채널로 접속할 수 있는데 방법은 아래와 같다. 여기서 제공하는 음원은 대부분 무료이다. 다만 저작권 표기를 해야 사용 가능한 음악들이 있으니 꼭 확인하길 바란다.

[유튜브 오디오 라이브러리 접속 방법]

유튜브 스튜디오(studio.youtube.com) 접속 → **오디오 보관함 클릭**

오디오 라이브러리에 들어가면 아래와 같이 필터 모양의 아이콘이 있다. 이는 검색 조건을 설정하는 버튼인데 트랙 제목/장르/분위기/아티스트명/길이/저작권 표시 필요/저작권 표시 필요 없음으로 검색이 가능하기 때문에 편리하다.

유튜브 오디오 라이브러리에서 저작권 표시 필요 없는 음악 검색

7.2.3 이미지 편집 및 디자인 플랫폼

간편하게 빠른 편집과 템플릿 사용으로 콘텐츠를 효율적으로 생산하는 데 도움을 주는 이미지 편집 및 디자인 플랫폼을 소개하겠다.

배경 제거

리무브 (remove.bg/ko)

어떤 이미지도 빠르고 간단하게 배경을 지워준다. 최근에는 4~5초 정도의 영상은 무료로 배경을 없애주는 기능을 선보였다. 더 긴 영상의 배경을 없애려면 유료 결제가 필요하다. 짧은 영상의 배경을 없애기 위해 시도해보길 추천한다.

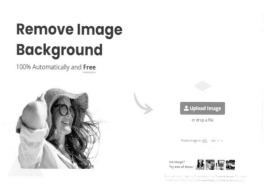

▲ 리무브 홈페이지 화면

종합 디자인

추천 미리캔버스 (miricanvas.com/)

저작권 걱정 없이 무료로 이용할 수 있는 디자인 플랫폼이다. 챕터 3에서 본 것처럼 채널 배너를 만들 수 있고 PPT나 영상도 만들 수 있다(다만 영상 제작 관련 제공 기능이 좀 약한 편이다). 범용성도 있고 직관적인 사용법을 가져 초보자라면 꼭 이용하길 권장하는 서비스이다.

▲ 미리캔버스 홈페이지 메인 화면

캔바 (canva.com/ko_kr/)

캔바(Canva)는 PC와 스마트폰 모두 이용 가능한 점에서 초보 유튜버에게 가장 인기가 많은 디자인 제작 플랫폼이다. 사용 방법이 직관적이고 다양한 부문의 디자인 제작에 활용할 수 있다.

▲ 캔바 홈페이지 화면

망고보드 (mangoboard.net/)

미리캔버스, 캔바와 같이 다양한 템플릿과 디자인 요소를 제공해 누구든 쉽게 디자인 콘텐츠를 만들 수 있도록 돕는 디자인 제작 플랫폼이다. 필자는 망고보드의 망고툰이라는 무료 웹툰 제작 서비스를 추천한다. 망고보드가 제공하는 웹툰 소스를 활용해 그림을 그릴 줄 몰라도 그럴듯한 웹툰을 만들 수 있다.

▲ 망고보드 홈페이지 화면

Tip 망고툰으로 만든 웹툰을 유튜브 커뮤니티에 활용해보길 추천한다.

머스타드 (must-ad.com)

자영업자들을 위한 광고 디자인 서비스를 제공하는 앱이다. 다양한 광고 디자인 소스를 활용해 스마트폰으로 쉽고 빠르게 배너, 광고 디자인을 만들 수 있다.

▲ 머스타드 홈페이지 메인 화면

[앱 다운로드 QR 코드]

구글 플레이

앱 스토어

7.2.4 오디오·자막 및 더빙 지원 서비스

오디오·자막 작업

오디오커터 (mp3cut.net/ko/)

오디오커터(AudioCutter)는 오디오를 컷편집 할 때 매우 편리하다. 하루 35개 오디오 파일을 무료로 작업할 수 있으며, 작업 가능한 최대 파일 크기는 10GB이다.

▲ 오디오커터 홈페이지 화면

브루 (vrew.voyagerx.com/ko/)

브루(Vrew)는 영상 자막 편집을 무료로 할 수 있는 사이트다. 음성에서 자막으로 변환율이 매우 높다. 발음만 좋다면 정확도가 굉장히 향상되어 사용하기 좋고 워터마크를 무료로 지울 수 있는 것이 장점이다. 인터뷰 채널을 운영한다면 무조건 사용하기를 권장한다.

▲ 브루 홈페이지 메인 화면

[앱 다운로드 QR 코드]

구글 플레이

앱 스토어

클로바노트 (clovanote.naver.com/)

불현듯 떠오른 아이디어를 글로 적을 필요없이 간편하게 기록하고 싶을 때, 혹은 더빙에 쓸 대본을 작성해야 할 때 쓰면 유용하다. 클로바노트를 실행하고 음성 녹음을 하거나 이미 가지고 있는 녹음 파일을 클로바노트에 업로드하면 녹음한 내용을 글로 변환해준다.

> **Tip** 클로바노트를 이용해 음성을 글로 정리하고, 이 글을 클로바더빙으로 가져가서 더빙 및 간단한 영상 편집 작업을 하면 영상 하나를 뚝딱 만들 수 있다.

▲ 클로바노트 홈페이지 메인 화면

[앱 다운로드 QR 코드]

구글 플레이   앱 스토어

AI 더빙

클로바더빙 (clovadubbing.naver.com/)

네이버가 제공하는 AI 더빙 서비스로, 텍스트를 음성으로 변환하는 기술(TTS, Text to Speech)을 지원한다. 원하는 보이스를 선택하고 더빙할 내용을 입력하면 자연스러운 AI 보이스가 흘러나온다. PC나 스마트폰에서 이용할 수 있으며 직관적인 사용 환경을 가져 초보자도 금방 적응할 수 있다. 무료로 이용하는 경우에는 사용 가능 횟수가 제한된다는 점을 참고하길 바란다.

▲ 클로바더빙 홈페이지 화면

[앱 다운로드 QR 코드]

구글 플레이   앱 스토어

▶ 알쓸 Tip **클로바더빙과 미리캔버스로 텍스트 기반 영상 콘텐츠 뚝딱 만들기**

앞서 **5.2.3**에서 단순히 정보 제공을 목적으로 한다면 텍스트만으로도 영상 콘텐츠를 만들어볼 수 있다고 했다. 물론 배경음을 넣고 텍스트만 쭉 보여줘도 되지만 아무런 음성이 없으면 왠지 밋밋하다. 이럴 때는 클로바더빙을 이용해보자. 클로바더빙은 PPT나 PDF 파일에도 음성을 입혀 동영상으로 만들어버리는 마법과 같은 기술을 지니고 있다.

먼저 콘텐츠 제작에 필요한 정보를 모으고, 미리캔버스의 템플릿을 활용해 디자인해보자. 디자인 작업이 끝났으면 PPT나 PDF로 가공한다.

1) PPT로 가공한 경우

미리캔버스에서 슬라이드 쇼를 실행하고 화면 녹화 기능을 켠다(윈도우를 이용한다면 윈도우+G키를 누르면 된다). 마우스나 키보드로 슬라이드를 넘기거나 자동 재생 기능을 이용해 마지막 슬라이드까지 넘기고 녹화를 종료하면 PC에 녹화 파일이 저장된다.

▲ 미리캔버스 슬라이드 쇼 녹화 화면

녹화된 파일을 클로바더빙으로 불러오고 더빙할 내용을 입력해 더빙을 추가한다. 영상에 집중을 더할 수 있도록 효과음을 추가해볼 수도 있다.

2) PDF로 가공한 경우

미리캔버스에서 PDF 파일로 다운로드한 후 클로바더빙으로 불러오면 자동으로 타임라인이 만들어진다. 오른쪽 상단의 더빙 추가 영역에서 원하는 보이스를 선택하고 더빙할 내용을 입력해 추가해보자.

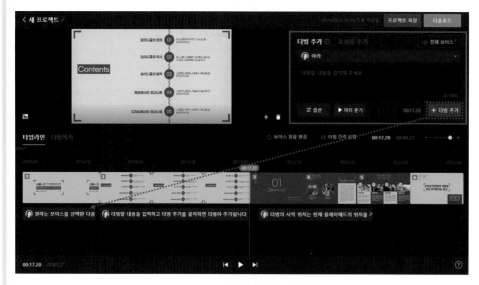

▲ 클로바더빙 PDF 더빙 추가

더빙 작업을 마쳤다면 파일을 다운로드하면 된다. 무료 버전은 음원 파일과 개별 더빙 파일 형태로 다운로드할 수 있는 대신 매달 다운로드 횟수와 더빙 글자수에 제한이 있다. 이 점 참고하여 잘 활용해보길 바란다.

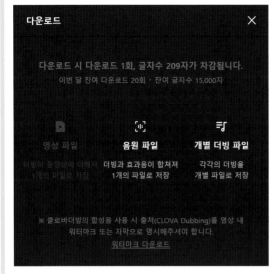

▲ 클로바더빙 음원 다운로드

위메이크보이스 (wemakevoice.com/)

다국어 AI 음성 서비스다. 전 세계 안내 방송이 이걸로 만들어지고 있었나 싶을 정도로 다양한 다국어 음성을 갖춘 데다 비용도 저렴한 편이다. 자신의 음성이 아닌 다른 음성을 입히고 싶다면 이 사이트를 추천한다.

Tip 해외향 유튜버인데 정확한 발음을 내는 데 부담이 있다거나 평소 자신의 목소리가 불만이 있다면 위메이크보이스를 이용해보길 추천한다. 자연스러운 AI 음성을 입혀 영상의 질을 높여줄 것이다.

▲ 위메이크보이스 홈페이지 화면

발라볼카 (cross-plus-a.com/kr/balabolka.htm)

텍스트 음성 변환(TTS) 프로그램으로, 홈페이지에서 발라볼카 프로그램을 다운로드 후 사용할 수 있다. 윈도우 유저라면 글자 수 제한을 걱정할 필요 없이 무료로 이용할 수 있으며, 다국어 음성 지원, 음성 조절 등 의 기능을 갖추어 간편하게 사용할 수 있다. 또한 기본 제공 음성 외에도 다른 TTS 서비스(예: 구글 TTS)에서 제공하는 음성을 추가하여 사용할 수 있다.

▲ 발라볼카 홈페이지 화면

영상 콘텐츠 기획·편집에
날개를 달아주는 생성형 AI 서비스

영상 콘텐츠 기획 및 편집에 생성형 AI 서비스를 활용하여 콘텐츠를 빠르게 생성할 수도 있다. 생성형 AI(생성형 인공지능)는 인간의 언어를 모방하여 글을 쓰고 대화를 나누기도 하고, 새로운 그림을 그리거나 음악을 만드는 등 다양한 콘텐츠를 생성할 수 있는 인공지능 기술이다. 대표적인 생성형 AI 서비스로는 챗GPT(ChatGPT)가 있고, 국내에서 운영하는 서비스로 뤼튼이 있다.

▲ 다양한 종류의 생성형 AI 서비스

생성형 AI 서비스는 여럿 있는데, 그중 수익형 유튜버의 입장에서 유튜브 영상 콘텐츠를 효율적으로 생산하는 데 도움이 되는 서비스들을 간단히 소개하고자 한다.

수익형 유튜버가 활용하면 좋을 생성형 AI 서비스

챗GPT (chat.openai.com)

2022년 11월 30일 베타 서비스를 제공해 한 달만에 가입자 수 1억 명을 돌파하여 전 세계를 강타한 생성형 인공지능 챗봇이다. 우리의 질문이 정교할수록 좋은 답변을 준다. 조금 어색한 문장의 경우 한글에서 영어로 번역해서 질문하면 좀 더 완벽한 문장을 구사하고 매우 짧은 시간에 다양한 정보를 얻을 수 있다. 영상 편집자는 물론 기획자에게도 꼭 필요한 사이트이다.

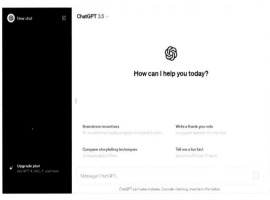

▲ 챗GPT 홈페이지 화면

챗GPT(ChatGPT)는 마치 AI와 대화하듯이 질문과 답변을 주고받으며 내가 원하는 답을 찾도록 도와준다. 예를 들어 챗GPT에 '어떠어떠한 조건의 영상을 만드려는데, 이 조건에 적합한 정보성 콘텐츠를 몇 가지 추천해달라'고 질문해볼 수 있다. 오른쪽은 실제로 필자가 챗GPT에게 질문하여 답을 얻은 결과 화면이다.

> **You**
> 이제부터 너는 유명한 유튜버이자 콘텐츠 기획자야.
> 다음 조건에 부합하는 정보성 영상 콘텐츠를 3개만 추천해줘.
>
> 영상 콘텐츠 제작 조건:
> - 가로 화면의 롱폼 영상
> - 영상 길이는 3분 정도
> - 누구나 이 영상을 보고 공유 버튼이나 좋아요를 누를 정도로 흥미로운 주제와 풍부한 정보를 가진 콘텐츠일 것
>
> **ChatGPT**
> 좋습니다! 아래는 가로 화면의 롱폼 영상으로, 3분 동안 누구나 흥미롭게 보고 공유하고 싶어지는 주제를 가진 정보성 콘텐츠 3가지를 추천해 드립니다.
>
> 1. **세계에서 가장 신기한 건축물 TOP 10 소개**
>   * 이 영상에서는 세계 각지에 있는 독특하고 특이한 건축물들을 소개합니다. 건축물의 디자인, 역사, 그리고 특징들을 설명하면서 시각적인 효과와 함께 다양한 도시와 문화를 탐험합니다.
> 2. **미지의 동식물, 생태계의 보물찾기**
>   * 이 콘텐츠에서는 세계의 다양한 지역에서 발견된 특이한 동식물들을 소개합니다. 그들의 특징, 행동, 생태학적인 역할에 대한 흥미로운 사실들을 알려주며, 생태계의 중요성에 대해 강조합니다.
> 3. **과학의 미스터리, 푸른 행성의 미래 예측**
>   * 이 영상은 현대 과학의 최신 연구와 데이터를 기반으로 지구의 미래에 대한 예측을 다룹니다. 기후 변화, 환경 보전, 우주 개발 등의 주제를 다루면서 과학적인 정보를 쉽게 소개하여 시청자들이 더 나은 미래를 상상하게 합니다.
>
> 이러한 주제들은 시청자들이 흥미를 느끼고 공유하고 싶어할 만한 다양한 정보를 담고 있어, 유튜브 채널에서 성공적인 콘텐츠가 될 것입니다.

△ 챗GPT에게 질문하기

> ### 📄 Note _ **프롬프트**
>
> AI에게 단순히 단답형으로 질문하는 것보단 명확하고 구체적으로 지시를 할 때 좀 더 좋은 답변을 얻을 수 있다. 특히 전문화된 답변을 원하는 경우에는 특정한 형식을 갖춰 질문을 하는데, AI에게 특정한 역할을 부여하고 어떤 해결이 필요하며 답변 길이, 형식 등에 제약을 주어 답변을 어떻게 제공해주길 바라는지 상세하게 기술한다. 이렇듯 AI에게 어떤 행동을 해야 하는지 인간의 언어로 설명하고 원하는 결과물을 출력할 수 있도록 하는 방식을 프롬프트(Prompt)라고 한다.

챗GPT의 언어는 영어를 기반으로 하다 보니 한국어로 질문했는데 답변이 부정확하거나 충분한 정보를 주지 못할 수도 있다. 이럴 땐 영어로 질문해보는 것도 방법이다. 그런데 간단한 질문이라면 모르지만 복잡한 질문을 할 때는 영작하기가 조금 어려울 수 있다. 일일이 번역기에 글을 복사하고 붙여넣는 건 번거로우니 다음의 크롬 확장 프로그램을 이용할 것을 추천한다.

[프롬프트 지니] https://url.kr/lia4p5
[DeepL Translate] https://url.kr/sht8v2

> ### ▶ 알쓸 Tip   **챗GPT 플러스로 이미지 생성하기**
>
> 기존 챗GPT는 무료 모델이고, 유료 모델로는 챗GPT 플러스(ChatGPT Plus)가 있다. 두 모델의 차이는 여럿 있지만 우리의 입장에서 가장 와닿는 차이점은 '이미지 생성 가능 여부'이다. 챗GPT를 만든 회사, OpenAI가 만든 이미지 생성형 AI 서비스로 달리(DALL-E)가 있다. 원래 달리는 챗GPT와는 독립적으로 운영되는 서비스지만, 챗GPT 플러스를 구독하면 챗GPT에서 달리가 가진 기능을 바로 연동할 수 있다. 예를 들어 '플루트를 부는 고양이'라고 글을 입력하면 이미지를 몇 가지 자동으로 생성해준다. 이 상태에서 생성된 이미지를 일부분 수정하고 싶다면 '플루트를 금색으로 바꿔줘' 같은 식으로 글을 입력하면 된다. 생성한 이미지는 다운로드하여 채널 배너나 썸네일 등에 사용할 수 있다.

챗GPT + DALL-E

챗GPT와 함께 오픈AI라는 회사에서 내놓은 이미지 생성형 인공지능 챗봇이다. 우리가 글을 남기면 글을 이미지로 변환시켜주는 기능을 탑재하고 있다.

뤼튼과 함께 국내 유저들의 관심을 받고 있지만 실제 이미지는 챗GPT 수준의 높은 퀄리티를 보장하고 있지는 않다. 다만 급속도로 발전하는 AI 이미지 생성에도 기대를 해볼만하기에 공유한다.

뤼튼 (wrtn.ai)

뤼튼은 국내에서 개발한 생성 AI 기반의 콘텐츠 생성 플랫폼으로, 국내 AI 서비스 중 가장 많은 프롬프트를 보유하고 있다. 챗GPT처럼 내가 궁금한 것을 묻고 AI에 답변을 요구하는 대화 중심형 서비스도 제공하지만, 뤼튼의 진정한 강점은 우리말에 최적화된 텍스트 생성 도구들이다. 문서 요약, 제목/보도자료/포스팅/영상 대본 작성 등 카피라이팅 작업에 강하다. 이외에도 뤼튼은 이미지 생성도 가능하다.

이제 뤼튼은 GPT 기반의 대화 기능과 AI 이미지 생성 기능을 제한 없이 무료로 제공한다고 한다.◨ 전면 무료화를 통해 사용 부담을 크게 낮춘 점에서 앞으로 더욱 다양한 분야의 활용이 이뤄지고, 그에 따라 좀 더 실무적이고 전문화된 프롬프트가 많이 나오지 않을까 싶다.

다음은 뤼튼이 제공하는 서비스를 캡처한 화면이다. 왼쪽은 챗GPT처럼 대화 중심으로 글이나 이미지를 생성할 수 있고, 오른쪽은 카피라이팅용 텍스트 도구들을 모은 화면이다. 왼쪽 화면에서 우측 상단 메뉴 **툴**을 클릭하면 오른쪽 화면으로 전환되고 오른쪽 화면에서 좌측 상단 메뉴 **채팅**을 클릭하면 왼쪽 화면으로 전환된다.

> **Tip** 오른쪽 화면에서 좌측 상단의 검색창에 '유튜브'를 입력해보자. 그러면 화면 왼쪽에 유튜브와 관련한 텍스트 생성 도구들만 골라 보여준다. 숏츠 대본, 유튜브 영상 제목과 시나리오, 다국어 제목 및 설명 작성 등을 도와주는 도구들을 제공하니 참고하길 바란다.

⬒ 좌: 뤼튼 홈페이지 화면(대화 생성형) / 우: 텍스트 생성 도구 모음 화면 (왼쪽 화면의 우측 상단 메뉴 '툴'을 클릭)

◨ https://wrtn.circle.so/c/announcement/free

예를 들어 뤼튼으로 생성형 AI를 유튜브 제목 아이디어를 얻는 데 활용할 수 있다. '드라마 OST 50곡 모음'을 주제로 한 제목을 찾는다면 다음과 같이 작성하면 된다.

▲ 유튜브 영상 제목 아이디어 얻기 1

한 가지 제목만 추천해서 아쉽다면 '좀 더 다양한 제목들을 보여줘' 같은 말로 추가적인 요청을 하면 된다. 이런 식으로 긴 질문 없이 짧은 문장으로도 충분한 아이디어를 생성할 수 있다.

▲ 유튜브 영상 제목 아이디어 얻기 2

정리하자면, 챗GPT와 뤼튼은 가장 대중적인 LLM🅿 서비스로 AI의 한 축이고 달리는 AI 이미지를 제공한다. AI의 도움으로 우리는 이렇게 시간을 절약할 수도 있는데 어디까지나 참고용으로 AI의 답변을 그대로 사용하지는 않기를 권장한다. 어디까지나 아이디어를 얻고 창의적인 사고를 더했을 때보다 나은 크리에이터의 역할을 하며 살아갈 수 있을 것이다.

🅿 LLM은 Large Language Model의 약자로, 거대언어모델이라고 한다. 인간의 언어를 학습하여 질문과 대화를 이해하고 응답하는 능력을 가진 언어 모델이다. 일상에서 쉽게 볼 수 있는 적용 사례로는 AI 챗봇이 있다.

Chapter 08

{ 유튜브 영상 콘텐츠 발행 }

▶ ▶❙ 🔊 ● 실시간 ◖▶ ▣ ▭ ⌜⌟

▶▶▶ **Contents**

8.1

동영상 업로드 시 주목해야 할 것

유튜브 영상 제작의 3요소(기획·촬영·편집)가 전부라고 생각하는 이들이 많다. 물론 콘텐츠 1개 제작에 투여되는 리소스 자체가 막대하기에 다른 요소는 생각할 여력이 없어서일지도 모른다. 그러나 실제 유튜브 영상 제작 요소는 5가지이다. 기본 3요소는 물론, 여기에 내가 제작한 영상을 시청자들에게 선보이는 '발행' 단계, 콘텐츠 및 채널 분석을 통해 개선·수정·보완하여 다음 영상을 기획하는 '분석' 단계까지 더해진다. ⓘ

발행을 흔히 게재, 퍼블리싱(publishing)의 개념으로 알고 있겠지만, 적어도 유튜브에서는 단순히 그런 의미로 통하진 않는다. 영상을 올렸다고 끝나는 것이 아니기 때문이다. 영상 콘텐츠를 만든 후 유튜버들은 유튜브에 영상을 올려서 조회수를 확인하고 시청자들의 댓글 반응을 보며 피드백을 받는다. 이렇게 모니터링을 하는 이유는 내 콘텐츠가 더 많은 시청자에게 도달되도록 하기 위함이다. 유튜브라는 거대한 방송국에서 셀 수 없이 많은 채널 중 내 채널의 콘텐츠가 선택될 가능성은 얼마나 될지 생각해보라. 하물며 유튜브는 모든 콘텐츠의 노출과 조회수를 균등하게 보장하지 않는다. 지금껏 열심히 만든 영상 콘텐츠가 소리 소문 없이 묻힌다면 어떨까? 그만큼 안타까운 일도 없을 것이다. 그렇기에 유튜버라면 내 채널의 콘텐츠가 더 많은 시청자에게 도달될 수 있도록 응당 노력해야 한다.

이번 챕터에서는 영상 콘텐츠 발행과 관련한 정보를 안내하고, 더욱 많은 시청자에게 내 콘텐츠가 노출되고 확산할 수 있도록 이목을 끄는 노하우를 소개하겠다.

8.1.1 유튜브 메타데이터 이해하기

유튜브에 동영상 업로드할 때는 동영상의 기본 정보를 입력한다. 그러면 유튜브가 이를 바탕으로 하여, 비슷한 영상을 모으고 분류한 다음 시청자들이 흥미를 가질 만한 콘텐츠를 노출한다. 이렇듯 유튜브가 시청자에게 콘텐츠를 노출하기 위해 수집하는 텍스트 정보(제목, 설명, 태그, 자막, 해시태그, 카테고리, 링크 등)를 **메타데이터(Metadata)**라고 한다.

ⓘ 챕터 11에서 자세히 다루겠지만, 특히 분석은 첫 번째 요소인 기획과 이어지므로 중요하다. 선택적으로 하는 것이 아니라 필수로 해야 하는 요소로 여기기를 바란다.

무엇에 집중해야 할까?

메타데이터를 잘 활용한다면 내 콘텐츠의 노출 가능성을 높일 수 있을 것이다. 그렇다면 모든 메타데이터를 성실하게 작성해야 하는 걸까? 그건 아니다. 전 세계 수많은 채널들이 영상을 하나씩 올린다고 생각해 보자. 작고 알량한 정보까지 유튜브가 세세하게 확인할 시간은 없다. 그렇다면 메타데이터를 효과적으로 활용하려면 무엇에 집중해야 할까?

유튜브 메타데이터 중에서 단연 으뜸은 **제목**이다. 썸네일과 함께 영상 시청 여부를 결정하는 요소이며 영상과 관련한 핵심 키워드가 들어가기 때문이다. 그 다음으로 우리가 신경 써야 할 것은 **태그와 키워드**이다. 앞으로도 여러 번 강조하겠지만 유튜브는 콘텐츠를 중심으로 생각해야 한다. 내 콘텐츠가 다른 채널의 콘텐츠와 다름을 어필할 수 있어야 주목을 받고 노출될 가능성이 오른다. 태그와 키워드는 내 콘텐츠의 경쟁력을 강화하고 시청자들의 유입을 부르는 데 도움이 된다.

따라서 다음 절(8.2)부터는 동영상 업로드 시 주목해야 할 메타데이터(제목, 태그) 그리고 썸네일을 중심으로 발행 단계를 알아볼 것이다. 참고로 아래는 유튜브 스튜디오에서 실행한 동영상 업로드 화면이다. 이 챕터의 마지막 절(8.5)에서 업로드 방법을 소개할 것이니 지금은 '이런 요소를 신경 써야 한다는 거구나' 정도로 이해하고 넘어가도 좋다.

▲ 유튜버가 신경 써야 할 메타데이터

8.2

영상 콘텐츠 제목 작성하기

시청자들이 평소 영상 콘텐츠를 어떻게 발견하고 시청하는지 생각해보자. 유튜브에 접속하여 보고 싶은 주제를 선택하고 영상 목록에 뜬 수많은 영상의 썸네일과 제목을 빠르게 스캔한다. 그러다 혹하는 썸네일을 발견하게 되면 잠시 멈추고 제목을 확인한다. 이렇게 시선이 스치는 찰나의 순간, 영상 시청 여부가 결정된다.

영상 콘텐츠의 제목은 영상 시청 여부를 결정하는 요소이자 유튜브 시스템이 감지하는 메타데이터 중 하나이다. 이를 어떻게 작성하느냐에 따라 노출도와 클릭률에 크게 영향을 주므로 영상 콘텐츠를 업로드할 때 최우선으로 확인해야 한다.

8.2.1 영상 콘텐츠 제목 작성 Tip

시청자들의 이목을 잡는 제목은 어떻게 짓는 걸까? 여기에는 정답이 없다. 관심을 가지는 영역과 관심의 정도는 시청자마다 다르기 때문이다. 다만 제목을 짓는 데 어느 정도 요령은 필요하다. '시청자들은 시청 여부를 판단하는 데 오랜 시간을 들이지 않는다'는 점에서 느꼈겠지만, 제목은 키워드 중심으로 간결하게 짓는 것이 유리하다.

다음에 소개할 제목 작성 Tip은 제목 작성 시 유의할 점이나 기본 원칙을 몇 가지 정리한 것이다. 미리 말하자면 이 노하우는 대중적인 접근법이지 필승 공식은 아니다. 제목을 어떻게 지어야 할지 모르겠거나 시청자에게 제목을 효과적으로 노출하는 방법을 알고 싶은 분에게 드리는 작은 도움이라 생각하길 바란다.

제목은 간결하게 작성하자

노출에 유리하도록 다양하고 많은 양의 메타데이터를 입력하는 것은 오히려 독이 될 수 있다. 유튜브 시스템이 해당 영상의 메타데이터를 읽고 노출하는 점에서 도움을 받을지도 모르지만 이보다 더 중요한 건 바로 시청자의 선택이다. **가독성이 낮고 장황한 제목일수록 시청자가 선택하지 않을 확률이 높다.** 제목은 100자 이내로 간결하고 심플하게 작성하는 편이 좋다.

메인 키워드는 맨 앞에 입력하자

영상 콘텐츠의 제목이 길면 제목의 일부가 잘려서 노출된다. 그리고 시청자들이 제목을 꼼꼼히 다 보지 않는다는 점을 생각해보면, 중요한 키워드일수록 제목 앞 부분에 배치하는 것이 좋다.

메인 키워드를 사용한 제목의 좋은 예/나쁜 예

주요 키워드가 '조회수 늘리기'인데 제목을 '밤새워가며 10시간 동안 열심히 만든 영상의 조회수 늘리는 방법'이라 작성한다면 어떨까? 뒤로 배치된 주요 키워드인 '조회수 늘리는 방법'이 잘려서 안 보이게 된다. 그러면 시청자들은 '밤새워가며 10시간 동안 열심히 만든 영상의...'까지만 보게 되고 어떤 내용의 콘텐츠인지 알 수 없게 된다. '조회수 늘리는 비법 밤새워가며 10시간 동안 만든 영상'으로 작성한다면 주요 키워드가 맨 앞에 오게 되므로, 조회수 늘리기가 궁금한 시청자들에게 선택될 확률이 높아질 수 있다.

문장의 형식을 파괴하자

일반적인 글쓰기라면 '조회수 늘리는 법' 다음에 쉼표나 느낌표 또는 '조회수 늘리는 법이 고민인 유튜버, 밤새워가며...' 식으로 맞춤법을 지키고 문맥에 맞게 작성하는 것이 상식이다. 그러나 콘텐츠 제목에는 이러한 상식이 통용되지 않는다. 시청자는 유튜브 홈에 노출된 영상들을 매우 빠른 템포로 넘기며 볼 영상을 찾는다. 그 짧은 시간에 제목이 시청자의 눈에 들어오려면 우선 키워드가 돋보여야 한다. 그리고 짧은 호흡으로 쭉쭉 읽히는 제목이 유리하다(이러한 점에서 필자는 맞춤법과 문장 형식의 옳고 그름을 일일이 확인하는 시간조차 낭비라고 생각한다). 억지스럽게 문장의 형식을 파괴하라는 의미는 아니다. 중요한 정보, 키워드, 전달 메시지를 앞에 배치함으로써 문장의 형식으로부터 자유로워지라는 것이다.

시청자에게 불필요한 정보는 피하자

채널명이 들어간 제목

초보 유튜버들이 많이 범하는 실수 중 하나는 내 채널명을 제목 앞단에 두는 것이다. 이는 시청자의 영상 선택으로부터 철저히 외면을 받을 수 있기에 금물이다. 시청자는 단순히 제목에 있는 채널명만 보고 영상을 선택하지도 않고 구독하지도 않는다. 그리고 내 채널명은 어차피 영상 업로드 시 제목 아래에 노출된다. 볼만한 콘텐츠를 찾는 과정에서 핵심 키워드를 앞에 배치해도 모자랄 판에, 채널명이 들어간 제목은 영상 선택에 악영향을 끼칠 수밖에 없다. 혹 내 채널명을 홍보하고 싶다면 제목에 쓰지 말고, 썸네일이나 영상 카드, 최종 화면에 채널명을 로고처럼 새기는 방식을 권장한다.

▲ 영상 콘텐츠 최종 화면에 추천 영상 및 로고를 설정한 예

코너명, 날짜, 에피소드 넘버가 들어간 제목

유튜브 재생목록의 개념인 코너명은 특정 콘텐츠가 시리즈처럼 이어지거나 유사한 소재, 콘셉트를 갖는다는 의미를 지닌다. 수많은 영상을 빠르게 넘기며 영상을 선택하는 시청자의 패턴상, 코너명 또한 영상 선택에 도움이 되지 않는다. 시청자들은 어떤 코너에 담긴 콘텐츠인지보다 당장 봐야 할 콘텐츠에 더 집중해서 찾기 때문이다. 그리고 날짜와 에피소드 넘버 또한 시청자의 관심사 밖 요소이므로 제외하는 것이 좋다. 만약 본인이 콘텐츠 관리할 목적으로 넘버링을 해야 한다면 제목의 맨 뒤에 넣는 것을 추천한다.

시청자에게 필요한 정보를 담은 제목의 좋은 예/나쁜 예

- 231101 OO민속촌 국악공연&강강술래
  → (개선) 한 번 보면 끝까지 보게 되는 민속촌 국악공연&강강술래
- ENG) 대학생 브이로그|EP.04_홈베이킹 하고 근로 면접도 붙고 생일도 맞이하는 행복한 일상
  → (개선) 흔한 대학생의 찐소확행 | 홈베이킹 | 근로 면접 | 생일 | 대학생 브이로그

다른 유튜버들의 영상 제목을 훑어 보면서 요즘 유행하는 키워드, 제목 패턴을 찾아보자. 제목 중에 시청자들의 흥미를 유발하는 대중적인 단어(예: 이유, 반응, 방법, 절대 등)가 유튜브 주제별, 소재별, 형식별로 다양하게 보이게 될 것이다.

그래도 어렵고 막막하는 생각이 든다면 뤼튼이나 챗GPT의 도움을 받아보자. 예를 들어 북튜버가 '재밌게 책 읽는 습관을 만드는 방법'을 알려주는 영상을 만들었다면 아래와 같은 식으로 AI에게 제목 작성을 요청해볼 수 있다.

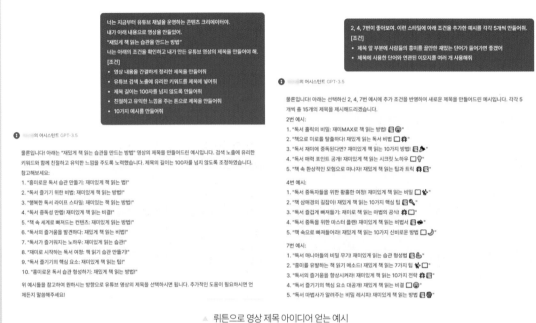

▲ 뤼튼으로 영상 제목 아이디어 얻는 예시

첫술에 배부르랴는 말처럼 무엇이든 처음부터 단번에 만족할 수는 없는 법. 제목을 아무리 잘 지어도 시청자들에게 많은 선택을 받지 못하는 경우가 허다하며 그 이유 또한 다양하다(콘텐츠의 주제나 소재 자체의 인기도가 낮음, 검색 볼륨이 높아 키워드 경쟁이 치열함 등). 성공과 실패에 연연하지 않길 바란다.

또한 어그로성 제목만으로 시청자들의 관심을 얻고 롱런하기를 바라지 말자. 얄팍한 생각으로는 클릭을 부를지언정 시청자들의 꾸준한 관심과 구독을 기대할 수 없다. **시청자들이 주목하는 것은 결국 콘텐츠다.** 제목을 뒷받침해주는 탄탄한 영상 콘텐츠가 있어야 꾸준히 나아갈 수 있음을 잊지 말자.

8.3

영상 콘텐츠 썸네일 만들기

썸네일은 제목과 함께 시청자들의 클릭을 부르는 데 결정적인 역할을 한다. 그 이유를 단순히 썸네일이 글이 아니라 이미지니까 눈길이 가는 것이라 생각한다면 큰 오산이다. 썸네일도 전략적으로 접근할 필요가 있다. 왜 그러한지 그 이유를 먼저 알아보자.

8.3.1 썸네일에 신경 써야 하는 이유

유튜브 홈 화면의 추천 영상, 검색된 화면의 영상은 모두 **썸네일+제목+채널명+조회수+업로드 시기** 형태로 구성된다. 여기서 각 구성의 영역과 위치에 주목해보자. 무엇이 가장 먼저 눈에 들어오는가.

유튜브 화면의 대부분 영역을 차지하는 것은 영상별 썸네일(미리보기 이미지)이다. 사람의 시선은 보통 왼쪽에서 오른쪽으로 이동하는 점, 글보다는 그림에 이목이 쏠리기 쉬운 점을 생각하면 썸네일은 동영상을 선택하는 행동에 많은 기여를 한다.

일반적인 유튜브 사용자의 영상 시청 패턴은 **썸네일 → 제목 → 클릭 또는 넘기기**이다. 즉, 초반에 썸네일로 시청자들의 이목을 끌고 바로 이어서 제목을 보게끔 해야 한다. 물론 제목도 안 보고 썸네일만으로도 클릭하는 경우가 많다. 보통 썸네일 이미지 안에 제목과 같은 텍스트를 크게 입력하는 방식이 이에 해당한다. 그러므로 썸네일은 신경 써서 만드는 편이 좋다.

동영상을 유튜브에 업로드하면 3가지 썸네일이 자동으로 생성된다. 모두 유튜브 시스템이 영상에서 임의로 이미지를 추출하여 제시한 것이다. 원하지 않는 장면이 나오는 경우가 부지기수로 많지만, 간혹 주요하거나 강력히 어필할 수 있는 장면이 나오기도 한다. 만약 영상 안의 인물, 배경, 환경 자체가 임팩트 있다면 유튜브가 제시하는 썸네일을 선택해도 무방하다.

8.3.2 　썸네일에 대한 오해와 진실

매력적인 썸네일은 무엇이고 어떻게 만드는 걸까? 썸네일은 이렇게 만들어야 좋다는 둥 저렇게 만들면 안 된다는 둥 말이 많아 고민이 들 것이다. 이럴 때 다양한 의견을 참고하는 건 좋지만 무조건적으로 따라하는 행동은 바람직하지 않다. 썸네일 제작에 대해 초보 유튜버들이 자주 오해하는 점이 몇 가지 있는데, 지금부터 그 진실은 무엇인지 파헤쳐볼 것이다. 썸네일 제작에 시행착오를 줄이는 데 도움이 되길 바란다.

전문적으로 디자인하는 것이 좋다?

심미적으로 디자인된 썸네일은 보기에는 좋을 수 있다. 하지만 그렇다고 해서 시청자의 선택에 큰 영향을 끼치지는 않는다. 그리고 디자인에 따른 비용과 인적 리소스가 발생하므로 생산성 측면에서도 그리 이롭지 않다. 전문적인 디자인보다는 썸네일에 삽입된 이미지와 가독성 좋은 텍스트가 더 중요하다.

△ 비전문적이지만 이목을 끄는 썸네일 이미지 예시

썸네일 텍스트는 반드시 삽입한다?

유튜브 인기 영상들을 보면 텍스트가 없는 썸네일을 흔하게 볼 수 있다. 썸네일에 삽입된 이미지 자체의 임팩트가 강하거나, 이미지를 설명하는 제목이 조화롭게 작성되었다면 썸네일 텍스트를 굳이 넣을 필요는 없다.

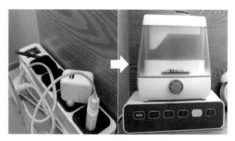

△ 텍스트 없는 썸네일 이미지 예시

예쁜 폰트를 써서 텍스트를 삽입한다?

썸네일 안에 텍스트를 삽입하는 경우 무작정 예쁜 폰트보다는 내 콘텐츠에 어울리는 폰트를 선택하는 것이 좋다. 예를 들어 다소 네거티브한 내용의 영상은 아기자기하고 둥근 폰트보다는 명조 계열의 진지한 폰트를 사용하는 것이 좋다. 한편 풋풋한 대학 캠퍼스 브이로그 영상은 경쾌하면서도 예쁜 폰트를 주로 사용한다. 이처럼 내 채널의 아이덴티티, 콘텐츠의 소재, 콘셉트에 따라 폰트를 다양하게 사용하는

▲ 고딕 계열 폰트를 사용한 썸네일 이미지 예시

것이 좋다. 한 이미지에 너무 많은 폰트를 사용하면 산만해 보일 수 있으니 폰트 종류는 2~3개가 적당하다.

썸네일 텍스트 색상은 원색은 쓰지 마라?

텍스트 색상은 원색이건 파스텔색이건 다 써도 무방하다. 다만 너무 많은 색을 담지 않는 것이 좋다. 예를 들면 우측의 썸네일은 흰색과 노란색 조합을 사용하였는데 '60만 원'에 노란색을 넣어 시각적으로 자극이 된다. 이처럼 전체 색과 강조할 부분에 적용할 색을 나눠 사용하면 텍스트를 효과적으로 강조할 수 있다. 색을 고를 땐 썸네일에 삽입된 이미지와 이질감 없이 조화를 이루는 배합을 고려하는 것 또한 중요하다.

▲ 2가지 색상 조합으로 텍스트를 효과적으로 강조한 예

텍스트는 크게, 많이 넣는다?

텍스트의 크기와 양보다 중요한 것은 가독성이다. 적당한 크기에 간결하고 짧은 두 줄 형식이 가장 이상적이다. 무조건 크게 넣지 않아도 된다. 또한 여러 텍스트를 이곳저곳에 삽입할 경우 썸네일 자체가 산만해질 수 있고 이는 곧 가독성 저하로 이어진다. 그러므로 간결하게 1~2개만 삽입하는 것이 좋다.

▲ 2줄로 구성된 썸네일 텍스트 예시

눈누(https://noonnu.cc/)는 상업적으로 이용 가능한 폰트들을 소개하는 사이트다. 다양한 폰트를 한데 모아서 리스트 형식으로 보여주며, 샘플 문장을 적고 마음에 드는 폰트를 탐색할 수 있다.

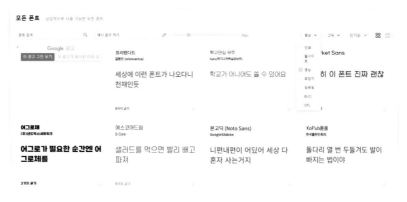

▲ 무료 폰트를 소개하는 폰트 사이트, 눈누

8.3.3 썸네일 제작하기

썸네일의 완성은 제목이다. 썸네일로 흥미를 유발하고 제목으로 영상을 선택하는 시청자의 패턴을 고려해야 한다. 썸네일과 제목의 조화로운 조합으로 썸네일을 제작하자.

▶ 알쓸 Tip _ 어떤 툴로 썸네일을 만들까?

썸네일은 포토샵, PPT(파워포인트), 디자인 앱 등을 이용해 제작한다. PPT는 접근성이 높은 프로그램으로, 기본적인 활용 능력이 있다면 쉽게 썸네일 이미지를 제작할 수 있다. 하지만 PPT로 구현할 수 있는 디자인은 한계가 있고, 사용자에게 제공하는 그래픽 리소스가 적다 보니 필요한 디자인은 자신이 직접 제작하거나 이미지 제공 사이트를 통해 구해야 하는 번거로움이 있다. 좋은 접근성을 가졌음에도 PPT를 디자인 프로그램으로 잘 활용하지 않는 것은 이러한 이유 때문이다.

썸네일 디자인을 위해 유튜버들이 자주 사용하는 프로그램은 어도비 포토샵이다. 워낙 유명한 프로그램이고 사용자가 원하는 디자인을 모두 구현할 수 있는, 강력한 기능의 디자인 프로그램이다. 단점은 어도비의 라이선스를 구매해야 한다는 것이다. 최근에는 월 정기 구독 형태로 매달 적지 않은 비용을 결제해가며 사용해야 한다. 사실 이 유료 부분이 포토샵을 이용하는 데 가장 큰 걸림돌이기도 하다.

이외로는 수많은 앱과 웹페이지에서 이용 가능한 디자인 서비스들이 있다. 대체로 사용법이 간단하고 리소스도 다양한 편이나 대부분은 인앱 결제, 고급 기능 유료결제, 워터마크 생성 등의 제약이 있다. 그래도 그중에는 미리캔버스가 무료 사용 시 유리한 점이 많고 무료 기능만으로도 준수한 썸네일을 만들 수 있어 특히 초보 유튜버들이 사용하기 좋다. 결과물에 워터마크가 강제 삽입되지 않는 것 또한 강점이다. 그래서 필자는 채널 배너에 이어 썸네일 제작 역시 미리캔버스를 이용하기를 추천한다.

여기서 썸네일 제작용으로 다룰 툴은 미리캔버스다. 챕터 3(채널 브랜딩 셋업)에서 채널 배너 제작용으로 소개했는데, 이번은 템플릿만 다를 뿐 기본 사용법과 환경은 동일하다. 썸네일 제작을 위한 기본 환경을 잠깐 살펴보자.

썸네일 제작을 위한 기본 환경 이해

미리캔버스 홈페이지(miricanvas.com)에서 접속한 다음 스크롤을 조금 내리면 템플릿 종류를 선택할 수 있다. 그중 **유튜브 썸네일**을 클릭한다.

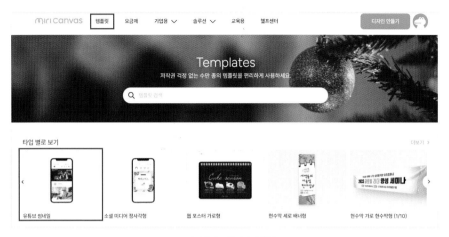

▲ 미리캔버스 홈페이지 화면

내 워크스페이스 화면으로 전환되고 좌측에 썸네일 템플릿 이미지 전체를 볼 수 있다. 그중 원하는 템플릿을 클릭하면 워크스페이스 우측 작업 환경에 이미지가 뜬다.

▲ 미리캔버스 - 템플릿 - 유튜브 썸네일

> ▶ **알쓸 Tip**　**미리캔버스가 처음이라면 무료 서비스 적극 이용을 권장**
>
> 좌측 탭에서 원하는 이미지를 고르다 보면 노란 왕관 아이콘이 표시된 것이 종종 보일 것이다. 이는 미리캔버스의 유료 서비스인 '프리미엄 콘텐츠'로, 월간 혹은 연간 구독 형태로 서비스 가입 시 이용할 수 있다. 다만 처음은 유료 서비스를 이용하기보단 '무료' 이미지를 가지고 만들어보길 바란다. 무료 썸네일 템플릿의 종류와 수도 프리미엄 못지않게 다양하기에 충분히 제작할 수 있기 때문이다.

템플릿의 이미지나 텍스트 아무거나 한번 눌러보면 개체들이 하나씩 선택될 것이다. 미리캔버스의 작업 화면은 이렇게 각 개체를 분리하기 때문에 원하는 것만 골라서 수정하기 쉽다. 예를 들어 특정 이미지만 선택하여 크기를 조절하거나 회전시킬 수 있고 일부 텍스트의 색을 달리하거나 폰트를 바꿀 수 있다. 기본적으로 PPT 사용법과 비슷하다고 생각하면 된다.

▲ 미리캔버스 - 워크스페이스- 레이어 선택

그리고 개체를 선택하면 좌측 탭의 구성도 변화한다. 예를 들어 이미지(사진) 개체를 선택하면 기본 기능(스타일 복사/잠금/복제/삭제)과 함께 다양한 속성 및 애니메이션 기능을 설정할 수 있다. 이외에도 속성 탭 가장 하단의 **비슷한 요소 찾기**를 클릭해서 선택한 이미지 개체를 다른 이미지로 교체할 수 있다.

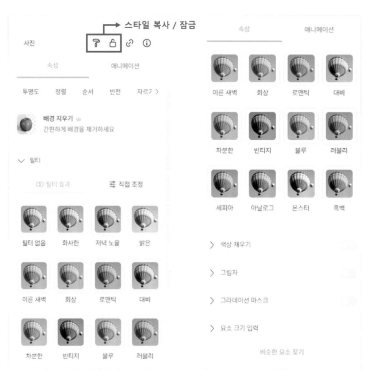

▲ 미리캔버스 - 워크스페이스의 사진 속성 화면

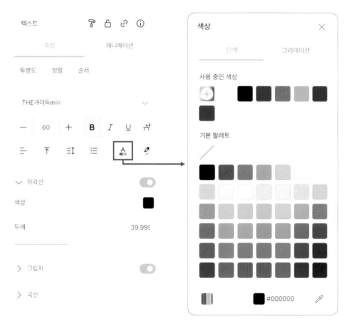

미리캔버스 - 워크스페이스의 텍스트 수정 화면

썸네일 이미지 간단 제작 실습

미리캔버스를 활용해 썸네일 이미지를 만드는 방법을 다뤄보겠다.

미리캔버스의 템플릿을 활용하면 쉽고 빠르게 썸네일을 만들 수 있다. 하지만 내가 원하는 카테고리의 썸네일이 없다면 어떻게 만들까? 내가 가진 이미지를 이용할 수도 있고, 미리캔버스가 제공하는 요소나 텍스트를 활용해서 직접 꾸며볼 수도 있다. 스마트폰 리뷰하는 영상 썸네일을 만든다고 가정하고 미리캔버스를 활용해 직접 이미지를 만들어보겠다.

미리캔버스에 로그인하고 **바로 시작하기**를 클릭해 워크 스페이스로 이동한다.

미리캔버스 홈페이지 → 바로 시작하기 클릭

워크 스페이스 화면의 상단을 보면 캔버스 크기를 조정하는 메뉴가 있다. 여기서 **유튜브 → 썸네일**을 클릭하면 썸네일 이미지에 적합한 크기로 맞춰진다.

▲ 크기 조정 → 유튜브 → 썸네일 클릭

워크 스페이스 화면 좌측에는 템플릿, 사진, 업로드, 요소, 텍스트 등의 메뉴가 있다. 원하는 메뉴를 선택하여 미리캔버스가 제공하는 소스를 살펴보고 선택하여 캔버스를 꾸밀 수 있다.

먼저 배경색부터 바꿔볼 것인데, IT 기기에 어울리는 시원한 느낌의 색을 넣으면 좋겠다. 내가 직접 색을 골라도 되지만 색을 고르는 게 어렵다면 미리캔버스가 추천하는 테마색을 골라보는 방법도 있다. 워크 스페이스 좌측 메뉴 중에 **테마**를 클릭하고 원하는 색을 골라 선택하면 다음과 같이 배경색이 적용된다.

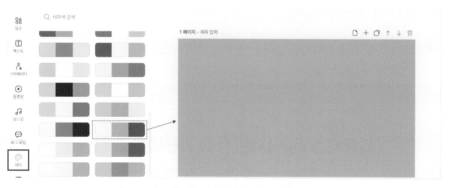

▲ 워크 스페이스 좌측 메뉴 바에서 '테마' 클릭 → 원하는 테마색 클릭

내 PC에 있는 스마트폰 이미지를 넣어보겠다. 챕터 3에서 채널 배너를 만들 때처럼 업로드 메뉴에서 이미지를 가져오고 캔버스에 삽입하면 된다.

▲ 업로드 메뉴에서 이미지 가져오기

▶ 알쓸 Tip _ **이미지 배경 지우기**

이미지를 그대로 가져오다 보면 배경이 남아서 지저분하게 보일 수 있다. 이럴 때 이미지를 깔끔하게 지우는 방법은 두 가지 있다. 미리캔버스 Pro 요금제를 이용하고 있다면 배경을 지우고 싶은 이미지를 캔버스에서 클릭한 후 속성 창에서 배경 지우기를 클릭하면 된다. 한편 미리캔버스를 무료로 이용하고 있다면 챕터 7에서 소개한 이미지 배경 제거 서비스 '리무브(remove.bg)'를 이용하면 된다.

▲ 미리캔버스 유료 기능인 '배경 지우기'를 이용하거나 리무브를 활용해 이미지 배경 제거

이번에는 제목과 스마트폰의 기종을 구분하는 글 등을 넣어보자. 좌측 메뉴의 **텍스트**를 클릭하면 제목 스타일 혹은 폰트를 골라 선택할 수 있는 창이 보인다. 필자는 아래와 같이 만들었다.

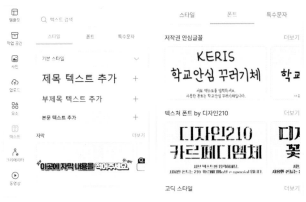

▲ 텍스트 메뉴의 요소들

▲ 좌측 메뉴 '텍스트' → 텍스트 배치 후 꾸미기

마지막으로 글을 강조할 선을 하나 추가하겠다. 좌측 메뉴의 **요소**를 클릭하면 다양한 도형, 일러스트, 아이콘 등을 볼 수 있다. 그중 선을 가져와서 다음과 같이 꾸밀 수 있다.

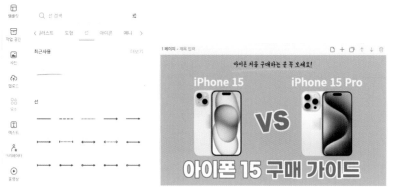

▲ 좌측 메뉴 '요소' 클릭 → 요소 선택 후 꾸미기

작업이 완료되었다면 워크스페이스 상단 우측에 **다운로드**를 클릭해서 **웹용** 파일로 받아볼 수 있다. 파일 형식은 **JPG 또는 PNG**로 선택하고 **빠른 다운로드**를 클릭해서 다운로드한다.

▲ 만든 썸네일 이미지 다운로드하기

▶ 알쓸 Tip　**페이지 복제**

참고로 미리캔버스의 작업물은 수정이 발생할 때마다 자동으로 저장된다. 캔버스 상단 우측에 **페이지 복제**를 클릭해서 페이지를 복사한 후 유사한 분위기의 썸네일을 추가로 제작할 수 있다.

▲ 페이지 복제 버튼 위치

8.4

태그, 키워드 입력하기

유튜브 시스템이 인식하는 메타데이터는 영상별 제목, 설명, 태그, 자막에 입력할 수 있다. 이 중 태그 입력은 노출 알고리즘에 영향을 줄 수 있으므로 입력하는 것이 좋다. 사실 영상 키워드, 태그 입력에 대한 의견은 분분하다. 입력해봤자 도움 안 된다는 의견과 그래도 입력하는 것이 좋다는 의견으로 나뉜다. 필자는 과도하고 무분별한 태그 사용을 삼가고 효과적인 몇 가지 단어를 골라서 똑똑하게 입력하는 것을 추천한다.

예전 블로그 시절로 거슬러 올라가면, 태그는 해당 블로그에 유입된 후 수많은 글에서 특정 단어가 들어간 게시물을 쉽게 찾기 위한 수단이었다. 반면 유튜브는 해당 채널에 들어가서 특정 단어가 들어간 영상을 쉽게 찾는 수단이 아니다. 유튜브는 채널 중심이 아닌 콘텐츠 중심으로 노출되기 때문이다. 즉, 태그를 활용해서 다른 영상 콘텐츠들과 경쟁해가며 내 영상 콘텐츠로 유입시켜야만 한다.

▲ 과도한 태그 사용 예

8.4.1 유튜브 태그 활용하기

유튜브 태그의 본질적인 기능은 크게 검색과 연관어로 볼 수 있다. 각 기능을 바탕으로 태그가 어떻게 활용되는지 알아보자.

태그 활용법 1 – 검색

예전에는 유튜브가 단순히 재미있는 영상을 보는 동영상 공유 플랫폼으로 여겨졌다. 검색은 단순히 소비할 영상을 찾는 수준에 지나지 않았고, 뭔가 습득해야 할 정보는 포털사이트에서 검색해야 한다는 인식이 뚜렷했다. 이후 유튜브는 폭발적으로 성장하면서 재미, 정보, 노하우, 브이로그 등 수많은 영상 콘텐츠가 쏟아졌다. 1분에 500시간 이상의 영상 콘텐츠가 매일 올라오고 거대한 양의 콘텐츠가 쌓여가며, 어느새 유튜브에서 검색하는 비중이 비약적으로 늘어나게 되었다. 최근에는 국내 포털사이트 네이버를 추격하는 수준으로 유튜브에서 검색을 많이 하는 것으로 밝혀지기도 했다.

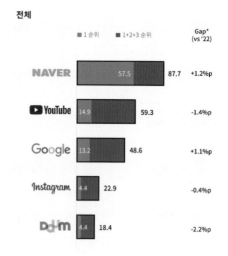

▲ 나스미디어 2023 인터넷 이용자 조사

태그 활용법 2 – 연관어, 확장 검색어

저녁 식사로 된장찌개 레시피를 검색할 때 어떻게 검색어를 입력하는지 생각해보자. 단순히 검색창에 '된장찌개' 네 글자만 입력하지는 않는다. '된장찌개 비법', '된장찌개 맛있게 끓이는 법' 같은 식으로 입력한다. 이런 확장 검색어가 생각나지 않더라도 유튜브는 '된장찌개'라는 단어만 입력하면 '예상 검색어' 기능으로 확장된 검색어를 보여준다. 이러한 점에 보면 태그는 단순히 검색어를 정해줄 뿐 아니라 연관어까지 연결하여 유튜브가 영상을 분류하는 데 영향을 준다고 볼 수 있다.

8.4.2 똑똑하게 태그를 입력하는 방법

유튜브 로직으로 한 명의 시청자라도 더 끌어오기 위해 영상 콘텐츠의 태그는 입력하는 것이 좋다. 태그 입력을 위해 특별히 많은 시간과 노력을 할애할 필요도 없다. 태그를 스마트하게 추출하고 입력하는 방법을 알아보자.

우리 유튜버는 콘텐츠 공급자로서 시청자들의 검색 패턴에 주목해야 한다. '된장찌개'를 검색했을 때 노출되는 콘텐츠가 100개라면, '구수한 된장찌개 레시피' 검색으로 노출되는 콘텐츠는 10개로 줄어들 수 있다. 즉, 1차 키워드 검색 경쟁에서 우회하고 2차 키워드로 특정 영상을 찾는 시청자에게 타깃팅할 수 있는 것이다. 된장찌개 관련된 영상을 올리는 유튜버는 모두 1차 키워드인 '된장찌개'를 넣는 것이 일반적이다. 하지만 과연 이 태그에 변별력이 있을까? 노출되는 모든 된장찌개 영상에 들어가 있는 '된장찌개' 태그는 이미 변별력을 상실한 상태일 것이다.

그렇다면 태그의 장악력을 높이려면 어떻게 해야 할까? 그 해답은 시청자들의 검색 패턴에 맞춘 2차, 3차 키워드에 있다. 모두를 공략할 수 있지만 경쟁이 치열한 1차 키워드가 아니라, 경쟁이 덜 하고 특정 층을 강하게 공략할 수 있는 2차, 3차 키워드를 입력해야 한다. 이것이 똑똑하게 태그를 입력하는 방법이다.

8.4.3 태그 추출 Tip

좋은 태그를 추출하기 위해 2차, 3차 키워드를 생성하는 데 도움이 되는 Tip을 소개한다.

유튜브 예상 검색어 활용

유튜브에 특정 단어를 입력하면 10개 이상의 '예상 검색어'가 자동으로 표시된다. 이를 활용해서 해당 영상의 태그로 입력하면 된다. 예를 들어 '홈트레이닝으로 뱃살 빼는 법'을 소재로 한 영상을 제작했다고 하자. 여기서 1차 키워드인 '홈트레이닝'과 '뱃살'은 입력할 필요가 없다. 유튜브 예상 검색어인 '뱃살빼는 운동', '뱃살빼는 최고의 운동', '뱃살 빨리 빼는 법', '뱃살 다이어트' 등의 2차, 3차 키워드를 입력하면 된다. 해당 영상에서 '홈트레이닝' 관련된 내용도 포함되었다면 예상 검색어도 입력한다.

뱃살	홈트레이닝
뱃살빼는운동	홈트레이닝
뱃살빼는 최고의 운동	홈트레이닝 여자
뱃살	홈트레이닝 남자
뱃살 빨리 빼는 법	홈트레이닝 다이어트
뱃살요정	홈트레이닝 루틴
뱃살운동	홈트레이닝 유산소
뱃살빼기	홈트레이닝 기구
뱃살빼는법	홈트레이닝 하체
뱃살 공개	홈트레이닝 초보
뱃살빼는 식단	홈트레이닝 근력운동
뱃살 다이어트	홈트레이닝 등운동
뱃살 빠지는 운동	

▲ 유튜브 '뱃살', '홈트레이닝' 검색 화면

키워드툴 활용

태그 추출 서비스인 키워드툴은 별도 프로그램 설치, 회원가입 및 로그인 없이 홈페이지에서 바로 2,3차 키워드를 추출할 수 있어 유용하다. 물론 검색된 키워드의 검색 볼륨, 경쟁 강도 등의 세부 데이터는 유료 결제 후 열람할 수 있다. 최소한 유튜브에 한해서는, 태그가 노출 알고리즘에 지대한 영향을 끼치지는 않기 때문에 무료로 사용해도 충분하다고 본다.

키워드툴 사용법을 간단히 안내하겠다. 브라우저에서 '키워드툴'을 검색해 해당 사이트(keywordtool.io)로 들어간다. 검색창 위 탭 중 **유튜브(YouTube)**를 선택하고, 국가와 언어는 각각 **대한민국(South Korea)**, **한국어**로 선택한다. 검색창에 희망하는 단어를 입력하면 즉시 연관 키워드가 노출된다.

▲ 키워드툴 홈페이지 화면

예를 들어 뱃살을 키워드로 검색한다면 다음 결과가 나온다.

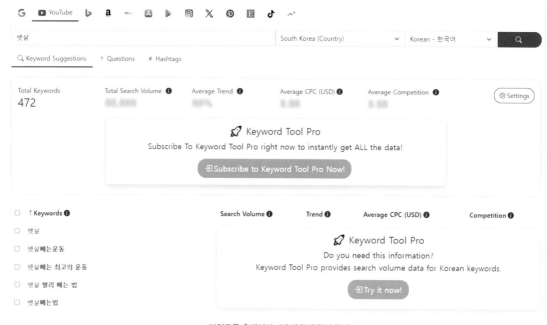

▲ 키워드툴 홈페이지 - '뱃살' 검색 결과 화면 1

☐ 뱃살빼기	☐ 뱃살 있는 여자	
☐ 뱃살춤	☐ 뱃살 공개	☐ 갱년기 뱃살 빼기 운동
☐ 뱃살요정	☐ 뱃살 괄사	☐ 갱년기 뱃살
☐ 뱃살 빼는 방법	☐ 뱃살 가리는 코디	☐ 뱃살 내장지방
☐ 뱃살 빼기 운동	☐ 뱃살 근력운동	☐ 뱃살 내장지방 이 동작으로 7분만
☐ 뱃살공주	☐ 뱃살 급하게 빼기	☐ 뱃살 내장지방 빼기
☐ 뱃살 운동	☐ 뱃살 감량	☐ 뱃살 누워서 빼기
☐ 뱃살 빼는 운동	☐ 뱃살 공개 브이로그	☐ 뱃살 눈바디
☐ 뱃살 빼기	☐ 뱃살 걷기	☐ 뱃살 내장지방 이 동작으로
☐ 뱃살 빼는법	☐ 뱃살 근육 운동	☐ 뱃살 늘어짐
☐ 뱃살 빠지는 운동	☐ 뱃살 가죽	☐ 뱃살 내장지방 빼는법
☐ 뱃살 홈트	☐ 고양이 뱃살	☐ 뱃살 나오는 이유
		☐ 뱃살 남자

▲ 키워드툴 홈페이지 - '뱃살' 검색 결과 화면 2

유튜브의 예상 검색어보다 훨씬 많은 양인 171개의 연관 키워드가 검색된 것을 볼 수 있다(집필 시점에서 검색한 결과라 이 책을 보는 여러분의 시점과는 다를 수 있다). 유튜브 태그 글자수 제한이 있기 때문에 제시된 키워드를 모두 입력할 수는 없다. 키워드 중 내 영상과 연관이 있는 키워드를 추리고, 여기에 사람들의 검색이 많을 법한 키워드를 최종적으로 추려서 태그에 입력하면 된다. 이때는 **'나라면 어떤 단어 조합으로 검색할까?'** 하고 사용자 입장에서 생각하는 습관을 들여야 한다.

결국 태그를 잘 뽑으려면 유튜브 영상 콘텐츠 공급자와 사용자의 시선을 함께 생각할 수 있어야 한다. 그리고 핵심 키워드는 살리되 그에 관련한 조합을 다양하게 고민하면서 전략을 짜는 역량이 필요하다. 이러한 역량은 수많은 경험과 루틴에서 나오므로 습관을 들이는 것이 좋다.

8.5

유튜브 영상 콘텐츠 업로드하기

제목 작성, 썸네일 제작, 태그 추출로 영상을 올릴 준비가 되었다면 유튜브에 영상 콘텐츠 업로드하는 방법을 PC 기준으로 알아보자.

영상 업로드 시작하기

유튜브 화면 상단 우측에 **만들기** → **동영상 업로드**를 클릭하면 동영상 업로드 새 창이 열린다. 내 PC에 저장된 동영상 파일을 마우스로 직접 끌어오거나 **파일 선택**을 클릭해서 이 창으로 가져올 수 있다.

▲ 유튜브 홈 화면 '만들기' → '동영상 업로드'

세부 정보 입력하기

영상을 불러오면 자동으로 업로드가 시작되며 화면 하단에는 업로드 및 저작권 검사 진행 상태가 표시된다. 그럼 동영상 정보를 입력해보자. 먼저 제목을 보면 영상 파일명이 자동으로 입력된 것을 확인할 수 있다. 미리 준비해둔 제목이 있다면 수정하면 된다.

그 다음은 콘텐츠 정보와 채널 정보 등을 입력한다.

▲ 동영상 업로드 '세부정보' 단계 화면 1

썸네일 업로드하기

업로드가 완료되면 영상 내 이미지를 추출하여 만든 썸네일 3개가 자동으로 추출된다. 이 썸네일을 그대로 써도 되고 미리 제작한 썸네일을 업로드해도 된다.

▲ 동영상 업로드 '세부정보' 단계 화면 2

썸네일 업로드를 클릭하여 제작한 썸네일을 업로드할 수 있다. 그런데 이 기능을 처음 사용한다면 액세스 권한을 받아야 한다는 새 창이 뜬다. **인증**을 클릭하여 본인 인증 과정으로 넘어가보자.

이 인증은 최초 한 번만 하면 되고 절차도 간단하다. 휴대폰 번호 입력 → 코드 받기 → 문자 메시지로 수신한 인증 코드를 입력하기만 하면 된다.

이 기능을 사용할 액세스 권한 받기

맞춤 미리보기 이미지를 추가하려면 우선 전화번호를 확인하세요.

닫기   인증

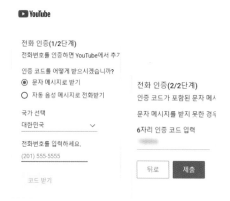

▲ 동영상 업로드 '액세스 권한 받기' 화면

▲ 동영상 업로드 '액세스 권한 받기 - 전화 인증' 화면

인증을 완료했으면 다시 **썸네일 업로드**를 클릭하여 미리 제작한 썸네일 이미지를 불러보자. 잘 적용된 것을 화면에서 확인할 수 있다.

미리보기 이미지

동영상의 내용을 알려주는 사진을 선택하거나 업로드하세요. 시청자의 시선을 사로잡을만한 이미지를 사용해 보세요. 자세히 알아보기

재생목록

▲ 동영상 업로드 '세부정보' 단계 화면 3 - 미리보기 이미지

시청자층 선택하기

시청자층에 해당 영상이 아동용인 경우 '예, 아동용입니다'를 선택하고, 그렇지 않다면 '아니요'를 선택한다.

시청자층

이 동영상이 아동용이 아니라고 설정됨   크리에이터가 설정함

모든 크리에이터는 위치에 상관없이 아동 온라인 개인정보 보호법(COPPA) 및 기타 법률을 준수해야 할 법적인 의무가 있습니다. 아동용 동영상인지 여부는 크리에이터가 지정해야 합니다. 아동용 콘텐츠란 무엇인가요?

ⓘ 아동용 동영상에서는 개인 맞춤 광고 및 알림 등의 기능을 사용할 수 없습니다. 크리에이터가 아동용으로 설정한 동영상은 다른 아동용 동영상과 함께 추천될 가능성이 높습니다. 자세히 알아보기

○ 예, 아동용입니다

◉ 아니요, 아동용이 아닙니다

▶ **알쓸 Tip   아동용 영상으로 선택할 경우**

아동용으로 선택한 영상은 키즈 콘텐츠로 분류되어 다른 아동 콘텐츠와 연결되어 추천될 가능성이 높은 대신, 댓글 금지나 개인 맞춤 광고 사용 불가 등 제한 사항이 생길 수 있다.

태그 입력하기

시청자층 항목 아래에 있는 **자세히 보기**를 클릭하면 부가 정보를 입력할 수 있다. 여기서는 태그를 넣을 것이다. 스크롤을 내려보면 태그 입력란에 미리 추출한 2, 3차 키워드를 입력한다. 키워드 입력 후 엔터를 치거나 쉼표를 입력하며 구분한다. 참고로 태그 입력 제한 글자수는 500자이다.

▲ 동영상 업로드 '세부정보' 단계 화면 4 - 태그

이외의 부가 정보(유료 프로모션, 자동 챕터, 라이선스, 샘플링, 카테고리)는 기본값 그대로 두면 된다. 단, **제3자로부터 동영상 제작에 대한 대가를 받았다면 반드시 '유료 프로모션' 박스에 체크**하는 것만 명심하자.

▲ 동영상 업로드 '세부정보' 단계 화면

동영상 요소 넣기, 저작권 검토

입력한 부가 정보를 확인한 후 **다음**을 클릭하면 동영상 요소 설정 화면으로 넘어간다. 여기서는 자막, 카드, 최종 화면을 추가할 수 있다.

▲ 동영상 업로드 '동영상 요소' 단계 화면

다음을 클릭하면 검토 화면이 나온다. 동영상 파일을 업로드했을 때 저작권에 문제가 있는지를 검토한 결과가 나타난다. 저작권 검사 완료 표시를 확인했으면 다음으로 넘어가자.

▲ 동영상 업로드 '검토' 단계 화면

동영상 공개 범위 및 시기 설정

업로드 마지막 단계는 동영상 공개 범위 및 공개 시기를 설정하는 것이다. 공개 범위는 총 4가지를 선택할 수 있다. 나와 내가 선택한 사람만 동영상을 시청할 수 있는 **비공개**, 주변인들에게 동영상 링크를 공유하는 식으로 링크를 가진 사람만 볼 수 있는 **일부공개**, 누구나 내 동영상을 시청할 수 있고 내 채널에 공개되는 **공개**가 있다.

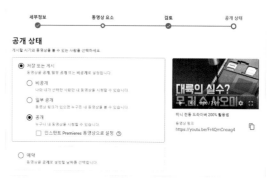

▲ 동영상 업로드 '공개 상태' 단계 화면

동영상 공개 시기는 **예약** 기능을 이용해 설정할 수 있다.

△ 동영상 업로드 '공개 상태' 단계 예약 화면

> ▶ 알쓸 Tip _ **예약 업로드 활용**
>
> 여러 편의 영상을 업로드할 경우에는 한꺼번에 바로 올리지 말고 예약 기능을 이용해보자. 유튜버들은 보통 업로드 주기를 정하고 적게는 1~2편 많게는 5편 이상의 영상을 예약으로 걸어둔다. 그러면 업로드 주기에 맞춰 꾸준하고 일관성 있게 업로드되므로 시청자와 구독자에게 좋은 이미지를 심어줄 수 있다.

게시된 동영상 확인하기

업로드가 완료되면 게시된 동영상 창이 뜨고 영상을 공유할 수 있는 링크를 다시 한번 표시해준다. 링크를 클릭하면 정상적으로 발행된 영상 콘텐츠를 확인할 수 있다.

▲ 게시 완료 및 게시 확인 화면

Chapter 09

{ 유튜브 홍보
마케팅 전략 }

실시간

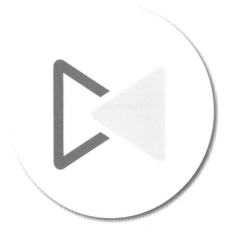

▶▶▶ **Contents**

9.1

문화가 된 유튜브, 나를 어떻게 홍보해야 할까?

PCLI 스마트폰만 있으면 누구든 영상을 무료로 올릴 수 있고 스트리밍이 가능함을 앞세워 유튜브는 독보적인 콘텐츠로 성장해왔다. 사용자가 늘어나면서는 영상의 소비 형태도 변화하였다. 기존 TV에서나 볼법한 영상, 웹드라마나 개그맨들이 진행하는 몰래카메라나 토크쇼 등의 영상이 유튜브에 꾸준히 업로드되었고, 유료 영상 플랫폼을 통해 보던 교육 영상 등도 유튜브에 무료로 업로드되기 시작했다. 이렇듯 탁월한 접근성과 다양한 주제의 콘텐츠로 유튜브는 우리 삶에 깊이 들어왔고, 이제는 현 시대의 문화가 되었다.

9.1.1   문화 콘텐츠로서 유튜브가 가진 기능

유튜브가 문화 콘텐츠로서 기능할 수 있는 결정적인 이유는 무엇일까? 필자는 다음의 역할이 기반이 되었기 때문이라 생각한다.

유튜브는 블로그(SNS)와 커뮤니티, 쇼핑몰 기능을 갖춘 문화 콘텐츠다

SNS로서의 유튜브

영상을 조회하고 채널을 구독하고 좋아요를 누르고 댓글을 작성하는 등 유튜브에서의 활동은 단순히 정보 전달에만 그치지 않는다.▉ 다른 사람과 소통하고 공유하는 문화의 장이 되기에 유튜브는 SNS의 역할을 하고 있다.

일대일(1:1) 소통이 아닌 일대다(1:多) 소통 방식을 영상과 이미지 그리고 텍스트로 할 수 있는 점에서 유튜브는 현 시대의 가장 정형화된 플랫폼이라고 할 수 있겠다.

▉ 영상 조회, 채널 구독, 좋아요는 유튜브 사용자라면 누구든 할 수 있지만 댓글 활동은 개인 채널을 생성해야만 할 수 있다. 그렇다 보니 채널 운영 여부와 상관없이 자신의 채널을 가진 유튜브 사용자들이 많다.

커뮤니티로서의 유튜브

커뮤니티 서비스의 본질적 역할은 정보 공유와 소통이다. 이러한 점에서 유튜브는 커뮤니티로서 기능하기도 한다. 유튜브에는 대표적으로 어떤 커뮤니티 서비스가 있는지 간단하게 살펴보겠다.

먼저 **유튜브 고객센터의 도움말 커뮤니티**가 있다. 사용자들의 소통을 위해 만든 시스템으로, 여기에 질문글을 남기면 커뮤니티 전문가의 답변을 받을 수 있다.

▲ 유튜브 고객센터의 '커뮤니티' 메뉴를 통해 도움말 커뮤니티로 이동할 수 있다

두 번째는 500명 이상의 구독자가 있는 유튜브 채널에 생성되는 **커뮤니티 탭**이다. 이미지, 이미지 설문조사, 텍스트 설문조사, 동영상 등을 게시하여 시청자와 소통할 수 있다.

▲ 유튜브 채널의 커뮤니티 탭 사용 예시

쇼핑몰로서의 유튜브

SNS, 커뮤니티로서 유튜브가 가진 순기능을 이용해 충분한 팬덤을 확보했다면 유튜브 쇼핑 기능을 활성화하여 추가 수익을 기대해볼 수 있다. 그 방법으로 쇼핑몰 만든 후 유튜브 채널 내 스토어 개설하기, 라이브 커머스 진행하기가 있다고 했다(**5.3.2**의 **라이브 커머스** 참조).

특히 굿즈 판매는 채널 브랜드의 인지도를 높이는 수단이 될 뿐만 아니라, 구독자들의 경험을 확대하는 데 도움이 된다. 특별한 의미가 있는 물건을 받는 경험은 구독자에게 즐거움을 주고, 굿즈를 가지고 다른 사람들과 소통하며 유대감을 느끼게도 만든다. 그리고 굿즈를 사용하거나 볼 때마다 해당 브랜드를 떠올리게 한다.

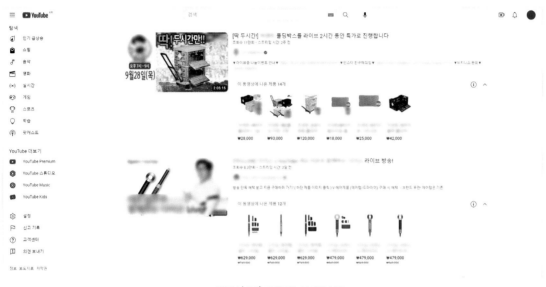

▲ 유튜브 '쇼핑' 카테고리 - 라이브 쇼핑

9.1.2 내 유튜브 채널을 홍보하는 효과적인 방법

문화가 된 유튜브에서 내 채널을 효과적으로 홍보하려면 어떻게 해야 할까? 채널 정체성을 유지하면서 시청자에게 호감을 얻고 채널 유입을 끌어오는 방법으로 접근하는 것이 좋다. 그렇다면 시청자들을 좀 더 빠르게 끌어올 수 있을지 궁금할 것이다. 필자가 생각하는 시청자 유입률을 빠르게 높이는 방법은 바로 **다채널 SNS 활동**이다.

그래서 다음 절(9.2)부터는 내 유튜브 채널을 커뮤니티로 발전시키고, 커뮤니티를 다양한 SNS 채널과 연동하거나 수익 활동을 통해 채널을 홍보하는 방법을 다루고자 한다.

가장 쉽지만 잘 놓치게 되는 홍보 방법

아무리 좋은 콘텐츠라도 홍보에 힘쓰지 않고는 단숨에 시청자들에게 다가가는 것은 어렵다. 홍보 방법으로 무엇이 있을지 생각해보면 흔히 SNS를 활용하거나 블로그를 이용하는 방법을 먼저 떠올릴 것이다. 그런데 처음부터 다채널 SNS 계정을 만들 생각을 하면 부담도 되고, 채널 성장을 위해 콘텐츠 기획에 더 집중해야 할 시간에 홍보 활동에 공을 들이려니 아깝기도 하다. 그렇다면 어떤 방법으로 홍보를 해야 할까? 그 답은 생각보다 가까운 곳에 있다. 가장 쉬움에도 유튜버들이 잘 놓치는 홍보 방법을 알아보자.

9.2.1 좋댓구알공

유튜브 콘텐츠를 제작하고 영상 하단에 있는 좋아요와 댓글 공유 그리고 구독 알림 설정은 유튜브가 인정한 가장 쉬운 홍보 방법이다. 당연히 해야 한다는 뜻이다.

좋댓구알(좋아요, 댓글, 구독, 알림 설정). 유튜버로 데뷔하고 나면 간절해지는 단어들의 나열이다. 좋댓구알은 유튜브가 인정한 가장 쉬운 홍보 방법이다. 당연히 해야 한다는 뜻이다. 그런데 여기서 사람들이 간과하고 있는 것이 있는데, 바로 **공유** 기능과 **나중에 볼 영상**으로 저장하는 것이다. 유튜브는 공유가 많이 될수록, 그리고 나중에 볼 영상으로 많이 저장될수록 좋은 영상이라고 판단하기 때문에 자신의 영상을 홍보할 때 이 점을 어필하는 것도 좋은 방법이다. 그래서 필자는 좋댓구알에 공유를 덧붙여 **좋댓구알공**이라고 말한다.

유튜브 저장 기능을 활용하면 자신의 채널로 들어가서 재생목록 탭에서 저장된 영상을 볼 수 있다. 물론 좋아요 기능을 활용해서 좋아요를 누른 영상들만 따로 모인 재생목록도 볼 수 있다. 이처럼 가장 쉬우면서도 놓치는 방법이 구독자들에게 좋댓구알공을 하는 것이다.

9.2.2 영상에 최종 화면 및 정보 카드 추가

영상에 최종 화면과 정보 카드를 추가하여 동영상 링크, 재생목록 링크 등을 거는 것도 좋은 홍보 방법이다. 내 영상을 모두 시청한 사람들에게 그와 연결된 좋은 영상을 추천함으로써 내 채널을 알리고 구독을 유도할 수 있어 유익하다.

■ 최종 화면 및 정보 카드 추가하는 방법

유튜브 스튜디오로 이동 → **콘텐츠** 탭 클릭 → 수정할 영상 선택 → 왼쪽 메뉴에서 **편집기** 클릭 → 최종 화면 혹은 정보 카드 설정

△ 최종 화면 및 정보 카드 추가하기

9.2.3　설명, 고정 댓글 홍보

유튜브는 **설명란**에 영상에 대한 내용을 상세히 기록하고, 고정 댓글에는 요약본을 넣는 것을 선호한다. 이 또한 추가적으로 홍보하고자 하는 것이 있다면 티스토리 혹은 네이버 블로그나 네이버 포스트를 발행하며 링크를 함께 올려두자. 경우에 따라 구글 설문지를 넣어 사람들에게 이벤트를 열어보는 것도 참여도를 높이는 방법이 된다.

이는 채널을 운영하는 사람이 얼마나 섬세한지를 보여주는 척도가 될 것이다. 사람들은 생각보다 글을 읽는 것에 목말라 있다. 하지만 너무 길지는 않게 작성하여 잘 팔리는 채널이 되도록 해보자.

유튜브에서 잘나가는 단어들

역대급, 차원이 다른, 희귀한, 역사상, 레전드, 핵심, 최초, 최대, 리스크, ~안 되는 이유

진심, 지금 난리난, 반드시, 무조건, 찐, 희귀템, 1초뒤, 5가지, Best 3

위에 소개한 단어들은 제목은 물론 상세 설명의 내용과 썸네일에 적용 가능한 유튜버들이 애용하는 단어들이다. 진정성과 신뢰를 바탕으로 하는 채널로 발전하기 위해서는 제목과 내용이 다른 어그로성 콘텐츠는 지양해야 하며, 여기서 말하는 홍보는 내 채널의 같은 맥락의 콘텐츠를 연결해주는 것으로, 검색이나 탐색을 통해 들어온 사람들에게 유용한 정보를 전달하는 연결점이라는 점을 잊지 말아야 한다.

알쓸 Tip _ AI 도움을 받아서 초안 작성하기

어떻게 글을 작성해야 할지 모르겠고 막연하다는 생각이 든다면 AI 서비스(예: 챗GPT, 뤼튼)의 도움을 받는 것도 방법이다.

양질의 답변을 받고 싶다면 AI에게 역할을 지정하고(예: 너는 [어떤 역할]이야), 어떤 문제가 있으며 이를 해결하려는 이유는 뭔지 항목을 나눠서 작성한 다음, 해결 방법을 질문해보자. 예를 들어 플루트 교육 유튜브 영상에 관련한 홍보용 블로그 글 초안을 작성한다고 가정하고 뤼튼이나 챗GPT에 아래와 같이 질문해볼 수 있다. 초안 작성을 위한 아이디어를 얻으면 어느 정도 글에 가닥이 잡히게 될 것이다.

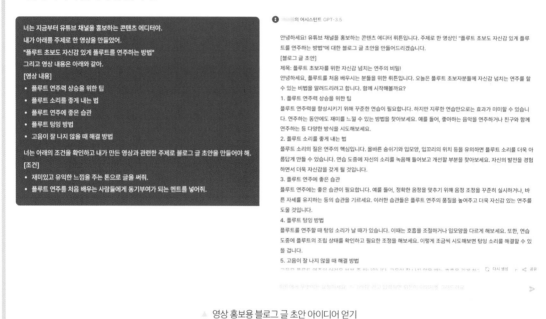

▲ 영상 홍보용 블로그 글 초안 아이디어 얻기

9.2.4 채널 브랜딩 홍보

아주 쉬운데도 유튜버들이 잘 놓치는 또 다른 홍보 방법은 바로 내 채널의 브랜딩, 이른바 퍼스널 브랜딩이다. 브랜딩 기법에는 다양한 내용이 있지만 그중 유튜버에게 꼭 필요한 브랜딩에 대해 정리해보겠다.

브랜드 컬러를 정하자

푸른색은 신뢰감, 노란색은 발랄함, 녹색은 건강함, 빨간색은 열정… 이렇듯 색상마다 분위기와 느낌이 있다. 채널이 주는 인상을 가장 직관적으로 표현할 수 있는 것이 색이다. 브랜드 컬러를 정해서 내 채널 프로필 이미지, 배너에 적용하고 콘텐츠 썸네일에 지속적으로 넣어보자. 일관적인 색상을 보여줌으로써 시청자에게 나의 인상을 뚜렷하게 전하고, 이로써 시청자들이 내 채널을 인지하도록 만들 수 있다.

브랜드 컬러를 고를 때는 시청자에게 어떤 모습을 보여주고자 하는지 떠올리며 다양한 부분(내 채널 콘텐츠에 잘 맞는 색인지, 간결하며 기억하기 쉬운지 등)을 고려해보아야 한다. 예를 들어 필자의 유튜브 채널은 다음과 같은 콘셉트를 생각해볼 수 있다.

- 플루티스트가 알려주는 진짜 플루트 지식 채널
- 세대 불문, 플루트 초심자도 부담 없이 다가올 수 있는 커뮤니티
- 방구석에서도 1:1 강습을 받는 느낌을 줌
- 유쾌하고 개방성 있는 느낌

자신의 채널을 개설할 때 생각한 콘셉트를 떠올리며, 내 채널 콘텐츠에 어울리는 색을 찾아보자. 색을 찾기 어렵다면 다음의 사이트를 활용해보는 것도 좋은 방법이다.

Tip 특히 아래 소개한 컬러스(Coolors)는 여러 색 조합을 무작위로 뽑고 싶을 때 활용하면 좋다. 사이트에 들어가서 Start the generator를 클릭한 다음 스페이스 바만 누르면 무작위로 색 조합이 바뀐다.

[컬러스] https://coolors.co/
[어도비 컬러] https://color.adobe.com
[컬러 헌트] https://colorhunt.co
[컬러스페이스] https://mycolor.space

업로드 일정을 정하자

유튜버로 살아가다 보면 내 채널의 영상은 시청했지만 구독을 누르는 시청자들이 많지 않다는 걸 느끼게 된다. 그 이유는 앞서 이야기한 좋댓구알공을 연결하여 생각해보면 알 수 있다. 영상을 시청하면서 좋았다고 무조건 좋아요나 구독을 누르지 않는다는 이야기다. 그럼 유튜버들이 해야 할 일은 무엇일까? 지속적으로 들어와야만 하는 이유를 보여주는 것이 중요하다. 업로드 일정을 정하고 약속대로 꾸준히 영상을 업로드하여 내 채널을 시청자들에게 상기시키자. 내 콘텐츠가 꾸준히 올라온다는 확신을 심어줄 수 있어야 더 많은 시청자들이 기대를 가지고 구독을 할 것이다.

▶ 알쓸 Tip **최적의 업로드 시기를 잡아라**

채널을 이제 막 오픈했다면 자신이 가장 편하게 올릴 수 있는 요일을 선택해서 올리면 되고, 채널이 어느 정도 성장했다면 유튜브 스튜디오의 분석 탭을 통해 시청자들이 가장 즐겨 찾는 시간대를 공략하여 올리자. ◪ 초기 유튜버가 이 부분에서 가장 실수하는 부분이 본인의 능력치보다 과하게 스케줄을 잡는다는 점이다. 유튜브에 진심이라면 일주일에 하나라도 정해놓은 시간에 정확하게 올리면서 채널을 운영하는 것을 추천한다.

◪ 유튜브 스튜디오를 이용한 내 채널 분석 방법은 챕터 11에서 다룰 것이니 참조하길 바란다.

9.3
유튜브 알고리즘 이용하기

9.3.1 유튜브 알고리즘 바로 알기

유튜버들이 흔히 하는 얘기가 '떡상 하고 싶다', '구글신에게 (혹은 알고리즘신에게) 간택 받고 싶다'이다. 떡상은 '어떤 수치 등이 급격하게 오르는 것'을 의미한다. 주식 등에서 많이 쓰이는 말인데, 유튜브에서는 조회수나 구독자가 급격히 많아진다는 뜻으로 사용한다.

우리는 어떻게 하면 유튜브 알고리즘의 선택을 받을 수 있을까? 유튜브의 추천과 선택을 받기 위해 어떻게 해야 할까?

우선 내 채널을 더 널리, 더 많이 퍼뜨려주는 유튜브 알고리즘은 다음과 같이 작동한다.

- 클릭률이 높은 영상, 클릭 후 시청 지속 시간이 높은 영상
- 좋아요, 공유, 나중에 볼 영상 저장, 댓글이 많은 영상
- 영상 시청 후 채널 내 다른 영상으로 유입 후 시청 시간이 높은 경우
- 영상 시청 후 구독을 누른 경우

다만 위 항목에 부합하는 영상을 만드는 것이 쉽지 않은 일이다. 그래서 알고리즘을 이렇게 이해하는 것도 필요하다.

1. **이슈 영상**: 세계적 현상을 이해하고 시의성 있는 영상 올리기
2. **챌린지 혹은 유행하는 영상**: 챌린지는 물론이고 그 시기에 유행하는 특별한 영상 올리기

   (예) 당근마켓 하는 사람들, 거짓말 없는 세상, 웹드라마 등...
3. **수익 창출 영상**: 동기부여성 강의 영상보다 더 임팩트 있는 '돈 버는 방법' 영상 올리기

물론 이런 영상을 제작하고 업로드했다고 무조건 유튜브 알고리즘의 선택을 받는 것은 아니다. 특히 떡상을 경험한 영상이라고 해도 시간이 흐르면 조회수가 정체되고 클릭률이 점차 낮아지게 된다. 이것이 새로운 영상을 지속적으로 업로드해야 하는 이유다. 그렇다면 어떻게 해야 알고리즘의 선택을 잘 받을 수 있을까? 다음으로 넘어가서 알고리즘과 친해지는 방법을 알아보자.

여기서 '알고리즘의 간택을 매번 기대해야 하나? 한 번도 어려운데 정말 가능한 일이긴 할까?'라는 의구심이 들 수 있겠다. 하지만 시도해보지 않고 저절로 성공하기를 기대하는 것보단 어떤 채널에든 성공의 기회가 열려 있고 내 채널이 안정적으로 성장할 가능성을 올릴 방법이 있다면 하나라도 더 시도해보는 것이 더 낫지 않을까 싶다. 알고리즘과 친해지려는 것은 알고리즘에 의존하고자 함이 아닌 내 채널의 성공 가능성을 올리기 위한 일이며 각고의 노력이 필요하다. 유튜브 성공의 법칙은 결국 자신이 만들어가는 것이고, 그 열쇠 또한 자신의 행동에 달려있다. 이 점을 상기하면서 필자의 조언을 참고했으면 한다.

9.3.2 유튜브 알고리즘과 친해지는 방법

다음의 내용을 토대로 채널을 운영한다면 유튜브의 알고리즘과 친해질 수 있다.

채널의 대주제와 카테고리가 일맥상통하게 하자

채널의 주제가 너무 다양하면 이 채널이 어떤 채널인지 파악하기 어려워서 알고리즘은 물론 시청자들까지 물음표를 지니게 된다. 채널의 주제가 일관되게 콘텐츠를 생산하는 것이 중요하다.

영상 업로드 일정을 지키고 회원 댓글에 대댓글을 달자

회원들과 소통하는 것은 무척 중요하다. 그리고 그 댓글을 영상의 소재로 사용하는 것도 구독자들과 소통하는 좋은 방법이다. 구독자들이 이 채널의 구성원임을 잊지 말자. 유튜브의 알고리즘은 영상 안에 있는 모든 기능이 잘 움직이고 있는지 들여다보고 있다. 특히 콘텐츠 업로드 시간을 지키고 대댓글이 잘 이루어진다면 노출률이 좀 더 좋아진다.

재생목록을 만들자

내 채널의 영상과 타 채널의 영상을 한 재생목록에 넣어두자. 검색 시 내 채널의 재생목록이 상위에 뜨게 될 가능성이 높아진다. 이때 일관성을 지닌 영상들을 한 재생목록으로 묶어야 한다.

> ▶ 알쓸 Tip   **유튜브 팟캐스트로 재생목록 생성하기**
>
> 최근 팟캐스트로 재생목록을 생성하면 자신의 영상만을 묶어 놓고 그 영상들을 추적, 관찰할 수 있다. 유용한 기능이니 재생목록과 비교하여 활용하자.
>
> 팟캐스트 재생목록은 유튜브 스튜디오의 팟캐스트 탭에서 만들 수 있으며 최초 생성 시 구글 계정을 만들 때처럼 본인 인증을 한 번 거쳐야 한다. 팟캐스트 탭은 유튜브 스튜디오의 좌측 메뉴 바에서 **콘텐츠** 클릭 → 채널 콘텐츠 화면 상단 바에서 **팟캐스트**를 클릭하면 들어갈 수 있다.

커뮤니티 투표를 이용하자

커뮤니티 투표는 떡상의 비법 중 하나다. 구독자가 아닌 사람들에게도 보여주기에 내 채널을 처음 보는 사람들도 투표를 할 수 있다. 그렇기 때문에 투표의 주제는 넓게 가지고 가는 것이 좋으며 즐겁고 재미있는 투표를 올리는 것이 좋다. 무심결에 구독을 누르게 되는 마법의 투표를 진행해보자.

유튜브라는 레드오션 속에서 살아남는 방법은 꾸준함과 진정성 그리고 정보를 접하면 실행에 옮기는 것이다. 시청자들이 원하는 콘텐츠에 내가 갖고 있는 나만의 느낌을 잘 녹여낸다면, 알고리즘에 의해 떡상하는 일이 곧 생길 것이다.

▲ 커뮤니티 투표 이용 예시

9.4

유튜브 운영 및 홍보에 유용한 크롬 확장 프로그램

9.4.1 vidIQ

유튜브 채널을 운영하면서 홍보 마케팅에 대해 고민이 있다면 vidIQ를 이용해보길 바란다. vidIQ는 일일 아이디어, 키워드, 경쟁 채널 분석, 최신 트렌드, 조회수 등의 분석을 제공하는 플랫폼으로 최근 AI를 활용하여 범위가 확장되었다. 기본적으로 해당 애플리케이션과 홈페이지를 통해 활용할 수 있는데, 크롬 확장 프로그램을 설치하면 유튜브 스튜디오에서도 활용이 가능하다.

vidIQ 설치하기

크롬 브라우저를 열고 우측 상단에서 **삼점 버튼**을 클릭하고 **확장 프로그램 → Chrome 웹 스토어 방문하기**를 선택하면 크롬 웹 스토어로 들어갈 수 있다. 여기서 vidIQ를 검색해보자.

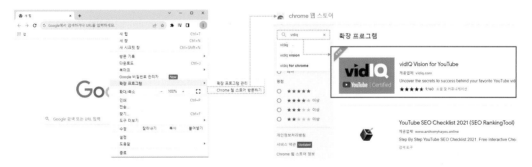

▲ 크롬 웹스토어로 들어가서 vidIQ 검색

검색 결과 화면에서 vidIQ 프로그램을 선택하고 **Chrome에 추가**를 클릭한다. 그리고 **확장 프로그램 추가**를 클릭하면 vidIQ가 내 확장 프로그램으로 추가된다.

▲ vidIQ를 내 확장 프로그램으로 추가

vidIQ의 추가가 완료되면 다음과 같이 로그인 화면이 나온다. 구글 계정을 이용하면 간편하게 로그인할 수 있다.

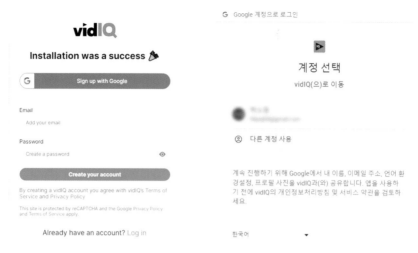

▲ vidIQ 계정 만들기

vidIQ의 유용한 기능

vidIQ에 로그인하면 유튜브 스튜디오에서 영상 업로드 설정으로 들어갈 시 다음과 같은 카드가 보인다. 여기서 확인할 부분은 두 가지이다. 무료 버전에서는 이 두 가지만 활용해도 꽤 좋다.

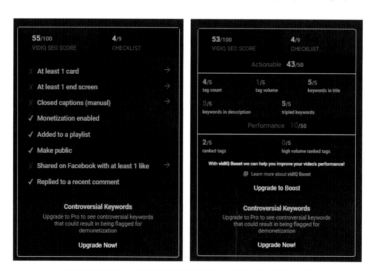

▲ VIDIQ SEO SCORE / CHECKLIST를 각각 클릭하며 카드 화면을 전환할 수 있다

위 화면을 확인하는 방법:

유튜브 스튜디오 → 콘텐츠 탭 → 동영상 → 세부정보 → 우측 하단 화면

좌측 상단의 노란색 **VIDIQ SEO SCORE**는 유튜브 알고리즘 점수로 최소 50점 이상으로 높이면 좋다. 이 제까지 봤던 점수가 가장 높은 것이 80점이 좀 넘었는데 생각보다 높이기 어렵다. 그만큼 태그를 잘 사용하는 것이 좋다.

한편 CHECKLIST 탭을 클릭한 경우에는 아래와 같은 화면이 보이는데, 이 예시에서는 카드 1개 추가, 최종 화면과 자막 그리고 페이스북에 1번 공유하기를 권장하고 있다. 이렇게 하면 점수가 높아질 것이다.

초록색으로 체크 표시된 것은 Monetization enabled(수익 창출 사용 중), Added to a playlist(재생목록 추가), Make public(영상 공개), Replied to a recent comment(최근 댓글에 답글을 남김)이다. 좌우측 이미지 하단에는 논란이 될 수 있는 키워드를 제시하겠다는 내용이 나오는데 Pro로 업그레이드하면 볼 수 있다는 내용이다.

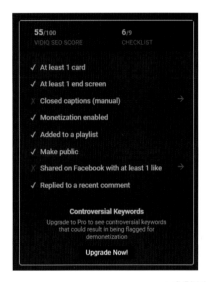

1. 카드 1 추가
2. 최종 화면 1 추가
3. 자막 넣기
4. 수익 창출 사용하기
5. 재생목록에 넣기
6. 영상 공개하기
7. 페이스북에 공유하고 좋아요 1 받기
8. 최근 댓글에 답글하기

▲ CHECKLIST 탭을 선택한 경우

현재 vidIQ와 유사한 사이트들이 다수 운영 중이다. 영어라는 단점이 있고 직접적인 영향력을 주는 홍보 사이트가 아니지만, 앱으로도 확인이 가능한 장점이 있다. 또한 위의 내용처럼 카드 1개 추가, 최종 화면 1개 추가, 자막 넣기, 수익 창출 사용하기, 재생목록에 넣기, 영상 공개하기, 페이스북에 공유하고 좋아요 1개 받기, 최근 댓글에 답글하기 등의 **유튜브 운영에 도움되는 습관을 들이자**는 취지로 이 사이트를 소개했다.

9.5

SNS, 커뮤니티와의 연계 전략과 수익화

9.5.1 SNS, 커뮤니티와의 연계 방법

코로나로 대면 활동이 어려워지면서 많은 사람들이 유튜브에 뛰어들었다. 그리고 라이브 스트리밍을 하지 않던 유튜버들도 상당수가 라이브를 진행하기 시작했다. 상당수의 주변 지인들도 유튜버의 삶을 선언하고 SNS 프로필에는 업데이트된 유튜브 링크가 올라와 있는 경우가 많이 있다.

실제 그 링크를 타고 들어가서 유튜브에 좋아요 댓글을 남기고 나오는 경우도 꽤 있었는데 이 방법은 매우 간단하면서도 지인들에게 알리는 좋은 방법인 듯하다. 대부분은 SNS를 먼저 활동하고 있었던 사람들이고 구독자는 지인들 위주로 채워졌다. 하지만 SNS 특성상 남의 일에는 관심이 없는 게 사실이고 절친 모드의 몇몇 사람만이 최초 구독과 좋아요 댓글에 힘을 보태주지, 오래토록 함께 있어주기는 어렵다.

그래서 많이들 하는 일이 맞구독인데, 맞구독은 인식 자체가 그리 좋지는 않다. 이유는 자기 유튜브도 하기 바쁜 사람들이 맞구독을 한 유튜버의 시청 지속률을 높이기란 쉬운 일이 아니기 때문이다. 그렇기 때문에 구독을 해놓더라도 실제 시청 지속률을 높여주는 사람들은 구독자가 아닌 사람일 가능성도 있고 구독자라고 해도 주변인이 아닐 가능성이 높다는 점을 인식할 필요가 있다. 그렇다면 SNS에서 어떻게 활동을 해야만 좋은 결과를 얻을 수 있을까?

효과적인 커뮤니티 전략 세우기

결국 SNS나 블로그 커뮤니티에 이르기까지 내 주변 사람이 아닌 정말 이 영상 콘텐츠를 원하는 사람들을 향한 구애 작전을 펼쳐야 한다. 그러려면 기본적으로 SNS에는 사진과 영상 속 대본이나 정보가 매우 맛깔나게 들어가 주면 좋다. 특히 블로그를 통한 유튜브 홍보는 나쁘다는 견해가 많은데 전혀 그렇지 않다. 실제 유튜브 채널의 링크를 올릴 필요도 없는 캡처본을 활용하면 생각보다 많은 사람의 유입이 있을 수 있다. 혹 링크를 올리는 것이 좋지 않다고 생각한다면 게시글 하단 댓글이 달리면 쪽지 기능을 통해서 영상 링크를 보내거나 하는 방법이 있다.

그리고 유튜브 하단에는 블로그나 커뮤니티, 카카오톡 오픈채팅 등의 링크를 올려두어 소통할 수 있게 해두면 좋다. 요즘에는 전자책을 무료로 뿌리면서 네이버 카페나 오픈채팅으로 모아두는 게 추세다. 이렇든 저렇든 팬덤을 형성하여 제2의 비즈니스를 창출할 수 있도록 하는 것을 추천한다. 다음은 효과적인 커뮤니티 연계 프로세스이다.

▲ 효과적인 커뮤니티 연계 프로세스

자, 그럼 본격적으로 영상 홍보 비결을 들여다보자. 앞으로 이야기하는 유튜브 콘텐츠 홍보의 정석을 통해 널리 홍보하면서 또 다른 수익화를 얻을 수 있길 바란다. 유튜브와 타 SNS를 연계하여 활동하되 유튜브를 더욱 유심히 지켜보고 SNS로서의 순기능을 잘 활용하기를 바란다.

9.5.2 유튜브 콘텐츠 홍보의 정석

유튜브는 결국 SNS와 같은 인터넷 플랫폼이다. 내가 만든 콘텐츠를 널리 홍보하려면 많은 사람들의 눈에 띄어야 하고, 그들의 눈에 띄었다면 클릭을 이끌어내야 한다. 하지만 이보다 더 중요한 것은 꾸준한 기획과 실행이다. 다음은 효과적인 홍보를 위한 정석을 담았다.

효과적인 홍보를 위한 Tip 1 - 콘텐츠 관리

내 콘텐츠 홍보하기에 앞서 PC 폴더를 이용하여 자료 관리와 링크 관리를 하는 것을 추천한다. 콘텐츠를 만들 때부터 어느 곳에 어떤 자료를 올릴지 생각하고 폴더별로 구분하는 습관을 들여보자. 꽤 많은 시간을 단축시킬 수 있고, 자료들이 보기 쉽게 정리되어서 홍보 결과에 대한 내용을 파악하는 데 수월할 것이다.

먼저 필자는 아래와 같이 폴더를 구분해놓았다.

▲ 자료 관리 예시

특히 편집 완성본 폴더에는 플랫폼별로 업로드 기준이 다르기 때문에 그에 맞게 영상을 편집해두자. 세로 영상과 가로 영상에 대한 구분을 잘 해두고 분·초 단위를 잘 기억해두길 바란다.

가로 영상 적용 (긴 영상 가능)

- 유튜브
- 네이버 TV
- 인스타그램 피드 동영상
- X (구, 트위터) (※가로세로 관계없이 512MB 영상 업로드 가능)

세로 영상 적용 (짧은 영상 권장)

- 유튜브 쇼츠 (15초 또는 60초 영상)
- 틱톡 (10분 영상도 가능하지만 1분 이내 짧은 영상 권장)
- 인스타그램 릴스
- 네이버 블로그 모먼트

콘텐츠 업로드 관리일지 작성

플랫폼별 영상 콘텐츠 관리에 관련해 한 가지 Tip을 더 제공하자면, 월별 영상 콘텐츠 업로드 관리일지를 작성하는 것이다. 영상 업로드 후 업로드 일자와 링크를 엑셀에 작성해두는 게 좋으며 연도별 이슈를 체크해서 모아놓으면 추후 콘텐츠를 만들 때 편하다(아래 예시 참조).

특히 채널이 성장하여 연말 어워드 시상을 하거나 하는 등의 콘텐츠를 만들 때 편하고 조회수 등을 체크해서 실제 원하는 조회수에 도달했는지 내가 얼마나 노력했을 때 얻은 결과인지 추후 체크하며 업로드 일정 혹은 콘텐츠 내용의 변화를 줄 수도 있을 것이다.

아래는 필자가 기록하는 영상 콘텐츠 업로드 관리일지를 간소화한 것이다. 참고해보고 자신의 상황에 따라 수정, 보완하여 운영하길 바란다.

📊 8월_영상콘텐츠 업로드일지.xlsx
📊 9월_영상콘텐츠 업로드일지.xlsx
📊 10월_영상콘텐츠 업로드일지.xlsx
📊 11월_영상콘텐츠 업로드일지.xlsx
📊 12월_영상콘텐츠 업로드일지.xlsx
📄 2021년 이슈 체크.txt

▲ 월별로 보관한 업로드 관리일지

영상 콘텐츠 업로드 관리 일지

발행일자 2022.01.03. 오후 4시 예약 업로드

분류	링크	확인	특이사항
유튜브	https://youtu.be/WeVsoMIGaoc	업로드완료	조회수 1천
네이버TV	https://tv.naver.com/v/21526740	업로드완료	x
인스타그램IGTV	gram.com/tv/CWH7spdrT3E/?utm_source=	업로드완료	x
페이스북Watch	cebook.com/100001108908547/videos/926	업로드완료	x
트위터	er.com/saanca_74/status/12590293536958	업로드완료	x
쇼츠	https://youtu.be/Xn8R1QJFrdE	업로드완료	조회수 1만
틱톡	967365515758850?is_from_webapp=1&se	업로드완료	조회수 2만
릴스	tps://www.instagram.com/reel/CPjoL2aA1D	업로드완료	조회수 7천
모먼트	x	x	못올림

▲ 영상 콘텐츠 업로드 관리일지 예시

SNS를 재미로 하는 것처럼 유튜브도 재미로 꾸준히 하자. 대신 일하는 것처럼 자료를 차곡차곡 쌓아두자. 필자는 블로그부터 유튜브까지 '콘텐츠가 전부다'라고 말을 한다. 기록하고 쌓아두다 보면 분명 사용할 날이 올 것이다.

효과적인 홍보를 위한 Tip 2 – SNS와 커뮤니티 관리

'나는 SNS를 안 하는데, 꼭 해야 하나?'라는 생각이 들 수 있지만, 유튜브를 하기 위해서는 SNS에 대해 어느 정도 파악하고 있는 것이 훨씬 유리하다.

주요 SNS 및 커뮤니티

주요 SNS 및 커뮤니티는 아래와 같다.

- **X (구, 트위터)**
  - 실시간으로 정보가 퍼지는 꽤 전달력이 좋은 SNS이다.

- **페이스북**
  - 풀 영상을 페이스북 와치에 올리고 싶다는 생각이 든다면 페이스북의 커뮤니티를 연구하자.
  - 그게 아니라면 영상 링크와 상세 설명을 함께 게시글로 공유해도 꽤 성실한 게시글이 된다.

- **인스타그램**
  - 피드에 URL 적용 시 모바일에서는 무반응하기 때문에 프로필로 링크를 올려두자.

- **네이버 블로그 / 티스토리 블로그**
  - 게시글 작성 시 상세설명 혹은 멘트를 함께 작성하면 좋다.
  - 게시글 내에 캡처 화면을 10장 이상 함께 넣고 영상 링크를 올리면 좋다.
  - 네이버 블로그의 경우 네이버 티비에 짧은 영상을 넣고 유튜브로 볼 수 있음을 알려보자.

- **카카오톡 오픈채팅 / 네이버 밴드**
  - 가장 활발한 움직임이 있는 공간일 수 있으나 링크가 묻히거나 스팸으로 오해받기 쉽다.
  - 꾸준한 활동을 지닌 공간에만 공유하는 것이 좋다.

- **다음 카페 / 네이버 카페**
  - 카페 등의 커뮤니티를 활용하면 정보성 공유가 되어야 한다.
  - 홍보성 글이라고 판단되는 순간 관리자에 의해 즉시 강퇴(강제퇴장)될 수도 있으니 무작정 게시하는 것은 피하자.
  - 링크보다는 캡처본으로 전달력 있는 게시글을 남겨보자.

SNS 및 커뮤니티 관리일지 작성

SNS와 커뮤니티 등을 이용해서 홍보를 하다 보면 피로도가 높아질 수 있다. 그렇기 때문에 SNS 혹은 블로그, 커뮤니티에 영상을 어떻게 공유했는지 체크해두면 좋다. 예를 들어 필자는 엑셀 파일에 일자별로 시트를 나누고 SNS 및 커뮤니티 관리 일지와 체크리스트를 일기를 쓰듯 기록한다. 매번 기록해두면 내가 오늘 어떤 사이트에 어떤 영상을 홍보했는지 한눈에 알 수 있고, 업로드 후 엑셀 파일로 차곡차곡 쌓아두면 주차별 혹은 월별로 엑셀 파일이 하나만 나와도 무척 많은 결과물이 나와서 뿌듯하기도 하다.

다음은 필자가 기록하는 SNS, 커뮤니티 업로드 관리 일지(간소화한 양식)와 체크리스트다. 참고해보고 자신의 상황에 따라 수정, 보완하여 운영하길 바란다.

분류	SNS블로그/링크	확인	특이사항
트위터			
카카오스토리			
페이스북			
인스타그램			
네이버블로그			
티스토리블로그			
카톡오픈채팅방			
커뮤니티 링크			
네이버밴드			
네이버밴드			
네이버밴드			
네이버밴드			
다음카페			
다음카페			
다음카페			
다음카페			
네이버카페			
네이버카페			
네이버카페			
네이버카페			
기타			
기타			

sns블로그 커뮤니티 업로드 관리 일지 (2022.01.04.)

업로드 영상 제목 =

▲ SNS, 블로그 커뮤니티 업로드 관리일지 예시

김형우의 플루트교실 플루트 뻑사리?

https://youtu.be/d6APoqLnJCg

영상 체크리스트

	분류	확인
1	영상 카드	○
2	최종화면	○
3	자막 넣기	x
4	수익 창출 사용하기	○
5	재생목록	○
6	영상 공개	○
7	페이스북 공유	○
8	트위터 공유	○
9	블로거 공유	○
10	핀터레스트 공유	x
11	네이버 블로그 공유	○
12	티스토리 공유	○
13	최근 댓글에 댓글 달기	○
14	고정 댓글 만들기	○
15	상세 설명 만들기	○
16	상세 설명에 볼만한 영상 덧 붙여 소개하기	○

▲ 영상 업로드 관리 체크리스트 예시

sns블로그 커뮤니티 업로드 관리 일지

분류	SNS블로그/링크	확인	특이사항
발행일자 2022.01.04. 오전 10시~12시 업로드			
트위터			
카카오스토리			
페이스북			
인스타그램			
네이버블로그			
티스토리블로그			
카톡오픈채팅방			
커뮤니티 링크			
네이버밴드			
네이버밴드			
네이버밴드			
네이버밴드			
다음카페			
다음카페			
다음카페			
다음카페			
네이버카페			
네이버카페			
네이버카페			
네이버카페			
기타			
기타			

▲ 영상 업로드 관리 체크리스트 예시

앞서 보여준 업로드 일지는 간소화된 버전이다. 좀 더 업그레이드된 버전의 양식은 팀크리에이터 카페에서 얻을 수 있다. 궁금하다면 지금 바로 가입해서 양식을 받고 실천해보자.

돈 버는 크리에이터 지금이 기회다 - 팀크리에이터

9.5.3 유튜브가 좋아하는 홍보 방법

유튜브 동영상을 보다가 맘에 들면 공유하기 버튼을 눌러보곤 한다. 공유 버튼을 누르고 나면 다음의 화면이 뜰 것이다.

▲ 유튜브 공유 화면

공유 창의 내용을 보고 포인트를 바로 이해한 분도 있을 것이고, '이게 뭔데?' 하고 아직 감이 오지 않은 분도 있을 것이다. 우리가 관심을 가져볼만한 부분은 공유 버튼을 누르면 나오는 공유 사이트 혹은 플랫폼들이다. 여기서 우리가 활용하는 버튼은 몇 개 없는데 유튜브 영상을 공유할 수 있는 사이트나 플랫폼들은 늘어나고 있다. 왜 그럴까?

'유튜브는 공유하는 것을 좋아한다'

모든 플랫폼이 그렇듯 유튜브도 사용자들의 편의를 생각함과 동시에 본인에게 유리한 메뉴들을 클릭하도록 유도한다. 유튜브는 공유 버튼을 클릭했을 때 왜 이렇게 많은 사이트를 나열해두었을까? 분명 유튜브는 공유 기능을 통해 서비스하는 것이지만 이 안에는 무언가 숨어있다. 그리고 스마트폰으로 공유할 때 '더 보기'를 누르면 자신이 설치한 어플들이 나오는데 이는 각자 상황에 맞게 보면 된다.

공유 버튼을 누르고 어딘가에 홍보를 하면 영상에 도움이 된다. 공유 이후 조회수가 늘어서 그럴 수 있으며 유튜브가 열심히 영상을 홍보한다는 인식을 받아 함께 도와주는 액션을 취하기 때문이다.

'하늘은 스스로 돕는 자를 돕는다'라는 이야기를 '구글은 스스로 홍보하는 자를 돕는다'라고 이해할 수 있는 대목이다.

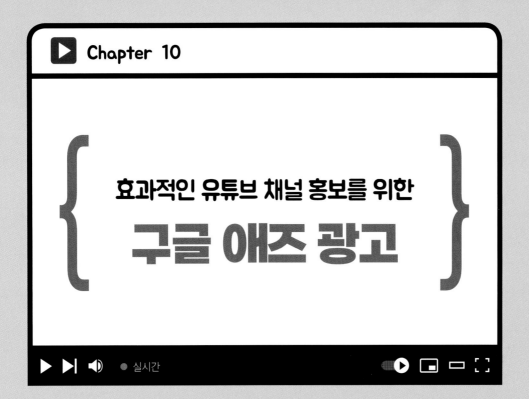

Chapter 10

효과적인 유튜브 채널 홍보를 위한

구글 애즈 광고

▶▶▶ **Contents**

10.1
구글 애즈 바로 알기

10.1.1 유튜버는 구글 애즈를 어떻게 이용할까?

유튜버는 명확한 채널 정체성에 따른 주제, 콘텐츠 소재와 형식, 참신한 기획, 다양한 효과를 적용한 편집 등의 요소들로 영상 콘텐츠를 제작해야 한다. 노출 클릭률[!]을 높이기 위해 제목, 썸네일, 태그 입력에도 추가적인 리소스를 투여해야 한다. 이처럼 유튜브에서의 노출과 조회수 확보를 위한 노력에도 불구하고 성과가 나지 않는다면 자연적이 아닌 광고를 통한 인위적 노출로 조회수 확보 방안을 고려해볼 수 있다.

구글 애즈(Google Ads)는 구글에서 운영하고 전 세계인이 사용하는 최대 광고 프로그램이다. 기업, 사업장, 소상공인 등 다양한 형태의 '광고주'는 구글 애즈를 사용해 유튜브, 구글 등의 웹사이트에 자신의 제품 또는 서비스를 광고할 수 있다.

▲ 구글 애즈 홈페이지 화면

[!] 노출 클릭률: 썸네일과 제목을 본 후 시청자가 동영상을 시청한 빈도 (이 측정항목은 썸네일, 제목, 동영상 콘텐츠가 얼마나 시청자의 관심을 끌고 있는지 알려주는 지표)

그렇다면 '유튜버'는 어떻게 구글 애즈를 활용해 광고할 수 있을까?

사업주는 구글 애즈에서 제품과 서비스를 광고하지만, 유튜버는 구글 애즈에서 자신의 '콘텐츠'를 광고할 수 있다. 즉 유튜브 사이트와 구글 사이트에 제품과 서비스 등이 광고로 노출되는 것과 같이, 내가 만든 영상 콘텐츠도 광고로 노출할 수 있다. 그리고 두 그룹은 '클릭'이라는 광고 목표가 같다. 사용자가 광고를 보고 클릭을 하게 되면 사업주는 제품 또는 서비스가 있는 홈페이지나 쇼핑몰로 오게 되는 것이고, 유튜버는 콘텐츠가 있는 자신의 유튜브 채널로 오게 되어 해당 콘텐츠의 '조회수'와 '시청 시간'을 확보하게 된다. 콘텐츠가 좋다면 구독까지 이어질 수 있는 광고인 것이다. 유튜버가 '광고주'가 되는 구글 애즈에 대해 알아보자.

10.1.2 구글 애즈의 순기능 바로 알기

구글 애즈는 유튜버에게 다소 어색한 플랫폼이기도 하며, 유튜버가 흔히 사용하는 플랫폼은 아니다. 온갖 노력을 기울여도 조회수가 오르지 않고 구독자 또한 정체되어 있을 때, 정말 지푸라기라도 잡고 싶은 심정으로 찾은 것이 구글 애즈이다. 물론 다수의 유튜버가 잘 모르는 광고 플랫폼이기도 하다.

우리 유튜버가 활용할 수 있는 대표적인 구글 애즈 광고 형태는 자신의 유튜브 영상 콘텐츠를 다른 인기 채널의 영상 콘텐츠 시작 부분에 노출하는 것이다. '그런 광고는 대기업이나 하는 거 아닌가?'라고 생각할 수 있다. 구글 애즈의 수많은 광고주 중에는 큰 규모의 광고주도 있고 소규모 수준의 광고주도 존재한다. 큰 규모의 광고주는 수십, 수백만의 조회수가 나오고 있는 유튜브 영상 콘텐츠에 광고비를 태운다. 소규모 광고주는 조회수 단위가 작은, 다소 인기도가 낮은 영상 콘텐츠에 광고를 집행한다. 우리 유튜브 홈에 추천되는 영상은 대부분 잘 나가는 영상 콘텐츠 위주로 노출되기 때문에, 광고는 큰 회사들의 전유물이라고 생각하게 되는 것이다.

▲ 유튜브 동영상 재생 전 노출되는 광고 예시

내 영상 콘텐츠의 초기 조회수 확보 및 구독 유도

구글 애즈는 동영상 광고, 디스플레이 광고, 검색 광고 등을 통해 원하는 위치에, 원하는 사용자에게 노출한다. 예를 들어 구독자 100만 명이 있는 유명 채널의 전체 영상에 내 영상을 노출하거나, 특정 인기 영상에 노출할 수 있다. 인기 영상이 시작되기 전 광고 건너뛰기가 표시된 5초짜리 광고 영상에 내 영상이 노출되는 것이다. 매우 짧게 노출되므로 짧은 시간에 시청자의 흥미를 유발할 수 있는 하이라이트 부분이나 예고편을 별도 제작해서 노출하는 것이 일반적이다. 또는 유명 채널의 전체 영상마다 추천 콘텐츠로 내 영상의 썸네일 이미지를 노출되도록 설정할 수 있다.

> 📃 **Note _ 유튜버가 구글 애즈를 사용하는 진짜 목적**
>
> 구글 애즈는 수백만 개의 웹사이트에 광고를 게재할 수 있다고도 광고한다. 즉, 우리 유튜버는 소규모 광고주가 되어 내 영상을 다수의 잠재 구독자에게 광고로 노출하고, 조회수와 구독자를 확보하는 것이다. 유의할 점은 구글 애즈는 내 영상 콘텐츠 업로드 직후 초기 조회수 확보를 위한 마중물 역할 수준으로만 활용해야 한다. 광고 의존도가 지나치게 높아지는 경우, 과도한 광고비 지출은 물론 진성 구독자 확보가 어려워질 수 있는 점을 유의하자.

타깃층 필터링

내 영상 콘텐츠의 초기 조회수 확보와 구독 유도가 구글 애즈의 순기능이라 볼 수 있겠지만, 더 중요한 구글 애즈의 순기능이 있다. 바로 잠재 시청자와 구독자 확보를 위한 타깃층 필터링이다. 쉽게 얘기하자면 내 콘텐츠와 채널을 진성으로 좋아해주는 '찐 시청자 찾기'라고 생각하면 된다.

"내 채널 구독자 정보는 유튜브 스튜디오에서 볼 수 있는데요?"

유튜브 스튜디오에서 성별비와 연령대를 확인할 수 있지만, 25~34세 식으로 대략적인 지표만 보여주기에 정밀 타깃팅을 하기에는 무리가 있다. 구글 애즈는 광고를 통해 얻은 데이터 중 성비, 연령대를 기본으로 세부적인 지역, 관심사 등 매우 정확하고 풍부한 정보를 제공한다. 단순히 자신의 콘텐츠에 달린 댓글을 보고 '내 시청자들은 10~20대고 20대 직장인들이 많이 보는 거 같아'라고 추정했으나, 구글 애즈의 광고 결과를 보니 10대 학생들이 많이 보는 것으로 확인될 수 있다. 또는 특정 지역 사람들을 위한 여행 콘텐츠를 주로 올려서 당연히 해당 지역을 여행하려는 사람들이 많이 볼 것이라 생각했으나, 오히려 해당 지역 사람들이 많이 보는 것으로 확인될 수도 있다.

이런 정보를 인지하여 내 채널과 콘텐츠를 좋아하는 시청자를 정확히 인지할 수 있게 되고, 이들을 공략할 수 있는 '취향 저격' 영상 콘텐츠를 기획, 제작하면 된다. 이것이 유튜버 입장의 구글 애즈 순기능이라 할 수 있겠다. 그리고 구글 애즈는 이 글을 읽는 유튜버에게는 큰 무기가 될 수 있다. 시청자 타깃팅 자체를 생각하지 않는 유튜버가 대다수이기 때문이다. 그렇다면 본격적으로 우리 유튜버에게 큰 도움이 될 수 있는 구글 애즈 광고 방법에 대해 알아보자.

10.2
구글 애즈 쉽게 시작하기

10.2.1 구글 애즈 캠페인 설정하기

구글 애즈 계정 생성 및 기본 정보 입력

우선 구글 애즈 홈페이지(ads.google.com)에 들어간다. 내 구글 계정으로 구글 애즈에 로그인한 다음 **구글 애즈 계정**을 생성해야 한다.

▲ 구글 애즈 계정 생성 화면

새 Google Ads 계정 만들기를 클릭하면 계정 생성과 함께 광고 캠페인을 만드는 절차가 시작된다(초보자가 쉽게 할 수 있을 만큼 가이드가 잘 구성되어 있다).

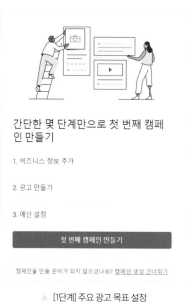

▲ [1단계] 주요 광고 목표 설정

먼저 **첫 번째 캠페인 만들기**를 클릭한 다음, 캠페인 설정 단계에 들어가기 전 아주 기초적인 정보를 입력한다. 업체 이름은 선택사항이므로 건너뛰어도 무방하며, 광고를 클릭한 사용자를 어디로 안내할지는 내 유튜브 채널 주소를 복사해 붙여넣으면 된다.

> Tip | 이때 채널 URL 뒤에 ?sub_confirmation=1을 추가로 입력하는 것을 추천한다. 단순히 광고 링크를 클릭했을 때 내 채널로 도착할 뿐 아니라, 구독 창도 함께 띄워서 채널 구독을 유도할 수 있다.

▲ 캠페인 생성 전 기본 정보 입력

다음으로 넘어가면 채널 계정 연결 화면이 나온다. 여기서 연결을 클릭하여 유튜브 계정을 구글 애즈 계정과 연동한다. 연동을 마쳤으면 다음을 클릭하여 **광고 캠페인 설정하기**로 넘어가보자.

▲ 구글 애즈 계정과 유튜브 채널 계정 연동

광고 캠페인 설정하기

광고 캠페인 설정 1단계는 광고 캠페인 목표 선택이다. 제품 또는 서비스를 홍보할 목적을 가진 일반적인 광고주라면 구매, 전화 통화 등을 선택하지만 유튜브 영상을 홍보해야 하는 유튜버는 맨 아래 **브랜드 인지도**를 선택한다.

▲ 구글 애즈 계정과 유튜브 채널 계정 연동

다음으로 넘어가면 아래와 같은 메시지가 뜬다. 목표 수정을 클릭하면 다시 목표를 설정하는 단계로 돌아가게 되므로 **캠페인 유형 변경하기**를 클릭해서 다음 단계로 이동하자.

Tip 사실 구글 애즈라는 낯선 사이트에서 난생 처음으로 하는 작업을 하다 보면 왠지 한글이 어렵게 느껴지곤 한다. 실적 최대화, 도달 범위 등 알쏭달쏭한 용어가 보이면 더욱 그럴 것이다. 캠페인 초기 설정 시에는 이런 용어들을 이해하기보단 건너뛰는 편이 이롭다.

▲ '캠페인 유형 변경하기' 클릭

2단계는 캠페인 유형 선택이다. 캠페인 유형은 구글 애즈가 추천하는 동영상과 디스플레이 중 하나를 선택한다. 일반적으로 유튜브 영상 자체의 홍보는 동영상을 선택한다.

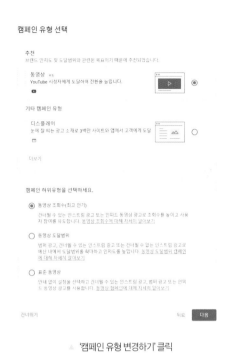

▲ '캠페인 유형 변경하기' 클릭

▶ 알쓸 Tip_ **캠페인이 처음이라면 구글 애즈의 추천을 적극 이용해보자**

캠페인 초기 설정 및 광고 운영까지 대부분의 결정을 구글 애즈가 추천하는 것들을 신뢰하도록 하자. 물론 예산을 증액하는 추천만 신중하게 결정하면 된다. 구글 애즈는 구글이 운영하는 세계 최대 온라인 광고 플랫폼인만큼 방대한 데이터에 기반한 높은 학습도와 뾰족한 인사이트를 갖췄다. 구글 애즈가 보다 효율적인 성과를 낼 것으로 예상하고 추천하는 '설정값'을 그대로 실행하는 것이 단순히 자신의 감만 믿고 설정하는 것보단 훨씬 나은 결과값이 도출되는 편이다.

방금 본 두 가지 캠페인 유형 중 동영상 유형은 인스트림 광고, 디스플레이 유형은 인피드 광고라고 한다. 둘 다 구글 애즈의 대표적인 광고 상품이라 대략적인 특징은 알아두는 것이 좋다. 잠깐 두 광고의 특징을 설명하겠다.

인스트림 광고

인스트림 광고는 유튜브 또는 구글 디스플레이 네트워크의 동영상 파트너 사이트에서 다른 동영상 재생 전후 또는 중간에 재생된다. 시청자가 보고 싶은 영상을 클릭하면 본 영상이 시작되기 전에 뜨는 광고 형식이며, 5초 후에 건너뛸 수 있는 광고가 바로 '인스트림' 광고이다(이 경우는 건너뛸 수 있는 인스트림 광고라 하고, 건너뛰기 안 되는 경우는 건너뛸 수 없는 인스트림 광고라 한다).

인피드 광고

인피드 광고는 유튜브 검색 결과, 관련 동영상 옆의 추천 영상 리스트, 유튜브 홈페이지에 게재된다. 시청자가 이미지와 텍스트로 구성된 썸네일 이미지를 클릭하여 영상을 보도록 유도한다.

인피드 광고는 아래와 같이 유튜브 홈 화면, 검색 결과 상단, 시청 영상 옆 또는 하단에 노출된다.

▲ 인피드 광고로 설정하는 경우

인피드 광고는 시청할 의도가 있는 사용자가 선택하여 시청하므로, 인스트림 광고 대비 시청시간이 긴 편에 속한다. 반면 '광고' 아이콘 표기로 인한 광고 거부감과 썸네일 이미지, 제목, 설명이 매력적이지 않으면 선택받지 못하는 단점도 있다.

▶ 알쓸 Tip **인스트림과 인피드 광고, 뭐가 더 나을까?**

그렇다면 인스트림과 인피드 중 어느 광고가 유튜버에게 더 나은 것일까? '뭐가 효율이 더 좋아요?'라는 문의는 단골 질문이다. 사실 영상 콘텐츠에 따라 광고 효율의 편차가 워낙 커서 뭐가 더 낫다고 말하기에는 무리가 있다. 구글 애즈를 오랜 기간 광고해 본 경험으로 추천하겠다. 조금 낯 뜨겁다면 '인피드'를, 광고 효율을 생각한다면 '인스트림'을 추천한다.

인피드 광고는 다른 영상의 썸네일 이미지들과 함께 경쟁하듯 노출된다. 그렇기 때문에 내 영상 이미지가 이목을 끌지 못한다면 클릭률이 낮아서 광고 효율이 떨어진다는 단점이 있다. 하지만 그럼에도 광고주들은 인피드 광고를 좀 더 선호하는 편이다('인스트림'이 단독으로 노출되는 광고라서 부담감을 느낀 것이라 생각한다). 이러한 현상은 광고 입찰가의 상승을 부추기는 원인이 된다. 필자의 경험상 같은 영상을 광고했을 때 인스트림보다 인피드 광고 단가가 근소하게 높은 편이었다.

반면, 인스트림은 작은 채널의 경우 평소 롤모델로 삼거나 정말 유명한 채널에 내 수줍은 영상을 노출해야 한다는 부담감이 작용한다. 구글 애즈에서 심리적 요인이 중요한 이유가 광고 단가는 광고주들의 입찰로 정해지기 때문이다. 그래서 누가 봐도 인스트림 광고 단가가 인피드 대비 높을 것으로 생각하지만 사실은 비슷하거나 오히려 더 저렴하다. 이러한 심리적 요인이 작용하기 때문이다.

위의 내용은 통계에 의한 내용이 아니며 개인의 광고 경험에 따른 의견이므로 단순 참조하여 형식을 선택한 뒤 광고하기 바란다.

시청자 타깃팅으로 광고비 아끼기

앞절(10.2)에 이어 구글 애즈 캠페인 설정을 마무리지어 보겠다. 이 절부터는 인스트림, 인피드 광고 나눌 것 없이 설정 방법이 동일하기 때문에 다음 내용을 쭉 따라오면 된다.

광고 캠페인 설정 3단계는 광고 세부 설정이다.

캠페인 만들기

캠페인 이름은 자동 입력된 상태 그대로 두어도 무방하나, 광고할 동영상 제목을 입력하는 것이 일반적이다. 1개 캠페인당 1개 동영상을 광고한다고 생각하면 된다.

예산 및 날짜에서는 **예산 유형 및 금액**을 입력한다. 예산 유형으로 캠페인 총 예산보다는 **일일 예산**을 선택하고, 금액을 입력하기 전에 1개의 동영상 캠페인에 얼마의 광고비를 쓸 것인지 정하길 바란다. 일일 예산은 하루 기준이며 적은 금액일 수 있지만, 한 달 기준으로 따지면 생각보다 큰 광고비가 지출될 수 있으니 유의해야 한다.

▲ 캠페인 이름, 예산 및 날짜 설정

위치는 대한민국 그대로 둔다. 광고 위치는 전체 국가를 대상으로 할 수 있고 특정 국가, 도시를 기본으로 특정 위치 반경 N ㎞까지 정밀하게 설정할 수 있다.

언어는 한국어로 선택한다. 보통 국내에 위치한 한국인을 대상으로 광고하기 때문이다. 언어 역시 위치처럼 전 세계 약 50개 언어 중 하나 또는 여러 개를 선택해서 설정할 수 있다.

▲ 위치 및 언어 설정

이로써 캠페인 설정을 마쳤다. 다음 **광고그룹 만들기**로 넘어가보자.

광고그룹 만들기

1개 캠페인에 여러 개의 광고그룹을 만들 수 있다. 광고그룹을 만드는 방법을 보여주기 전에, 잠시 이와 관련한 구글 광고 용어에 대해 정리해보겠다.

구글 애즈 사용자들이 자주 혼동하는 구글 광고 용어가 세 가지 있는데, '캠페인', '광고그룹', '광고'이다. 구글 광고를 제대로 집행하려면 이들의 차이를 잘 알아둘 필요가 있다. 세 용어의 차이가 무엇인지, 영상 광고를 시작하려는 유튜버 입장에서 이해할 수 있도록 최대한 쉽고 간단하게 설명하겠다.

- **캠페인**: 광고할 동영상 당 1개로 세팅하면 된다. 해당 영상의 전체 예산, 위치, 언어 등 개괄적인 항목을 설정한다고 보면 된다.
- **광고그룹**: 타깃과 입찰가를 다르게 설정해서 여러 개 광고그룹을 만든다.
- **광고**: 시청자에게 보여주는 소재다. 보통 광고그룹 당 1개의 영상으로 광고를 생성한다.

그럼 이제 캠페인에 광고그룹을 만드는 예로 넘어가보겠다. '이런 식으로 광고그룹을 만들어서 광고 효율을 뽑는 구나' 하고 이해하면 된다(처음이라 개념이 낯설어 이해하기 어려울 수 있으니 아래 그림을 참조하면서 내용을 따라오길 바란다).

캠페인 사례 1   어린이날 공략 광고

제품을 판매하는 입장에서 구글 애즈에 광고를 세팅한다고 해보자. 캠페인은 '어린이날 공략 광고'로 정해서 아이 선물용 장난감 판매를 위해 광고할 캠페인을 생성한다. 광고그룹 1번은 '40대 남성'으로, 2번은 '자녀를 가진 30대 여성'으로 타깃을 달리하여 각각 생성한다. 광고는 '물놀이 튜브', '장난감 블록', 이렇게 2개의 광고를 2개의 광고그룹에 속하도록 생성한다. 그렇다면 어린이날 공략 광고의 캠페인은 1개, 광고그룹은 2개, 광고는 4개가 된다. 광고 각각의 실적과 효율을 비교해서 수정, 삭제하는 식으로 운영한다.

캠페인 사례 2   된장찌개 레시피 영상 광고

이번에는 유튜버 관점에서 '된장찌개 레시피' 영상 1개를 정해서 캠페인을 생성한다고 해보자. 광고그룹 1번은 '남성, 관심사 혼밥, 입찰가 30원', 2번은 '50대 여성, 입찰가 40원'으로 각각 생성한다. 광고는 캠페인 영상과 동일한 소재로 설정한다. 이런 식으로 여러 개의 광고그룹을 생성한 뒤 효율을 확인해서 필터링하는 작업을 하는 것이다.

▲ 광고그룹 설정 예시

▶ **알쓸 Tip   과도한 광고그룹 운영은 독이 된다**

구글 애즈가 익숙해지고 능숙해진다면, 각각 다른 타깃의 광고그룹을 수십 개 생성해서 운영할 수도 있다. 하지만, 우리가 광고 전문가나 온라인 마케터를 지향하지 않는 이상 과도한 광고그룹 운영은 오히려 독이 될 수 있다. 타깃, 입찰가, 언어 등 여러 개 항목의 A/B 테스트를 무한대로 하게 될 수 있기 때문이다. 광고그룹은 10개 미만으로 생성해서 너무 많은 시간의 할애 없이 운영하는 것을 추천한다.

이제 광고그룹에 대한 개념이 어느 정도 잡혔을 것이다. 구글 애즈로 돌아와서 광고그룹을 만들어보자. 광고그룹 만들기의 첫 번째 단계는 내 동영상을 보여줄 **타깃팅할 사용자**를 정하는 것이다.

타깃팅할 사용자 설정

시청자의 성별, 연령, 자녀 유무 상태를 세부적으로 설정할 수 있다. 구글 애즈 광고 초기에는 대상 전체를 타깃팅해서 광고를 집행하는 것이 좋다. 광고 결과를 보며 인사이트를 누적하고, 광고 효율이 낮은 타깃군을 하나씩 제거하거나 수정하며 필터링하면 되기 때문이다. 또한 광고 인사이트를 누적하다 보면, '역시나 40대 이상은 내 콘텐츠에 관심이 없어'라거나 '의외로 ○○○에 관심 있는 20대 여성이 많이 보네?' 같은 정보를 얻고 시청자들의 관심 분야를 파악하는 데도 도움이 될 수 있다.

▲ 광고그룹 만들기 1 - 타깃팅할 사용자 설정

광고를 게재할 위치 설정

다음은 콘텐츠를 골라서 광고를 게재할 위치를 정한다. 특정 키워드, 주제, 게재위치로 도달범위를 좁혀서 내 동영상이 효율적으로 노출되고 광고되게끔 설정하는 단계이다.

키워드에는 광고할 내 동영상에 포함되는 특정 키워드를 입력한다. 예를 들어 동영상 주제가 자동차 셀프 정비라면 차량관리, 셀프정비 등 사람들이 검색할만한 키워드를 입력한다.

키워드를 입력하면 우측에 **사용 가능한 노출수**가 표시되는데, 노출수가 줄어들수록 타깃팅이 잘 설정되고 있다고 해석하면 된다. 타깃 범위를 좁히지 않을 경우 내 동영상에 관심 없는 불특정 다수에게 노출되므로 광고 효율이 나쁠 수 있기에 키워드를 설정하는 것을 추천한다.

▲ 광고그룹 만들기 2 - 키워드 설정

주제 설정 역시 키워드처럼 도달 범위를 좁힌다. 예를 들어 **검색** 창에 차량이라고 입력하면 구글 애즈가 특정 주제를 제시하는데, 그중에서 적절한 주제를 선택하면 된다. 주제 설정은 키워드 입력 단계로 대체할 수 있다.

▲ 광고그룹 만들기 2 - 주제 설정

게재위치 설정은 키워드, 주제 설정보다 더 강력한 타깃팅을 할 수 있다. 특정 키워드를 검색한 사용자까지 포함하고, 특정 채널을 전체 동영상, 광고 영역 또는 특정 콘텐츠에 직접적으로 내 동영상을 노출, 광고할 수 있다.

예를 들어 **찾아보기**에 차량정비를 입력하면 구글 애즈가 내 동영상을 노출해줄 채널 또는 콘텐츠를 추천한다. 내 동영상을 노출하기에 적합한 채널을 단일 또는 다중 선택하면 된다.

▲ 광고그룹 만들기 2 - 게재위치 설정

이렇게 광고그룹까지 설정해보았다. 광고그룹 설정에서 유의할 점이 있는데, 콘텐츠(키워드, 주제, 게재위치)를 여러 개 결합해서 설정할 경우 타깃팅이 서로 겹쳐서 광고 실적이 잘 안 나올 수도 있다는 것이다.

이제 다음 단계인 **광고 만들기**로 넘어가보자.

광고 만들기

광고할 유튜브 동영상의 URL을 입력하는 공간이 보인다. 내 유튜브 동영상의 URL을 복사해 붙여넣자.

그러면 자동으로 아래와 같이 화면이 변한다. 사용자 클릭 시 랜딩될 최종 URL을 입력한다. 이때 내 동영상으로 오게 하거나, 앞서 언급했듯 내 채널로 오게 할지 선택하면 된다.

▲ 광고할 동영상 URL 입력

광고 제목과 **설명**은 우리가 유튜브 영상 업로드 시 시청자의 시청 유도, 후킹을 위해 고민하는 제목 카피라이팅과 결이 같다. 구글 애즈 광고 또한 시청자의 클릭을 유도해야 하므로 **긴 광고 제목**은 '엔진오일 단돈 만원에 교체하는 꿀팁'처럼 동영상의 제목과 다르거나 동일하게 입력, 설명은 '20분만 투자하면 소고기값 버는 핵이득 팁'처럼 제목을 부연 설명하거나 제목 두 번째 후보군을 입력하는 것이 좋다.

▲ 광고할 동영상 URL 입력

입찰가 설정

캠페인 만들기 마지막 단계는 광고그룹의 입찰가 설정하는 것이다.

타깃 CPV는 평균 조회당 비용(CPV, click per view)이며 아래 파란 바탕으로 구글 애즈가 추천한 입찰가 50원을 입력하면 된다. 이는 예산, 캠페인 기간, 타깃팅 기준, 광고 형식을 토대로 추천된 비용이므로 신뢰해도 된다.

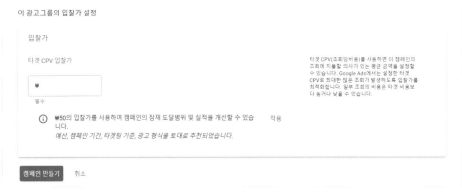

▲ 광고할 동영상 URL 입력

너무 적은 금액을 입력할 경우 광고 노출 자체에 제약이 있으며, 높은 금액을 입력할 경우 노출을 많이 되지만 광고비가 금새 바닥날 것이다. 이는 광고주 이탈 현상으로 이어질 수 있으므로 구글 애즈 또한 원치 않는 설정이다. 그래서 구글 애즈는 구글 애즈 광고주가 최대한 오래 지속적으로 광고비를 소진할 수 있도록 최적화된 입찰가를 추천한다.

직접 입찰가는 정해서 입력하는 경우, 처음부터 높은 조회당 비용으로 입찰할 필요는 없다. 낮은 입찰가로 입찰해서 광고를 집행해본 뒤 조금씩 입찰가를 높이는 전략을 사용해야 한다.

입찰가 입력을 마쳤으면 **캠페인 만들기**를 클릭한다. 이로써 캠페인, 광고그룹, 광고 만들기 설정은 완료되었고 결제 정보 입력만이 남았다.

10.4

스마트하게 구글 애즈 광고비 결제하기

구글 애즈 캠페인을 생성했다. 이제 광고비를 결제를 마치면 구글 애즈 광고를 집행할 수 있다. 결제 방법은 간단하나 내 돈이 허투루 빠져나가지 않도록 유의해서 설정할 필요가 있다. 다음 내용을 참조하여 광고비를 결제해보자.

캠페인 생성 후 **다음**을 클릭하면 결제 정보 확인 창이 뜬다. 광고비를 어떻게 결제할 것인지 정하는 단계이다.

▲ 캠페인 생성 후 결제 정보 설정

스크롤을 내려보면 결제 옵션을 고르는 항목이 보인다. 결제 옵션은 자동 결제 또는 수동 결제 중 하나를 선택할 수 있다. **자동 결제**는 비용이 발생한 후에 결제되는 방식이다. 청구 기준액에 도달하거나, 지난 자동 결제일로부터 30일이 지나면 둘 중 더 이른 날짜에 비용이 자동으로 청구된다.

한편 **수동 결제**는 선입금으로 결제해서 광고비를 예치한다. 예치된 광고비 한도 내에서 광고비가 차감되는 방식이다. 수동 결제는 되도록 소액으로 결제해두는 것이 좋다. 소액 단위로 자주 결제해야 구글 애즈 광고 현황을 자연스럽게 들여다보는 것이 용이하기 때문이다. 수동 결제할 금액을 입력하고, 아래 신용카드, 가상 계좌 등 다양한 수단을 통해 결제한다.

▲ 자동 결제로 선택하는 경우

▲ 캠페인 생성 후 결제 정보 설정

> ▶ **알쓸 Tip** _ **구글 애즈 광고 결제 방식은 수동 결제를 추천**
>
> 자동 결제는 유튜버 관점에서 좋은 결제 방식이 아니라고 생각한다. 정신없이 영상을 제작하고 분석하며 개선하고 또 영상을 제작하는 식의 힘든 루틴을 반복하는 유튜버는, 구글 애즈에 광고 관리에 소홀해질 확률이 높다. 신경 못 쓰던 찰나에 광고는 계속 돌아가고 있고, 광고비가 자동으로 결제되는 것에 자칫 무뎌질 수 있으므로 되도록 수동 결제를 추천한다.

광고 결제 방식을 선택했으면 고객 정보를 입력한다. 계정 유형은 **개인**으로 선택하고, 세금 정보, 이름 및 주소도 어렵지 않게 입력할 수 있다.

▲ 고객(사용자) 정보 설정

> ▶ **알쓸 Tip** _ **캠페인 세팅이 어렵고 복잡할 때는 고객센터를 적극 활용하자**
>
> 만약 자신의 계정 유형이 사업자라면 세팅 방법이 조금 복잡해질 수 있다. 이럴 때는 카카오톡 상담을 받거나 구글 애즈 고객센터로 전화해보자. 친절하게 응대를 받으며 문제를 해결할 수 있으므로 적극 활용하길 권장한다.

▲ 구글 애즈 고객센터, 카카오톡 상담 안내 화면

고객 정보까지 입력했다면 구글 애즈 이용 약관에 동의한 뒤 **제출**을 클릭한다.

모든 절차가 완료되었다는 창이 나오면 **캠페인 탐색**을 클릭해서 내가 세팅한 광고 캠페인 현황을 확인하거나 설정값 수정, 삭제 등을 할 수 있다.

△ 구글 애즈 이용 약관에 동의 후 제출 　　　　　　△ 구글 애즈 캠페인 생성 완료 화면

'보류중'은 특별한 문제가 있어서 뜨는 것이 아니다. 모든 구글 애즈 광고는 정책 준수 여부를 확인하는 검토 과정을 거친다. 광고 검토는 일반적으로 1영업일이 소요되며, 빠르게는 수시간 내에 검토가 완료되어 광고가 실행되기도 한다.

△ 구글 애즈 캠페인 목록 화면

캠페인 하나를 클릭하면 단계별 세부 설정값을 확인할 수 있다. 영역별로 **관리**를 클릭하면 앞서 세팅한 설정값을 수정할 수 있다.

△ 구글 애즈 캠페인 세부 정보 화면

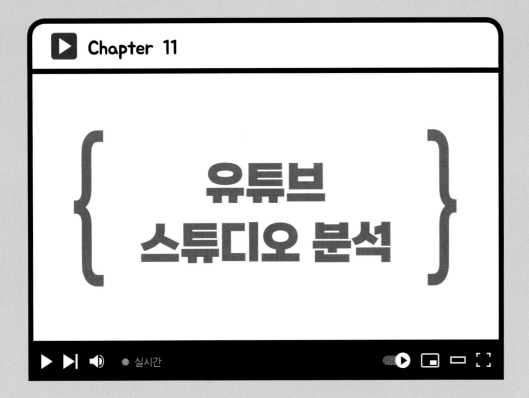

Chapter 11

유튜브
스튜디오 분석

▶ ▶| 🔊 ● 실시간 ⬤▶ 🔲 ▭ ⌐⌐

▶▶▶ **Contents**

11.1
내 채널 분석이 필요한 이유

유튜버 작업의 5요소 중 마지막 루틴은 분석이다. 분석 없이 무작정 영상 콘텐츠를 매일 뽑아내는 것처럼 어리석은 일이 없다. 왜 그런지 궁금하다면 다음 내용을 잘 참고해보길 바란다.

11.1.1 유튜버 누구에게나 통하는 성장 공식은 없다

누구에게든 기회가 열려 있기에 쉽게 생각하지만, 사실 유튜브의 세계는 상상 이상으로 복잡하면서도 치열하다. 그런 세계에서 크게 성공한 유튜버들을 동경하여 시작한 초보 유튜버들은 유튜브 성공의 정답을 제시하는 서적, 교육, 강의, 강연 등을 통해 학습하고, 그 지침대로 영상 콘텐츠를 제작하고 발행한다. 그러나 이론, 성공 사례, 노하우, 유의사항 등의 정답들을 모아 모아서 그대로 적용했음에도 조회수와 구독자의 실적은 처참한 수준이다. 그리고 또 다시 다른 루트를 찾아 부족한 정답을 더 모으고 적용해보는 행동을 반복한다.

뭐가 문제이고 어디서부터 잘못된 것일까?

유튜브 교육자들이 제시하는 것은 교육자 본인이 직접 경험하거나 간접적으로 습득한 내용이 집약된 '특정인 중심의 정답'이다. 한 개인의 경험과 이론을 학습하고 그대로 적용해서 내 채널이 성공할 수 있다는 생각부터가 틀렸다. 그리고 유튜브는 노출 알고리즘과 로직 등에 관하여 그 어떤 공식 발표, 공지, 가이드를 하지 않는 것으로 유명하다. 모두 추측과 가설이며 정설은 존재하지 않는다. 유튜브를 '정답'을 맞추는 시험이 아니라, 본인만의 '해답'을 찾아가는 게임으로 여겨야 한다.

수많은 채널 각각의 성적표는 **유튜브 스튜디오**에서 확인할 수 있다. 잘하고 있는 항목, 취약한 항목, 개선해야 할 항목 등 모든 성적이 나와 있다. 각기 다른 본인의 성적표를 확인하고 전략 수정, 개선, 전술 보완, 방향성 피버팅(pivoting) 등을 통해 해답을 찾아가는 과정을 반드시 거쳐야 한다.

11.1.2 내 채널의 성적표, 유튜브 스튜디오

▲ 유튜브 스튜디오 홈 화면

유튜브 스튜디오는 모바일과 PC, 이렇게 2가지 버전이 있다. 둘의 차이를 아주 간단하게 얘기하자면 모바일은 쉽고 PC는 어렵다. 물론 두 버전에는 장단점이 있다. 모바일 버전은 접근성이 높은 대신, 일부 항목들의 데이터가 요약되어 있다 보니 세부적인 분석을 수행하기에는 무리가 있다. PC 버전은 유튜브 스튜디오가 제공하는 모든 분석 기능을 이용 가능하고 자율성이 높지만 그만큼 인터페이스가 다소 복잡해 사용하기가 어렵다.

마치 우리 유튜버가 모바일 기반의 촬영, 편집으로 생산성 높은 작업을 하는 부류와 카메라+PC 조합으로 퀄리티 높은 작업을 하는 부류로 나누어지는 것과 비슷한 맥락이라 보면 된다. 모바일은 가볍게 제작할 수 있지만 디테일한 촬영, 편집에 제약이 있다. 반면 카메라+PC는 구현할 수 있는 촬영, 편집의 범위에 한계가 없고 높은 수준의 영상 콘텐츠를 제작할 수 있다.

두 버전 모두 분석 메뉴, 탭, 용어 등 기본적인 사용 환경에 큰 차이는 없다. 다만 PC 버전은 본래의 데이터들이 세세하게 나오다 보니, 유튜버들이 어려움을 느끼고 유튜브 스튜디오를 접근하기 꺼리는 것은 어찌 보면 당연할 수 있다.

다음 절(11.2)부터는 유튜브 스튜디오를 이용해 내 채널을 분석하는 방법을 알아볼 것이다. 이 책에서는 모바일 버전(11.2-11.3)으로 워밍업을 하고, PC 버전(11.4-11.5)으로 세부적인 분석을 할 수 있도록 구성했다.

11.2

유튜브 스튜디오와 친해지기 (모바일)

이번 절에서는 유튜브 스튜디오 모바일 버전의 기본 환경을 소개하고, 주요 분석 항목을 하나씩 설명할 것이다. 모바일 버전은 PC 버전 대비 약식으로 지표가 제공되므로 비교적 사용하기 쉽다. 초심자라면 다음 내용을 참고하여 유튜브 스튜디오를 이용한 채널 분석에 익숙해지도록 노력하길 바란다.

11.2.1　유튜브 스튜디오 앱 시작하기

유튜브 스튜디오 모바일 버전은 유튜브 앱에서 실행하는 것이 아니라 전용 앱이 따로 있다. 구글 플레이나 앱 스토어에서 '유튜브 스튜디오'를 검색하고 해당 앱을 설치하자.

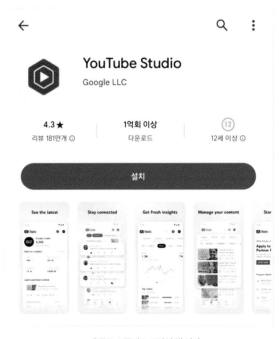

▲ 유튜브 스튜디오 모바일 앱 설치

유튜브 스튜디오 앱을 설치한 다음 실행하면 계정 연동 화면이 나온다. 유튜브 스튜디오 앱과 연동할 구글 계정을 선택하고 **시작하기**를 누른다.

▲ 유튜브 스튜디오 계정 연동 후 시작하기

11.2.2 유튜브 스튜디오 앱 살펴보기

유튜브 스튜디오 앱을 실행하면 홈 화면이 열리고 하단에 여러 탭이 있다. 하단 메뉴를 통해 화면을 이동하면서 유튜브 채널을 분석하게 될 것이다. 하나씩 살펴보자.

▲ 유튜브 스튜디오 앱의 하단 탭

대시보드

유튜브 스튜디오 앱의 첫 화면은 대시보드다. 여기에는 **채널 분석**, 최근 게시된 콘텐츠, 최신 댓글이 요약되어 표시된다. 채널 분석의 기본값은 지난 28일 기준의 지표이며, 28일간의 채널 전체 조회수, 시청 시간, 구독자 수, 예상 수익이 표시된다.

▲ 유튜브 스튜디오 모바일 앱 대시보드 화면 1

대시보드 화면에서 스크롤을 조금 내려보자. 최근 **게시된 콘텐츠**에는 최근에 올린 영상 콘텐츠의 실적을 보여주며 조회수 순위, 조회수, 노출 클릭률, 평균 시청 지속 시간을 확인할 수 있다. 그리고 **최신 댓글**에는 최근에 달린 댓글 3개와 답글 3개가 표시된다.

유튜브 스튜디오 모바일 앱 대시보드 화면 2

대시보드는 다른 메뉴에서 제공하는 정보를 간추려 요약한 정보인 셈이다. 그러니 가볍게 훑어보는 수준으로 보면 된다. 좀 더 자세한 내용을 알고 싶다면 대시보드의 각 항목을 누르거나 다른 하단 메뉴를 눌러서 확인할 수 있다.

콘텐츠 메뉴

두 번째 하단 메뉴 **콘텐츠**로 가보면 내 영상 콘텐츠가 최신순으로 정렬되며 최근에 올린 영상들의 지표를 한눈에 볼 수 있다. 왼쪽 상단의 **필터 아이콘**을 누르고 '정렬 기준'에서 **조회순**을 선택하면 조회수 많은 순으로 확인할 수 있다.

유튜브 스튜디오 '콘텐츠' 메뉴 화면

댓글 메뉴

네 번째 하단 메뉴 **댓글**로 들어가면 채널 전체 영상 콘텐츠에 달린 댓글과 답글이 나열된다. 유튜버는 실시간으로 댓글에 대한 답변을 입력할 수 있고, 댓글에 좋아요와 하트를 누를 수 있다. 간혹 유튜버가 보기에 불편하거나 네거티브성 댓글이 달리기도 하는데, 이럴 땐 해당 댓글 옆 삼점 버튼을 누르고 삭제, 스팸 신고, 채널에서 사용자 숨기기를 선택해서 조치를 즉각 취할 수 있다.

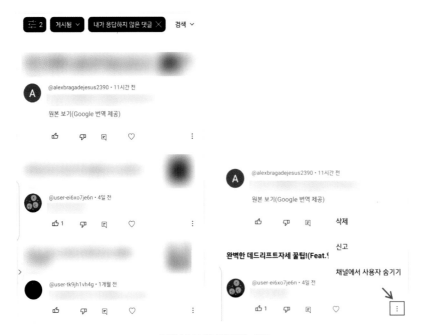

▲ 유튜브 스튜디오 '댓글' 메뉴 화면

특정 댓글을 확인하고자 하면 댓글 필터를 이용하면 된다. 왼쪽 상단의 **필터 아이콘**을 누르면 댓글 유형, 응답 상태, 키워드로 검색하기 등 다양한 필터 항목이 나온다. 이 중 원하는 옵션을 설정하여 댓글을 필터링할 수 있다.

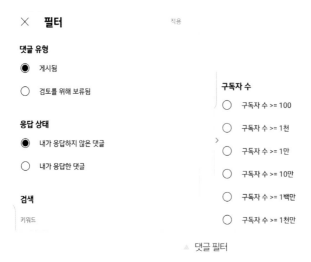

▲ 댓글 필터

분석 메뉴

이제 세 번째 하단 메뉴 **분석**으로 가보자. 상단에는 조사(리서치), 개요, 콘텐츠, 시청자층, 수익 탭이 있고 그중 개요 화면이 열린 상태일 것이다.

개요 탭의 메인 그래프에는 지난 28일 기준의 조회수, 시청 시간, 구독자 수, 추정 수익이 표시된다. 이 중 조회수의 상승 하락 추이만 가볍게 보면 된다.

▲ 유튜브 스튜디오 '분석' 메뉴 화면

스크롤을 조금 내리면 **인기 페이지** 항목이 있다. 관련 내용은 굳이 확인하지 않아도 유튜버가 인지하고 있을 확률이 매우 높으므로, 이 또한 가볍게 보면 된다.

약식 수준인 모바일 버전 스튜디오에서 조회되지 않는 내용은 PC 버전에서 가능하다. 유튜브 스튜디오 모바일 버전은 PC 버전의 약식 수준으로 채널 분석 정보를 제공한다고 했다. 그렇다 보니 PC 버전에는 조회 가능한 내용이 모바일 버전에서는 조회되지 않기도 하니 이 점을 참고하기 바란다(PC 버전에서 확인할 내용은 11.4-11.5절에서 세부적으로 다룰 것이다).

11.3

유튜버가 반드시 봐야 하는 분석 항목 (모바일)

유튜버라면 꼭 봐야 할 유튜브 스튜디오 앱의 분석 항목들을 알아보자.

11.3.1 콘텐츠 탭 메인 화면

유튜브 스튜디오의 **분석** 메뉴에서 **콘텐츠** 탭을 선택해보자. 콘텐츠 탭의 메인 그래프에는 채널 전체 조회수, 노출수, 노출 클릭률, 평균 시청 지속 시간이 나온다. 노출수는 단위가 꽤 큰 숫자로 되어 있어 감이 잘 오지 않는 것이 사실이므로 가볍게 넘긴다.

여기서 중요한 지표는 바로 **노출 클릭률**▐이다. 아래의 예시 데이터는 '채널 전체 영상의 노출 클릭률 평균값'이다. 유튜버는 본 지표를 인지해서 제목 수정, 썸네일 변경, 개선 등을 통해 노출 클릭률을 높여야 한다. 아무리 잘 만든 영상 콘텐츠라 해도 클릭하지 않으면 조용히 묻히기 마련이다.

유튜브 스튜디오 '분석' 메뉴 → '콘텐츠' 탭 메인 그래프

▐ 노출 클릭률은 영상 노출수 대비 클릭수이다. 예를 들어 영상이 100회 노출되었고 4명이 영상을 클릭하면, 해당 영상 콘텐츠의 노출 클릭률은 4%가 된다.

11.3.2 콘텐츠 탭 세부 정보

이번에는 분석 메뉴의 콘텐츠 탭에서 살펴볼 세부 정보들을 알아보자.

콘텐츠 탭 메인 화면에서 아래를 보면 **시청자가 내 동영상을 찾는 방법** 항목이 있다. 클릭해보자.

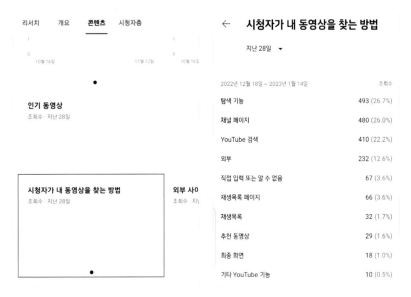

분석 메뉴의 '콘텐츠' 탭 → '시청자가 내 동영상을 찾는 방법' 선택

이 항목은 시청자들의 유입경로 순위를 보여주는데, 지난 28일간 시청자들이 주로 어떤 경로를 통해 내 채널의 콘텐츠로 유입되었는지 통계한 정보라고 보면 된다. 이 정보를 토대로 유튜버는 시청자들을 유입 시키기 위한 전략을 세울 수 있다. 보통 스타트 유튜버의 채널은 '검색' 비중이 압도적으로 높은 것이 정상 적이고, 급성장하는 채널은 추천 동영상 비율이 60% 이상이 되기도 한다. 그리고 가장 안정적으로 꾸준히 성장하는 채널은 검색, 탐색, 추천 비율이 약 30%씩 균등하게 분포된다는 점도 기억하자.

유튜브 검색어

분석 메뉴의 콘텐츠 탭으로 돌아와서 **유튜브 검색어**를 선택해보자. '유튜브 검색어'는 '시청자가 내 동영상을 찾는 방법'이 있는 섹션에서 다음으로 쭉 슬라이드 하면 찾을 수 있다.

▲ 분석 메뉴의 '콘텐츠' 탭 → '유튜브 검색어' 선택

유튜브 검색어를 누르면 세부 정보로 넘어가고, 조회수 높은 순으로 정렬되어 표시된다(이 정보는 트래픽 소스 중 '검색' 비율의 세부 내용이라고도 볼 수 있다). 여기서는 내 채널에 유입될 때 시청자들이 어떤 단어를 검색해서 들어오는지를 알 수 있는데, 이는 채널의 아이덴티티와 큰 연관이 있다. 여러 주제와 소재가 뒤섞인 소위 '잡탕' 채널은 여러 키워드가 나열되는 한편, 하나의 주제로 탄탄하게 아이덴티티가 잡힌 채널은 해당 주제와 연관된 키워드들로 나열됨을 확인할 수 있다.

그리고 상위 검색 키워드를 수시로 확인해서 생각보다 유입이 잘 되는 키워드를 확인하자. 이 키워드로 2차, 3차 키워드를 추출해서 태그에 활용할 수 있고, 인기 키워드를 소재로 삼아 추가 영상 콘텐츠를 기획·제작할 수 있어 일석이조다.

관련 동영상으로 내 콘텐츠가 추천된 콘텐츠

분석 메뉴의 콘텐츠 탭에서 '관련 동영상으로 내 콘텐츠가 추천된 콘텐츠'를 찾아 눌러보자(이 항목도 '유튜브 검색어'처럼 슬라이드를 넘기면 찾을 수 있다). 이 항목을 누르면 세부 정보로 넘어가면 내 채널의 콘텐츠가 아닌 다른 채널의 어떤 콘텐츠가 내 콘텐츠로 보내주는지 높은 비율 순으로 정렬되어 표시된다(이 정보는 트래픽 소스 중 '추천' 비율의 세부 내용이라고도 볼 수 있다). 이 항목도 가볍게 확인하면 된다. 내 채널을 추천한 해당 콘텐츠를 눌러서 채널을 둘러보며 채널 소재, 콘셉트, 형식 등을 벤치마킹 하는 수단으로 활용하면 좋다.

어떤 영상이 끝나고 유튜브 시스템이 다른 영상 콘텐츠로 자동으로 보내주거나, 모바일 기준으로 영상 하단에 보이는 추천 영상들이 모두 트래픽 소스 중 '추천'에 해당한다.

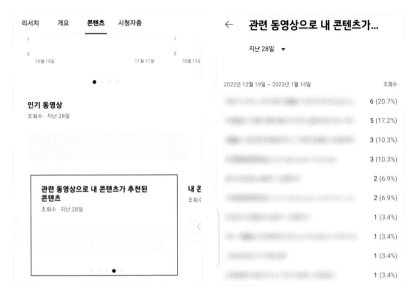

▲ 분석 메뉴의 '콘텐츠' 탭 → '관련 동영상으로 내 콘텐츠가 추천된 콘텐츠' 선택

평균 시청 지속 시간

콘텐츠 탭의 메인 그래프 중 **평균 시청 지속 시간**은 채널 전체 콘텐츠의 평균 시청 지속 시간을 보여준다. 하지만 영상마다 영상 길이가 제각각 다르다면 이 지표는 큰 의미를 갖진 못한다. 그보다는 '평균적으로 내 영상의 몇 %까지 시청을 지속하는지'(평균 시청 지속률)를 아는 것이 훨씬 의미가 있다. 다만 평균 시청 지속률은 모바일 버전에서는 조회되지 않으므로 여기서는 확인할 수 없다. 나중에 PC 버전을 다룰 때 소개하겠다.

▲ 분석 메뉴의 '콘텐츠' 탭 메인 그래프 중 '평균 시청 지속 시간'

11.3.3 시청자층 탭 메인 화면

분석 메뉴의 네 번째 탭인 **시청자층**을 선택해보자. '시청자층' 탭의 메인 그래프는 재방문 시청자, 순 시청자, 구독자 수가 표시된다.

이 중 주목해서 봐야 할 지표는 **구독자 수**이다. 지난 28일간 얼마나 구독했고 구독 취소했는지를 알 수 있다. 그래프를 눌러 세부 정보에서 조회 기간을 90일, 1년 등의 기준으로 변경해서 조회할 수 있다.

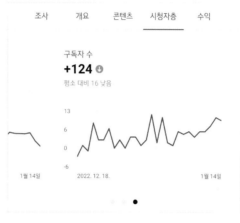

▲ 유튜브 스튜디오 '분석' 메뉴 → '시청자층' 탭 메인 그래프

11.3.4 시청자층 탭 세부 정보

분석 메뉴의 시청자층 탭에서 살펴볼 세부 정보들을 알아보자.

내 시청자가 유튜브를 이용하는 시간대

시청자층 탭 메인 그래프 아래에는 '내 시청자가 유튜브를 이용하는 시간대'가 있다. 시청자들이 주로 많이 시청하는 시간대를 보여주는 지표이다. 그런데 여기서 생각해볼 점이 있다. 많은 유튜버들이 시청자들이 가장 붐비는 시간대에 맞춰 영상을 업로드하려 하는데, 이 방식이 과연 효과가 있는 걸까? 결론부터 말하자면 이 지표는 크게 중요하지 않다. 대다수 채널의 시청 시간대가 밤에 분포되어 있기 때문이다.

즉, 채널마다 다른 개별 지표가 아닌, 유튜브 전체의 평균적인 시청 시간대 지표라고 봐도 무방하다. 언제 영상을 올리는 것이 좋을지는 개인이 자율적으로 선택하면 된다. 거시적인 시각으로 보자면 수요(시청자)가 많은 만큼 공급(유튜버)도 많은 밤 시간대에 올리거나, 수요와 공급 모두 적은 오전 시간에 올리는 것을 선택해도 된다. 보는 사람이 많지만 경쟁 강도가 치열한 시간대냐, 보는 사람이 없는 경쟁 강도가 약한 시간대냐의 차이 정도로 인지하면 된다.

그리고 그래프 아래에 '게시 시간은 장기적으로 동영상의 실적에 직접적인 영향을 주지 않는 것으로 알려져 있습니다'라고 친절하게 표시되어 있다.

▲ 분석 메뉴의 '시청자층' 탭 → '내 시청자가 유튜브를 이용하는 시간대'

연령 및 성별

앞의 항목 바로 아래에는 중요하게 봐야 하는 **연령**과 **성별**이 있다. 채널 아이덴티티 설정 항목 중 '타깃'에 해당하는 지표이다. **내 영상을 누가 보는지에 대한 '타깃' 설정은 아무리 강조해도 지나치지 않을 만큼 중요하다.** 내가 설정한 시청자층에 제대로 타깃팅되고 있는지 확인한다. 예상 외로 특정 성별이나 연령대의 비율이 치솟아 있다면 채널과 콘텐츠의 타깃 설정을 변경해야 하며, 그들을 위한 취향 저격 영상 콘텐츠를 기획, 제작해야 한다.

시청자 연령과 성별을 통해 내 채널의 성장 여부를 확인하는 것은 매우 간단하다. 특정 성별 또는 특정 연령대의 비율이 압도적으로 높은지를 확인하면 된다. 특히 다양하게 분포된 연령대 지표를 가진 채널은 진성 구독자가 적거나, 1개의 영상에 의해 고도성장을 했거나, 타깃팅 미설정으로 불안정한 운영의 채널인 경우가 대부분이다. 물론 스타트 채널과 메가급 이상의 채널은 예외다.

▲ 분석 메뉴의 '시청자층' 탭 → '연령', '성별'

이외에 수시로 확인해볼 항목

시청자층 탭에서 스크롤을 쭉 내려보면 **내 시청자가 시청한 다른 동영상과 내 시청자가 시청하는 다른 채널**도 수시로 확인한다. 최근 7일 기준으로 내 시청자들이 어떤 다른 영상을 보는지를 확인하며 트렌드를 파악한다. 최근 28일 기준 내 시청자들이 어떤 다른 채널에 들어가는지도 봐야 한다. 이를 통해 해당 채널로 들어가 소재, 형식, 콘셉트, 촬영 스킬, 편집 효과 등 다양한 정보를 습득하는 식으로 벤치마킹하는 것이 좋다. 해당 채널들은 내 채널과 결을 같이 하는 동료이자 경쟁자이자 롤 모델이기 때문이다.

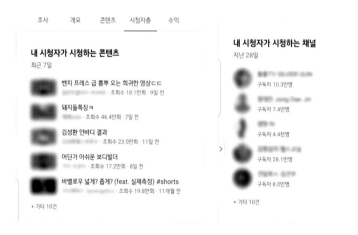

▲ 분석 메뉴의 '시청자층' 탭 → '내 시청자가 시청한 다른 동영상', '내 시청자가 시청하는 다른 채널'

11.4

유튜브 스튜디오와 친해지기 (PC)

모바일 버전 유튜브 스튜디오를 데일리 루틴으로 삼아 습관화하자. 모바일로 매일 가볍게 확인하고, 주 1회는 PC 버전 유튜브 스튜디오를 통해 제대로 분석하는 것을 추천한다. 물론 모바일은 제외하고 매일 PC 버전으로 분석하는 것이 가장 좋다고 볼 수 있다.

모바일 버전과 중복되는 메뉴와 항목이 많으므로 인터페이스 위주로 가볍게 다루고, 모바일에서 조회할 수 없는 것들을 집중적으로 설명하겠다.

11.4.1 유튜브 스튜디오 시작하기

유튜브 스튜디오 PC 버전은 유튜브에 접속해서 실행할 수 있다. 앞서 챕터 3에서 채널 맞춤설정을 할 때 들어간 방법 그대로 하면 된다.

유튜브(youtube.com)에 접속한 다음 우측 상단의 프로필 클릭 → 유튜브 스튜디오 선택을 한다.

▲ 유튜브에서 유튜브 스튜디오 접속하기 (PC 버전)

11.4.2 유튜브 스튜디오 살펴보기

PC 버전의 유튜브 스튜디오 분석은 모바일 버전에 비해 인터페이스가 다소 복잡하다고 느껴질 수 있다. 당연한 얘기지만 Full Version 개념의 PC 버전이 먼저 출시되었고, 이후 Summary 개념으로 요약된 모바일 버전이 출시되었다. 즉, 앞서 학습한 모바일 버전의 항목들을 더욱 세세하게 풀어놨다고 이해하면 된다.

PC 버전이라 해서 모바일 버전과 아주 다르진 않다. 모바일보다 조회 기능이 다양하고 자율성이 높을 뿐 분석 메뉴나 탭, 사용하는 용어 등 기본적인 환경은 같다.

대시보드

PC 버전 유튜브 스튜디오 역시 첫 화면은 대시보드다. 왼쪽에는 대시보드, 콘텐츠, 분석, 댓글 등의 메뉴가 있고, 메인에는 동영상 실적 및 채널 분석 등을 요약한 내용이 표시된다. 모바일 버전과 같이 채널 분석의 기본값은 지난 28일 기준의 지표이다.

△ 유튜브 스튜디오 PC 버전 대시보드 화면

분석 메뉴

왼쪽 세 번째 메뉴 **분석**으로 들어가면 **개요** 화면이 열린다. 이 화면에 표시되는 내용은 모바일 버전과 대동소이 한데, 그래프에 마우스를 올렸을 때 해당 구간의 수치가 나타난다거나, **더보기**를 클릭하여 세부 정보를 보여주는 등 보다 정밀하게 데이터를 조회할 수 있다.

▲ 유튜브 스튜디오 '분석' 메뉴 화면 1

화면 오른쪽의 '실시간'을 보면 인기 콘텐츠 항목이 있다. 이 항목의 **더 보기**를 클릭해보자. 그러면 **이 기간의 내 인기 콘텐츠** 항목이 있는데 인기 콘텐츠 정보가 조회수, 평균 시청 지속 시간과 함께 표시된다.

▲ 유튜브 스튜디오 '분석' 메뉴 화면 2

11.5
유튜버가 반드시 봐야 하는 분석 항목 (PC)

이번에는 PC 버전 유튜브 스튜디오에서 유튜버가 꼭 봐야 할 분석 항목들에 대해 알아보자.

11.5.1 콘텐츠 탭 메인 화면

분석 메뉴에서 두 번째 탭 **콘텐츠**를 선택해보자. 먼저 메인 그래프가 보이는데, 기본 항목(조회수, 노출수, 노출 클릭률, 평균 시청 지속 시간)은 모바일 버전과 같지만 조금 더 복잡한 느낌이다. 모바일 버전과 대비해 PC 버전은 날짜, 업로드 영상 수가 추가로 표시되고 날짜별로 채널 전체의 조회수, 노출수, 노출 클릭률, 평균 시청 지속 시간을 확인할 수 있다.

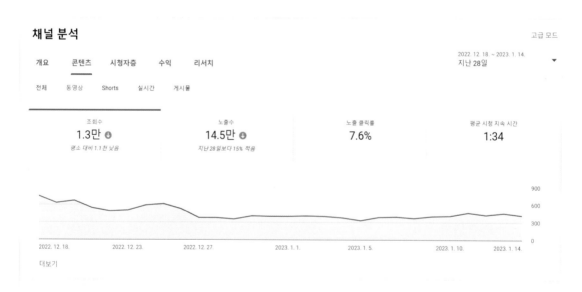

⬆ 유튜브 스튜디오 '분석' 메뉴 → '콘텐츠' 탭 메인 그래프

11.5.2 콘텐츠 탭 세부 정보

이번에는 콘텐츠 탭에서 살펴볼 세부 정보들을 알아보자.

메인 그래프 세부 정보

콘텐츠 탭 메인 그래프 바로 아래 **더 보기**를 클릭하면 '일별 조회수'가 표시된다. 영상은 조회수가 높은 상위 5개 영상을 일별로 보여준다. 확실히 모바일과 대비하여 조회되는 디테일이 다르다는 것을 알 수 있다.

그래프 아래에는 조회수 높은 순으로 정렬된 영상들이 나열된다. 영상별 노출수, 노출 클릭률, 평균 시청 지속의 지표까지 함께 보여준다. 또한 특정 영상의 제목만으로 어떤 영상인지 떠오르지 않아도 괜찮다. 영상 제목에 마우스만 올리면 작은 창이 뜨고 썸네일 이미지, 영상 길이, 게시일까지 보여주므로 조회의 편의성을 높였다.

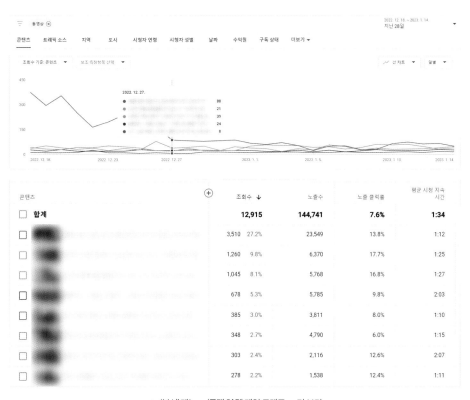

▲ '분석' 메뉴 → '콘텐츠' 탭 메인 그래프 → 더 보기

동영상 분석

영상별 작은 창 하단에 **분석**을 클릭하면 해당 영상을 단독으로 분석할 수 있다. 채널 전체를 분석하는 것과 거의 유사한 메뉴와 항목들로 영상을 하나하나 분석할 수 있다.

> `Point` 상위 인기 영상 몇 개를 단독으로 분석하는 것은 매우 바람직하지만, 수많은 영상을 단독 분석하는 것은 일을 위한 일이 될 수 있으므로 유의하자.

▲ 동영상별 분석 화면 1

시청 지속 시간의 주요 순간

동영상 분석에는 '시청 지속 시간의 주요 순간'을 알아볼 수 있다. 인트로와 급상승 구간 4곳별 평균 시청 지속 시간과 평균 조회율을 확인할 수 있다. 일반적으로 시청 지속 시간 그래프는 다음과 같은 추이를 보인다. 초반 유입 이후 점점 시청자가 이탈하는 경우가 대다수라고 보면 된다.

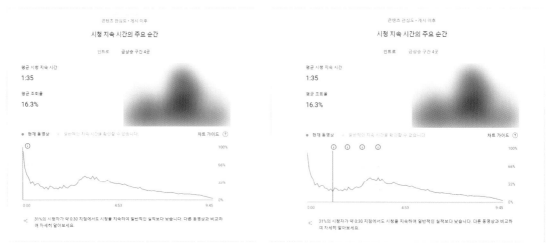

▲ 동영상별 분석 화면 2

시청자가 내 동영상을 찾는 방법

콘텐츠 탭 메인 화면으로 돌아와서 **시청자가 내 동영상을 찾는 방법**을 살펴보자. 시청자가 내 동영상을 찾는 방법 화면은 모바일과 동일하게 표시된다.

▲ '콘텐츠' 탭 → '시청자가 내 동영상을 찾는 방법'

여기서 유튜브 검색에 대한 자세한 정보를 알고 싶다면, **유튜브 검색** 옵션을 선택하고 **더 보기**를 클릭해보자. 그러면 채널 분석 고급 모드로 화면이 전환되며, 어떤 검색어를 통해 유입됐는지 검색어와 함께 조회수, 시청 지속 시간, 평균 조회율 등을 보여준다.

트래픽 소스 › YouTube 검색	노출수	노출 클릭률	조회수 ↓		평균 시청 지속시간	시청 시간(단위:시간)	
☐ 합계	72,536	13.0%	10,311		1:28	254.2	
☐	0	–	562	5.5%	1:04	10.0	3.9%
☐	0	–	361	3.5%	1:06	6.7	2.6%
☐	0	–	225	2.2%	1:19	5.0	2.0%
☐	0	–	191	1.9%	1:18	4.2	1.6%
☐	0	–	156	1.5%	1:09	3.0	1.2%
☐	0	–	117	1.1%	1:13	2.4	0.9%
☐	0	–	80	0.8%	1:03	1.4	0.6%

▲ 유튜브 검색 '더 보기' → 트래픽 소스 '유튜브 검색' 세부 정보 화면

혹은 추천 동영상에 대한 자세한 정보를 알고 싶다면, **추천 동영상** 옵션을 선택하고 **더 보기**를 클릭하면 된다. 그러면 고급 모드로 화면이 전환되고 조회수 순으로 정렬된 영상들이 표시된다. 영상 제목에 마우스를 올리면 영상의 썸네일 이미지, 제목, 게시일 등을 볼 수 있다.

▲ 추천 동영상 '더 보기' → 트래픽 소스 '추천 동영상' 세부 정보 화면

평균 시청 지속 시간

콘텐츠 탭의 메인 그래프로 돌아와서 **평균 시청 지속 시간**을 선택해보자. 앞서 모바일 버전을 다룰 때, 모바일에선 조회되지 않는 항목인 '평균 시청 지속률'을 잠깐 언급했었다. 내 채널의 영상들 모두 길이가 제각각이므로, 평균 시청 지속 시간보다는 평균 시청 지속률(시청자들이 평균적으로 영상의 몇 %를 봤는지)을 확인하는 것이 매우 중요하다.

▲ '콘텐츠' 탭 메인 그래프 중 '평균 시청 지속 시간'

평균 시청 지속률(평균 조회율)을 확인하는 방법은 다음과 같다. **평균 시청 지속 시간**에서 **더 보기**를 클릭해 고급 모드로 전환 → 그래프 상단에서 **첫 번째 드롭다운 메뉴**(평균 시청 지속 시간 기준: 콘텐츠 유형) 클릭 → 첫 번째 옵션에서 **측정항목 더보기** 선택 → '개요' 하위 메뉴 중 **평균 조회율**을 클릭한다.

> Point 유튜브가 꼭꼭 숨겨놓은 느낌이지만, 평균 시청 지속률을 노출 클릭률과 함께 유튜브에서 아주 중요한 2대 지표이다. 자주 들어가면서 진입 경로를 익히도록 하자.

▲ '콘텐츠' 탭 '평균 조회율(시청 지속 시간)'의 세부 정보 화면 1

평균 시청 지속 시간 세부 정보

방금과 같은 방법으로 평균 조회율을 클릭하면 그래프 아래에 '평균 조회율' 항목이 추가된다. 아래 예시를 보면 채널 전체의 평균 조회율은 18.6%로써 다소 낮은 수준의 실적으로 보인다. 물론 평균 조회율은 노출 클릭률과 마찬가지로 주제별, 형식별, 콘셉트별 수치가 다르다는 점을 알아두자. 영상들은 조회수 높은 순으로 정렬되므로 영상별 조회율을 확인하는 것이 좋다.

예를 들어 조회수가 높지만 조회율이 낮은 영상인 경우, 노출이 많고 → 클릭률도 높아서 → 조회수가 많이 발생 → 하지만 시청자들이 영상을 오래 보지 않음 → 만약 시청 지속률이 높았다면 더 많은 노출과 조회가 됐을 거라 해석할 수 있다. 이런 분석을 통해 이후 제작하는 영상은 시청 지속률을 높이는 전략을 사용하여 개선하는 식으로 활용하는 것이 좋다.

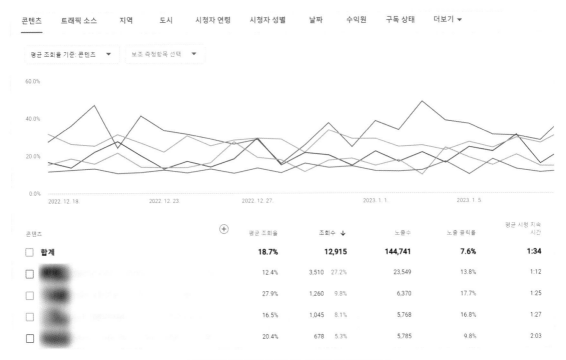

콘텐츠		평균 조회율	조회수 ↓		노출수	노출 클릭률	평균 시청 지속 시간
☐ 합계		**18.7%**	**12,915**		**144,741**	**7.6%**	**1:34**
☐		12.4%	3,510	27.2%	23,549	13.8%	1:12
☐		27.9%	1,260	9.8%	6,370	17.7%	1:25
☐		16.5%	1,045	8.1%	5,768	16.8%	1:27
☐		20.4%	678	5.3%	5,785	9.8%	2:03

▲ '콘텐츠' 탭 '평균 조회율(시청 지속 시간)'의 세부 정보 화면 2

11.5.3 시청자층 탭 메인 화면

분석 메뉴 세 번째 탭은 **시청자층**이다. 다른 탭과 마찬가지로 PC 버전만의 세밀한 그래프가 표시된다. 모바일과 같은 항목(재방문 시청자 수, 순 시청자 수, 구독자 수)들이 노출되고, 추가적으로 제공하는 정보들도 있다. 특히 **재방문 시청자** 항목의 그래프는 일자별 재방문 시청자 수와 신규 시청자 수를 동시에 보여준다. 특정일에 마우스를 올리면 구독자와 비구독자가 얼마나 재방문했고, 신규 시청자가 얼마나 유입됐는지 일별로 세밀하게 보여준다.

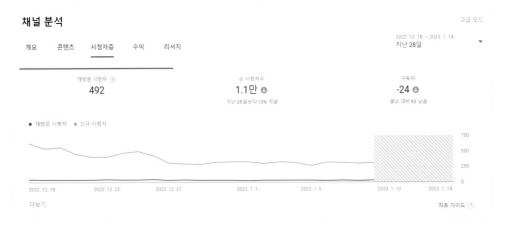

▲ 유튜브 스튜디오 '분석' 메뉴 → '시청자층' 탭 메인 그래프

11.5.4 시청자층 탭 세부 정보

이번에는 시청자층 탭에서 살펴볼 세부 정보들을 알아보자.

메인 그래프 '구독자' 세부 정보

시청자층 탭 메인 그래프에서 **구독자** 항목을 선택하고, 그래프 아래의 **더 보기**를 클릭하면 고급 모드로 화면이 전환된다. 이 화면에서 기본으로 보여주는 구독자 항목은 해당 기간에 증가한 채널 구독자 수로, 신규 구독자 수에서 이탈한 구독자 수를 뺀 값이다. 여기서 일별 구독자 증감 수치를 확인하고 싶다면 그래프 상단의 드롭다운 메뉴를 각각 설정하면 된다.

▲ '시청자층' 탭 메인 그래프 → '구독자' 세부 정보 화면 1

첫 번째 드롭다운 메뉴(구독자 기준: 콘텐츠)를 클릭 → 측정항목 더보기 → 구독자 증가수를 클릭한다. 그다음 두 번째 드롭다운 메뉴(신규 시청자 기준: 콘텐츠)를 클릭 → 측정항목 더보기 → 구독자 감소수를 클릭한다. 그러면 그래프 아래 구독자 증가수와 감소수가 나란히 추가된다. 또한 이 방법으로 어떤 영상을 통해 구독자가 늘어났고 구독을 취소했는지 조회할 수 있다.

▲ '시청자층' 탭 메인 그래프 → '구독자' 세부 정보 화면 2

비교 분석 기능

PC 버전만의 강력한 기능은 바로 **지표를 비교**하는 것이다. 이 기능은 고급 모드로 조회되는 대부분의 지표를 한눈에 비교할 수 있어 아주 유용하다.

고급 모드 화면의 상단 우측에 **비교하기**를 클릭하면 전체/동영상/그룹별 비교가 가능하다. 전체를 기준으로 비교할 경우에는 '이전 기간 대비', '전년 대비', '처음 24시간 동안의 동영상 실적' 중 하나를 선택해서 비교할 수 있다.

▲ '시청자층' 탭 → 고급 모드 → '비교하기'

이전 기간 대비를 선택하면 화면이 좌우로 분할된다. 좌측은 지난 28일부터 현재까지 지표이며, 우측은 비교 대상과 동일한 기간 이전의 28일간 지표이다. 다음 쪽 예시를 보면, 이전 기간은 구독자 증가수가 153명이었으나 현재 기간은 101명으로써 약 50명 가량 줄어든 것을 알 수 있다.

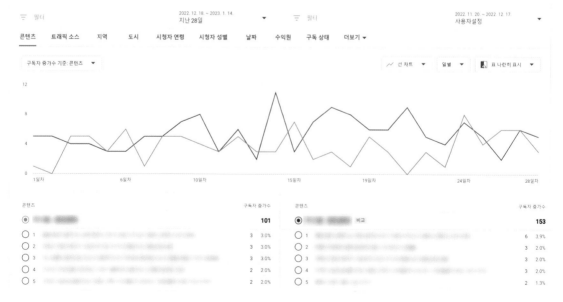

▲ '이전 기간 대비'로 구독자 증가수를 비교한 화면

이처럼 일정한 일수의 서로 다른 기간을 설정하여, 구독자 수 외에도 고급 모드에서 조회 가능한 항목이라면 대부분 비교할 수 있다.

연령 및 성별

마지막으로, 시청자층 탭의 **연령 및 성별** 항목을 살펴보자. 이 항목의 요약 지표는 모바일과 차이가 없지만, **더 보기**를 통해 조금 더 직관적으로 지표를 볼 수 있다. 표의 세로축은 연령대로 분류되고 가로축은 남성, 여성 각각의 조회수와 시청 시간을 함께 보여준다.

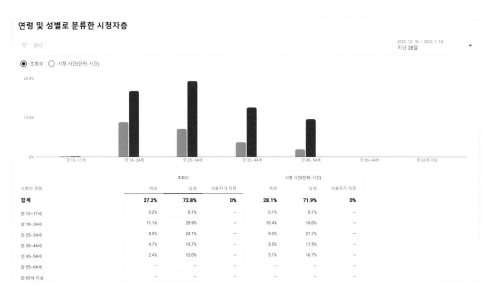

시청자 연령	조회수			시청 시간(단위: 시간)		
	여성	남성	사용자가 지정	여성	남성	사용자가 지정
합계	**27.2%**	**72.8%**	**0%**	**28.1%**	**71.9%**	**0%**
만 13~17세	0.2%	0.1%	–	0.1%	0.1%	–
만 18~24세	11.1%	20.9%	–	10.4%	16.0%	–
만 25~34세	8.9%	24.1%	–	9.0%	21.7%	–
만 35~44세	4.7%	15.7%	–	5.5%	17.5%	–
만 45~54세	2.4%	12.0%	–	3.1%	16.7%	–
만 55~64세						
만 65세 이상						

▲ '시청자층' 탭 → '연령 및 성별' 세부 정보 화면

누군가에게 유튜브 스튜디오 분석은 생소하고 어려운 작업일 수 있다. 이번 챕터에서 소개한 유튜브 스튜디오 분석의 모든 항목을 볼 필요는 없다. 각자 필요한 지표를 취사선택해서 가볍게, 때론 진중하게 분석하면 된다.

분석 중 필수 항목은 노출 클릭률, 평균 조회율(시청 지속 시간), 시청자 연령대로 꼽을 수 있다. 이 3개 항목은 수시로 확인하는 것을 추천한다. 유튜브 스튜디오 분석을 '추가로 해야 하는 귀찮은 일'이라 여기지 말고, 반드시 해야 하는 '유튜버 루틴 5요소 중 하나'로 여기길 바란다.

1판 1쇄 인쇄 2024년 2월 15일
1판 1쇄 발행 2024년 2월 20일

지 은 이 이종석(잡부A) · 김형우(비제)
발 행 인 이미옥
발 행 처 디지털북스
정   가 25,000원
등 록 일 1999년 9월 3일
등록번호 220-90-18139
주   소 (04997) 서울 광진구 능동로 281-1 5층(군자동1-4, 고려빌딩)
전화번호 (02) 447-3157~8
팩스번호 (02) 447-3159

ISBN 978-89-6088-451-9 (13000)
D-24-04
Copyright ⓒ 2024 Digital Books Publishing Co., Ltd

DIGITAL BOOKS
디지털북스